# 管理心理学大师的人格魅力与创新思想

走近西方心理学大师丛书

熊哲宏／主编

中国社会科学出版社

**图书在版编目（CIP）数据**

管理心理学大师的人格魅力与创新思想／熊哲宏主编 . - 北京：
中国社会科学出版社，2010.8
　（走近西方心理学大师丛书）
　ISBN 978 - 7 - 5004 - 8795 - 1

　Ⅰ . ①管…　Ⅱ . ①熊…　Ⅲ . ①管理心理学 - 心理学家 -
思想评论 - 西方国家　Ⅳ . ①C93 - 05

中国版本图书馆 CIP 数据核字（2010）第 093798 号

策划编辑　陈　彪
责任编辑　李登贵　等
责任校对　李小冰
封面设计　回归线视觉传达
版式设计　王炳图

出版发行　中国社会科学出版社
社　　址　北京鼓楼西大街甲 158 号　　　邮　编　100720
电　　话　010 - 84029450（邮购）
网　　址　http：//www.csspw.cn
经　　销　新华书店
印　　刷　北京君升印刷有限公司　　　装　订　广增装订厂
版　　次　2010 年 8 月第 1 版　　　印　次　2010 年 8 月第 1 次印刷
开　　本　710×960　1/16
印　　张　22　　　插　页　2
字　　数　306 千字
定　　价　39.00 元

# 目　录

# 有限理性学派大师

# 权变管理学派大师

# 战略过程学派大师

# 学习型组织学派大师

# 主编序言

# 20 世纪管理心理学的
# 五大观念变革

　　亲爱的读者朋友，也许你是一名当下全球金融危机冲击下的应届大学生，正在跃跃欲试地准备自主创业，却苦于对管理茫然不知所措，因为你对管理特别是管理心理学并没有深入的涉猎，甚至你听说过的管理心理学家也寥寥无几；也许你是一名企业员工，多么渴望在管理层一展身手，可是你所熟悉的管理心理学理论还不及你熟悉的偶像剧情节那么多；也许你已经是一名企业的部门经理，却正在困惑于怎样才能把"职业经理人"做到极致；也许你早已是一个功名显赫的总经理、董事长或 CEO，可眼下正在为外界变幻莫测的市场环境和竞争状态使你的企业生存面临新的危机而苦恼不堪。

　　在这个时候，要是有大师级的管理心理学家为你排忧解难，为你的管理人生导航，那该有多好呀！正是为了满足我国管理界各方人士的迫切需要，我们给大家呈现出这本《管理心理学大师的人格魅力与创新思想》。该书本着"心理学知识的提出具有强烈的个人色彩，打上了心理学家深深的人格烙印"这一指导思想，就西方管理心理学大师的成长历程、人格特点与人格魅力、管理思想的倾向与风格、经典管理成功案例，以及杰出贡献和历史地位，进行了全方位的论述。

　　我们首先向读者重点展现了大师们是如何走向管理心理学的道路的。比如，他们的童年经历（包括某些创伤性经历），是怎样形成了他们的健全人格（或某些人格缺陷或障碍）？这些健全的人格特点和人格魅力（乃至某些人格缺陷或障碍），又是如何使他们成功地走上了管理心理学的理论和实践之路的？

深刻揭示大师们对 20 世纪管理心理学的最富创新性的贡献，是本书的重点内容。我们按科学哲学中的"范式"（即理论假设、概念框架和研究方法）的视角，将 20 世纪的整个管理心理学家划分为 7 个主要学派，即科学管理理论学派、行为管理学派、人际关系学派、有限理性学派、权变管理学派、战略过程学派和学习型组织学派。我们还着重阐明了这些学派的大师在管理心理学史上或当代管理心理学界的历史地位，以及他们在理论上、管理实践上所起的积极作用或消极影响。

大师们有哪些经典的管理案例，也是我们关注的一个重要方面。本书的"案例"一般都具有经典性——既有成功的，也有失败的；既有产生了积极影响的，也有造成灾难性后果的。总之一点，案例既能说明或验证其"理论"，又能对今天的管理者富于启发性和教益。

本书最后一个具有"落脚点"意义的问题，是大师们的成功之路，对中国企业的管理者、人力资源管理者、行政管理者，以及中国的管理学家的启发和借鉴意义何在。我们试图运用大师们的管理思想和理论，对中国现今管理中存在的种种弊端和缺陷作中肯的分析，并对如何走出管理误区，提供了一定的建议。

作为本书的导言，下面我想通过宏观地勾画一下人类 20 世纪管理心理学的发展脉络，特别是通过揭示该学科所经历的五大观念变革，从而总体地展示上世纪管理心理学思想的卓越成就。这也正是我们编撰本书的初衷和目的。

## 观念变革一：管理中的"人"的因素

19 世纪末 20 世纪初，心理学走向科学伊始，就与工业管理紧密结合而诞生了工业心理学。韦伯（Max Weber）、泰勒（Frederick

Winslow Taylor）和法约尔（Henri Fayol），并称为西方古典管理理论的三位先驱，或尊称为"管理过程学派"的开山鼻祖。但这一时期的研究重点是如何通过改进工作条件、健全工作制度、用"科学的"管理方法来提高工作效率。当时人的重要性还没有凸显出来，人本身或人的因素并不受重视，盛行的人性观是所谓"经济人"（Rational-Economic Man）假设。

泰勒的"科学管理理论"的适用对象是工厂的普通职工，着眼点是如何提高生产率。尽管泰勒自己声称"管理的主要目的应该是使雇主实现最大的富裕，也联系着使每个雇员实现最大程度的富裕"，但是泰勒的管理方法还是被认为是压制工人的。实际上甚至可以说，泰勒科学管理理论孕育于一场与工人的斗争。泰勒的管理方法尽管受到工人们的敌视，却标志着古典管理理论的诞生，具有里程碑的意义。

"人的因素"的思想火花在法约尔那里得到了最初的闪耀。在他的经典著作《工业管理与一般管理》中，他极为重视企业职工的一般能力和素质，以及领导者的能力和素质。尽管时代的局限性使得法约尔没有也不可能真正重视职工的需要、认同感、归属感、人际关系以及工作满意度等社会心理因素，但他的理论没有像泰勒那样受到职工的抵制。这一方面是因为他的理论以管理阶层为适用对象，是"概括性的，也非常富有原则性"；另一方面则因为法约尔特别注意到了人的因素，从而使得其理论得到了企业管理阶层甚至普通职工的支持。

甘特曾长期与泰勒合作研究，但他更像是一位持"人本主义"观点的管理心理学家。因为他更重视被管理者在生产中所起的作用。他的管理制度提倡"工人中心制"，并认为任何企业必须采取一种"被管理者愿意接受的管理方式"，并强调这是企业管理取得成功的首要条件。而作为"人际关系学说之父"的梅奥，则通过他著名的"霍桑实验"，否定了传统管理理论关于人的假设，表明了工人不是被动的、孤立的个体，他们的行为不仅仅受工资的刺激，影响生产效率的最重要因素不是待遇和工作条件，而是工作中的人际关系。他的重大发现有：（1）人是"社会人"而不是"经济人"：人们的行为并不单纯出自追求金钱的动机，还有社会方面的、心理方面的需要，即追求人与人之间的友情、安全感、归属感和受人尊敬等，而后者更为重要。（2）企业中存在着"非正式组织"。这种非正式组织的作用在于维护其成员的共同利益，使之免受其内部个别成员的疏忽或外部人员的干涉所造成的损失。为此，非正式组织中有自己的核心人物和领袖，有大家共同遵循的观念、价值标准、行为准则和道德规范等。（3）新的领导能力在于提高工人的满意度。很显然，梅奥的人际关系学说与当时流行的泰勒"科学管理"思想已有质的不同。

　　30年代的经济大萧条，使企业经营面临巨大的压力，进而传统的"科学管理"方式也遭到质疑。于是，企业管理中"狼"的本质披上了一层"温和的羊皮"。管理正在从"刚性"逐步向"柔性"转变。然而，麦格雷戈（Douglas M. McGregor, 1906 – 1964）却没有盲目乐观。1960年，他那被称为管理观念变革的"分水岭"的经典著作《企业的人性面》正式问世。书中一针见血地指出，每个管理决策和管理措施的背后，都会有一种"人性假设"，这些假设影响乃至决定着管理决策和措施的制定及其效果。"管理行为是对人性的选择性适应，而不是让人性来配合我们的需要。"基于此，他提出了两个著名的人性假设——X理论和Y理论。在"X理论"——受制于"经济人"假设——支配下，管理也完全可以做到某种"柔性化"。然而，这种柔性不过是给难吃的药丸加上一层糖衣而已。而在Y理论中，人具有尊重、自我实现等高级需要。管理者的任务的核心是创造适宜的环境，以排除员工在自我实现过程中所遇到的一切问题，并使他们在为组织目标贡献力量的同时，也能实现个人目标。也就是说，在X理论下，组织和管理是"导演"；在Y理论下，组织和管理只是给员工提供"舞台"。

　　沙因有一句名言："X理论和Y理论问世已有45年了，但我认为，大多数人仍未能真正理解这些理论在实践中意味着什么。"实际上，X理论和Y理论的差别，并不单纯是管理方法的表面上的差别，而是管理观念的本质上的差别。例如，绩效考核、薪酬分配、职位任免等等，同样的方式，既能归入X理论，又能归入Y理论。以决策参与制度为例，如果让员工参与，是为了使员工对管理者的主张心悦诚服，并由此而增强员工对组织的依赖，那么，这依然是受X理论的支配；相反，如果是真正让员工发挥自主性，使员工成为企业的主人，那么，则是受Y理论的支配。同样，权威和控制并不等同于X理论；Y理论是基于诚信的控制，而X理论则是基于压制、约束的控制。

　　沙因正是在阐释和完善麦格雷戈的X和Y理论的基础上，提出了自己的"复杂人"（Complex Man）假设：人不只是单纯的经济人，也不是完全的社会人，更不会是纯粹自我实现的人，而应该是因时因地、因各种情况采取适当反应的复杂人。这是因为，不仅人与人之间的性格不同，而且同一个人，在不同年龄、不同时期、不同地点也会有不同的表现。人的需要和潜力会随着年龄的增长、知识的增加和地位的改变而有所变化，不能用单一模式去生搬硬套。复杂人假设力求合理地说明人的需要与工作动机的变化规律。依据复杂人假设，1970年莫尔斯和洛西（J. Malse & J. W. Lorsch）提出一种权变理论，认为人们怀着不同的需求加入到组织中来，由于需求的多样性，以X和Y理论为指导的管理方式都有其适用的环境，因此对于不同的企业或不同的人应采取不同的管理方式。

## 观念变革二：管理中的"有限理性"

　　随着基于"人性假设"的管理运动的狂飙突进，20世纪的管理心理学迎来了新一轮的"人性"（Human Nature）探索热潮。首先是

"经济人"假设进一步被质疑。因为该假设认为人是完全"理性"和"自利"的——能合理地利用所收集到的信息，预测未来不同结果的各种可能性，最后实现自身利益的最大化。但是，这样的假设与现实生活中人们的经济行为相差甚远。事实上，人们的决策不可能只取决于经济效益；决策个体的独特性格、决策时所处的环境、决策对象的性质，以及一些其他无关的因素实际上都影响着最终的决策。虽然越来越多的人们开始意识到"完全理性假设"有失偏颇，但仍然缺少理论与实证研究为人们偏离理性的行为作出合理的解释。于是，西蒙、贾尼斯、卡尼曼与特沃斯基等人站了出来。"有限理性"问题的提出，正是管理心理学中"人的因素"问题的合乎逻辑的发展。

在西蒙看来，"决策几乎与管理是同义的"。决策行为是管理的核心；管理理论的词汇必须从人类决策的逻辑学和心理学中导出，亦即充分考虑到人的心理因素在经济行为和管理行为中的作用。西蒙决策理论的核心概念和根本前提是"有限理性"。对此，西蒙的研究中有一个著名的"蚂蚁"隐喻：一只蚂蚁在海边布满大小不一的石块的沙滩上爬行，蚂蚁爬行所留下的曲曲折折的轨迹，绝不表示蚂蚁认知能力的复杂性，而只表示着海岸的复杂性。当我们把人当作一个行为系统来看时，人和蚂蚁一样，其认知能力是极其单纯的。蚂蚁在海边爬行，它虽然能感知蚁巢的大致方向，但它既不能预知途中可能出现的障碍物，其视野也是很有限的。由于这种认知能力的局限性，所以每当蚂蚁遇到一块石头或什么别的障碍时，就不得不改变前进的方向。蚂蚁行为看起来的复杂性，是由于海岸的复杂性引起的。同样，人们在决策中就有点像这种海边的蚂蚁，只能根据有限信息和局部情况，依照不那么全面的主观判断来进行决策。此外，人们的技能、学识、价值观等因素也会影响到能否进行正确的决策。可以说，管理者拥有"知识"的程度，决定着他决策和行动的合理性和满意化的程度。

正因如此，西蒙得出结论："在经验科学中，我们只想逼近真理，我们不幻想我们能找到一个单一的公式，或者甚至一个相当复杂的公式，能掌握全部真理，并且不包含其他东西。我们安心于一种逐步逼近的战略。""有限理性"不但贯穿西蒙的整个学术生涯，甚至影响着他的人生哲学。西蒙认为，作为一种有限理性的生物，他不抱完全正确、客观地去理解整个世界的幻想，但他不能忽视这个世界，而是尽其所能，通过科学和哲学的帮助去理解它，然后使个人的立场与这个世界所呈现的种种条件和约束不会过分地不协调。

"有限理性"假设在贾尼斯发现的"群体盲思"（Groupthink）现象中得到了绝妙的验证。贾尼斯将群体盲思定义为："在一个较有团队精神的群体中，其成员为了维护群体的凝聚力，追求群体和谐与共识，忽略了最初的决策目的，因而不能确实地进行周详评估的思维模式。"在很大程度上，群体盲思往往是群体凝聚力所导致的一种负面结果。因为贾尼斯注意到：群体中每个成员的能力，很少能够呈现为或表现出群体整体的能力。当群体中的成员有很强的团队精神，高度凝聚在一起，他们就不想改变这种向心力，而正是这种压力导致人们不愿意探究真相，较草率地作出价值判断。一旦群体中的成员倾向于使自己的观点和集体的趋势保持一致，在决策时就很难做出真正适合的判断，并选择客观可行的方法。而且，由于害怕自己的意见不符合众人要求，因而减少了很多创新的机会和有创意的观念。而在更多的情况下，就算有人提出异议，也很可能被忽视，最后只能无奈地顺从。于是群体组织做出的错误决策也就不足为奇了。

费斯汀格的"认知失调"理论也表明人的理性之不足。当一个人的所感、所想、所愿和所做出现了两个或更多相互矛盾的时候，就会产生一种不舒服（不愉快或紧张）的感觉；个体还会想方设法解除这种不舒服的状态，使其达到一种"协调"。一般来说，个体通常会采取三种方法解除或减轻认知失调：首先，改变行为，使行为与观念保持一致。比如，我喜欢抽烟，但是我知道抽烟有害健康，在这种冲突下，我可以改变抽烟这一行为去适应我的观念，这样，我不吸烟和吸烟有害健康这二者就协调了。其次，改变态度，使态度符合行为。比如，我认为我自己很聪明，但是考试却没有及格，这时可以改变态度，转向"我的学习比较吃力"，这与考试不及格便协调了；再者，引进新的认知因素。比如，认为自己很聪明，但考试没有及格，就可以说是因为考试题目太难或者考试前夜没有睡好等，从而减轻不协调感。

费斯汀格的认知失调理论在管理、尤其是在个体态度管理中占据着非常重要的地位。它有助于预测员工的态度和行为改变的倾向性，即在什么情况下员工会有改变自己态度或行为的压力；认知失调的程度越深，压力就越大，想消除这种不平衡的动力就越强。个体减少失调的愿望有多强烈，一般会取决于：导致失调的因素的重要性；个体认为他对于这些因素能够施加的影响和控制程度，以及失调可能带来的后果的严重性。

班杜拉的"自我效能"（self-efficacy）概念，也表明人的行为并不完全是理性的。因为，人的行为不仅受到行为结果的影响，而且还受到通过人的认知形成的、对自我行为能力与行为结果的期望的影响。也就是说，即使个体知道某种行为会导致何种结果，也不一定去从事这种行为，而是先要推测一下自己行不行，有没有实施这一行为的信心和能力；而这种推测和估计的过程，就是自我效能的实际表现。现代组织的管理，正在从过去机械的、控制的特点向如今自主的、开放的特征转变。只有拥有"高自我效能感"的员工才能实现自我调节、自我激励，适应新组织形式的要求，取得较好的工作绩效，保证组织目标的实现。这就意味着，现代人力资源管理的一项重要任务，就是为组织获得高自我效能感的个体。而该项任务又可以分为两个方面：一是将那些高自我效能感的个体招募到组织中来；二是通过干预，促进员工自我效能感的提高。

卡尼曼在接受新华社记者专访时风趣地说，"棒球棍和球共计1.1美元，其中球棒比球贵1美元，请问球多少钱？""如果你的答案是10美分，那你就错了。这就是'直觉决策'的失误。我喜欢用简单的方式解释我的理论。"原来，人们在面临决策时经常依赖于捷径和"经验法则"来节省精力，并简化决策的程序。这种决策的策略，卡尼曼和特沃斯基称之为"启发式"。他们观察到，在不确定条件下人们常常会用三种启发式："代表性启发式"（人们倾向于把当前事物的特征与经验过的这一类事物的代表性特征相比较，以其相似程度作为依据进行判断）、"可得性启发式"（根据一些容易想起来的事例来判断一种类别出现的频率或事情发生的概率）和"锚定与调整启发式"（以最初的信息为锚定点，在锚定点上下进行调整的一种倾向。一旦设定了锚定点，人们只能在锚定点上下的有限范围内调整信息）。

在不确定性决策领域，长期占统治地位的是"期望效用理论"。期望效用理论假设，决策者对过程中每一个备选方案的结果及其概率都拥有完整的信息，并且能预算出每个备选方案的后果，从而作出一个效用最大化的方案。但是显而易见的是，决策者并不总是这么行事的，还会受到复杂的心理因素的影响。卡尼曼和特沃斯基通过一系列的实验，发现人们的实际行为整体上偏离了期望效用理论的预测。他们于1979年提出"前景理论"，为传统的经济学理论注入了心理学新鲜的血液。

总之，无论是"启发式"还是"前景理论"，卡尼曼和特沃斯基其实并不是要向人的"理性"挑战；他们只是想让你看到，我们并不是像我们自己想象的那样理性。我们在运用直觉或启发式时，也是会犯一些错误的。如果认识到了一些可能会犯的错误，我们就可以更理性地作出决策了。

## 观念变革三：管理中的"权变"

按照法约尔的"五职能论"，管理就是计划、组织、指挥、协调与控制。但无论行使哪一种职能，都与领导有关。20 世纪的管理心理学，从关于人性的"经济人"假设，到"有限理性"学说，领导者或领导力总是管理中发挥人的因素或作用的决定性力量。正因如此，上世纪中叶，一场"权变管理"运动势所必然地展开了。1964年，菲德勒首次提出了"有效领导的权变模式"概念，1974 年又拓展成"权变领导理论"。这样，管理心理学中的领导研究，就从以往盛行的领导形态学转向了领导动态学发展的新阶段或新轨道。"权变"（contingency）一词有"随具体情境而变"或"依具体情况而定"的意思。领导权变理论研究与领导行为有关的情境因素对领导效力的潜在影响。该理论认为，在不同的情境中，不同的领导行为会产生不同的效果，所以又被称为"领导情境理论"。

菲德勒的"有效领导的权变模式"（亦称"菲德勒模型"）认为，适用于任何环境的独一无二的最佳领导风格是不存在的，某种领导风格只是在一定的环境中才可能获得最好的效果；任何领导形式均可能有效，其有效性完全取决于是否与所处的环境相适应。比如，专制型的领导在篮球队、勘探队、平炉车间以及企业管理人员的群体中就会表现得很出色；在决策集体和各种创造性的工作群体中，只要领导者能和下属维持友好关系，则民主型的领导更容易做出成绩：在某种环境中能取得成效的领导者（或一种领导风格），在另一种环境中就可能不那么有效。

因此，必须研究各种环境的特点，而组织环境的分类又取决于多种环境因素。任何形态的领导方式都可能有效，关键在于领导风格与具体组织情境的匹配程度。领导效果的好与坏通常由三个维度的条件所决定：（1）领导者与被领导者的关系（指下属对一位领导者的信任、爱戴和拥护程度，以及领导者对下属的关心、爱护程度）；（2）任务结构（指工作任务的明确程度和有关人员对工作任务的职责的明确程度）；（3）职位权力（指与领导者职位相关联的正式职权和从上级，以及整个组织各个方面所得到的支持程度，这一职位权力由领导者对下属所拥有的实有权力所决定）。如果三个维度上的条件都好的话，情境对领导是有利的。即如果领导者被追随者接受和尊敬（第一个维度），并且每件事情都可以被描述和有程式化的运作方式（第二个维度），还有领导者的职位权力和权威非常正式化且稳固（第三个维度），那么这个情境对领导者就非常有利。相反，如果三个维度都低，那么该情境对领导者非常不利。菲德勒证明，情境有利加领导风格共同决定了领导有效性。总的看来，在非常有利和非常不利的情境下，任务导向或者独裁型的领导者是最有效的；当情境只是适度有利时，人性取向或民主型的领导者是最有效的。

实践证明，依靠招聘、选拔和培训管理者来适合工作环境并不是个好办法。因为领导风格在很大程度上是与生俱来的——你不可能改变你的风格去适应变化的情境。因此，提高领导者的有效性实际上只有两条途径：（1）你可以替换领导者以适应环境。（2）改变情境以适应领导者。菲德勒提出了一些改善"领导者—成员关系"的职位权力和任务结构的建议。领导者与下属之间的关系，可以通过改组下属的构成加以改善，使下属的经历、技术专长和文化水平更为合适；任务结构可以通过详细布置工作内容而使其更加定型化，也可以对工作只做一般性指示而使其非程序化；领导的职位权力可以通过变更职位充分授权，或明确宣布职权而增加其权威性。

赫塞和布兰查德的"情境领导力模型"一直被管理心理学家们归属为权变理论中的一种。该模型解释了如何把领导风格与团队成员的准备程度（或发展成熟水平）相匹配。它把影响领导行为有效性的因素简化为三个：一是员工的准备度；二是领导人的工作行为；三是领导人的关系行为。"领导风格"是根据领导的任务行为与关系行为的相对量进行分类的。任务行为是领导清楚地说明个体或一个团队的义务和责任的程度，包括指定方向和设定目标；关系行为是领导加入到双方或多方沟通中的程度，包括倾听、给予鼓励、指导等活动。

情境领导力模型把任务和关系行为结合成四个象限。每个象限代表一种不同的领导风格。

情境领导力模型认为，不存在一个影响团队成员的最佳方法。最有效的领导风格依赖于成员的准备程度。准备程度被定义为一个团队成员完成一项特定任务的能力水平、意愿或者信心的程度。准备程度有两个组成部分——能力和意愿。能力是指个体或者团队带到特定任务或活动中的知识、经验和技能。意愿是指个体或者团队对于完成一项特定任务所拥有的信心、承诺和动机。情境领导力模型的关键点在于：当团队成员的准备程度提高了，一个领导者应当更依赖于关系行为而较少依赖任务行为；当一个团队成员变得非常有准备，领导者只需要做出最少的任务和关系行为。

那么，什么是赫塞和布兰查德所说的"领导力"呢？领导力实际上是影响他人的一种尝试。只要说你是在帮助别人的前提下，根据别人要完成他的绩效目标这个需求，来行使你的这个影响的行为，那就是一个领导力，也就是领导所做的。将员工的工作状态和领导类型两相对照，就是一个完整的情境领导力模式了。四种领导形态（风格）没有优劣之分，一切依情境而定，惟有领导形态能够与员工的发展阶段相配合之时，他的领导才能够有效。

1973年，弗鲁姆和菲利普·耶顿提出的"领导者参与模型"，是一种较新的权变理论。该模型之所以不同于过去的许多领导理论，是因为它将领导方式与员工的参与决策联系起来，首次提出根据员工参与决策的程度之不同，对领导风格进行分类。这一模型有许多创新之处：以下属员工参与决策的程度作为领导风格和决策方式的分类标准，这在管理学界尚属首次；运用"决策树"（包含7项权变因素，可通过"是"或"否"选项进行判定）建立决策模型，为决策者提供了一个简便易行而又准确地筛选决策方案的手段；把社会学的研究方法运用于管理活动，为管理培训开辟了广阔的前景。

# 观念变革四："企业文化"

20世纪80年代末，"企业文化"的浪潮席卷全球。该词被公认是由沙因发明的。作为企业文化领域的开创者和奠基人，他认为，把企业文化说成是"做事的方式"、"公司的仪式和礼仪"、"公司的氛围"、"基本价值观"与"薪酬体系"等这种过于简单化的方式，是我们理解企业文化的"最大的危险"。他不仅给企业文化下了精湛的定义，而且还提供了关于企业文化的独特分析框架。

根据沙因的定义，所谓"企业文化"，"是一种基本的假设模型——由特定群体在处理外部适应与内部融合问题的过程中所发明、发现或发展出来的；由于运作效果好而被认可，并传授给组织新成员以作为理解、思考和感受相关问题的正确方式"。或者说，"是一系列的内隐假设——有关一群人如何分享和决定他们的认知、思想、情感以及公开行为的程度。它借由组织成员的共享历史和期望，以及他们之间的社会互动的产出所形成"。这就表明，文化是组织生活中一个持续变化的力量，真正的文化是隐含在组织成员中的潜意识，是一个特定组织在处理外部适应和内部融合问题中所学习到的、由组织自身所发明和创造并且发展起来的一些基本的假定类型。这些基本假定类型能够发挥很好的作用，并被认为是有效的，由此被新的成员所接受。

沙因的分析框架从层次性的角度来解析那深邃而又无所不在的企业文化。第一层：人工制品，即那些"外显的"文化产品（能够看得见、听得见、摸得着，如"工作服"等）。这些"表象层的文化"是非常清晰的，最容易被触摸，有较强的情绪感染力。第二层：信仰与价值——组织的战略、目标和哲学，是指公司用相对规范的语言或文字公开表达出来的文化，如企业的价值观、经营观念、用人的哲学、目标与使命等。它们主要在企业的文化手册、公司歌曲、口号与标语等方面得到体现。第三层：隐性的假设与价值。系企业文化的核心或精华，是那些早已在人们头脑中生根的、不被意识到的假设、价值、信仰和规范；由于它们大部分处于一种无意识的层次，所以很难被观察到。然而，正是由于它们的存在，我们才得以理解每一个具体的组织事件为什么会以特定的形式发生。这些基本的隐性假设存在于人们的自然属性、人际关系与活动、现实与事实之中。为了认识某企业更深层次的文化，必须要从历史的角度来考察它，搞清楚在企业发展的历史当中，那些使公司走向成功的创始人以及不同时期伟大的领导人的价值观、观念和心理假设都是什么。那些在企业发展的历史长河中经历了成功与失败的洗礼，并最终沉淀下来的观念性的东西，就会被企业内部员工共同默认。

在对上述三个层面分别进行研究的基础上，沙因又进一步提出：文化的精髓就是这些共同习得的价值观、观念和假设，它们随着企业继续获得成功而变成"共享的"和"理所当然的"。而且，文化是深层次的，如果你把它当作表面现象来对待，认为可以随意改变它，就注定要失败。事实上，只有三个层面——它们分别又构成一个相对独立的文化系统——呈现出相对一致的状态，才真正建立了一种企业文化。

沙因强调，企业文化只能渐进优化，而不能推倒重来。故此，在理解其企业文化以前，我们不可能改变一个大型组织。沙因的划时代贡献在于，他使我们更深入地理解，到底是什么造就了一个组织，也就为我们尝试"改造"或"改变"组织提供了坚实的基础。必须从"文化"回归到企业的本质；不应该直接去改变企业文化，而是要意识到为了企业的生存和发展，必须改进业务流程——即使我们在最初并不知道，现有的文化，是推动还是阻碍了这种新的业务流程。

企业文化研究与"组织学习"的研究相辅相成。例如，组织学习的代表人物德赫斯，在他的《长寿公司》一书中，力主企业文化与学习的内在联系。他赋予公司以"人"的特性，同时，将传统上作为"物化"概念的公司真正注入了"生命"的活力——作为"人化"概念的公司。以《第五项修炼》而著名的圣吉则认为，未来真正出色的企业，将是能使企业各阶层人员全心投入，并有能力不断学习的企业，也就是学习型组织企业。其唯一持久的优势即为有能力比你的竞争对手学习得更快更好，只有营造了学习型组织的企业文化，企业才具有长盛不衰的生命力和竞争力。

## 观念变革五："组织学习"

与企业文化的浪潮相对应，20世纪最后20年里，管理心理学观念的最伟大的又一次变革——"组织学习"的运动开始真正腾飞，而组织学习的概念则被赋予了更深刻的现实意义和实用价值。甚至20世纪90年代的"商业咒语"就是：未来公司惟一可持续的优势，就在于其组织学习的能力。

"学习型组织"的提法，最早见于美国教育学家赫钦斯（Robert M. Hutchins）1968年出版的《学习化社会》，而在管理心理学界，这一概念在理论上则是由阿吉里斯（Chris Argyris）和沙因于1978年合著的《组织学习》奠定了基础，他们提出"组织学习是发现错误、并通过重构组织正在使用的理论而加以改正的过程"。1988年，德赫斯的《计划即学习》发表在《哈佛商业评论》上，该文提出了"学习型组织"的概念："计划不是高层管理者制定出来的，而是管理者和员工通过群体学习，改变原有的思维模式，即改变对竞争者、市场、顾客等的固有看法，从而建立一种适应环境变化的学习能力的动态过程。"而圣吉的贡献则在于对"学习型组织"在实践中的形成和运行给予了可操作的法则，并通过《第五项修炼》（1990）一书将这一观念在全世界范围内进行推广。

而谈及对学习型组织深入研究的缘起，就不得不提到一项著名的研究。1983年，英国壳牌（Shell）公司进行了一项名为"全球500

强企业的生命周期有多长"的调查，后来公布的结果显示，这些非常成熟的公司平均寿命只有 30 到 40 年，还不到常人寿命的一半；只有 20 家公司存活了 200 年以上，并且依然充满活力。调查发现，上述 20 家长寿企业有一个共同特点，就是学习力旺盛。而那些短命的公司则不能与时俱进，在世界环境、技术、社会等发生变化以后，依然按照老办法运作，因此尽管他们在资金、技术、人才等各种资源方面应有尽有，看似风光十足，实则不堪一击。

传统观点认为，决策完全是决策者运用其积累的知识的过程，而德赫斯认为，这从根本上讲是一个学习的过程，要"从外面进来"。本来嘛，"学习"是日常生活中最常用的概念之一，在心理学上它是指通过经验获得而导致行为模式变化的过程。它一般是用来描述个体行为的，在管理心理学中用来描述组织的行为，实际上是一种类比或借用。除了针对的是组织而非个体之外，组织学习与个体学习有类似的含义。

德赫斯认为，学习和汲取知识是管理活动的核心。他指出，"未来公司惟一持久的竞争优势，也许就是具备比竞争对手学习得更快的能力"。组织学习的来源出自于组织的外部。像生物有机体在环境中觅食一样，组织也从外部环境的变化中获取知识。如果只是基于昔日的经验来学习，就可能总是在"打最后一场战争"。在组织学习中管理者最容易犯的几个错误是：以固有的思维方式去看待新事物，造成对新问题的认识上的偏差，或是做出错误的判断；"以偏赅全"，直接从少量的实例中概括出结论，以至弄假成真；以教导代替相互沟通，导致学习的无效率。针对组织学习的过程，德赫斯强调学习的群体行为，强调知识在组织内的传播与共享。"如果能够有效地共享，那么一个组织的知识总和将大大多于个体知识的总和。"

何谓"学习型组织"？圣吉认为，学习型组织尚没有一个严格而确切的定义。从本质上而言，学习型组织没有一个固定的结构模式和运作流程。确切地说，它只是提供了一种管理心理学思想，通过强化组织学习动力来营造整体的创造氛围，形成良性的组织心态。圣吉相信，任何一个人对学习型组织的理解和描述，都是在有限的时间与空间中找到的或套用的近似图式。学习型组织本身的愿景就是成为能不断"创造未来"的组织，这是一个相对清晰的动态过程。

关于如何学习，圣吉的观点非常明确，那就是进行"五项修炼"，即用系统思考打开思维之窗；以不断的自我超越为动力；改善人们的心智模式；达成共同愿景；进行团体学习。如果将这五项修炼汇聚起来，便能使学习型组织演变成一项"创造"（Creating）。如果一个人的首要角色是修复问题，而不是创造崭新的、有意义的事物，那么他就会变成一只无头的苍蝇，失去了目的。实际上，创造不是一种我们恍然踏进的神秘状态，而是一项我们可以理解和掌握的"修炼"——圣吉眼中的"第六项修炼"。

亲爱的读者朋友，以上我提纲挈领地介绍的20世纪管理心理学的五大观念变革，可以作为你阅读本书25位管理心理学大师卓越贡献的一条逻辑主线。在这条逻辑主线的统领之下，你就可以悠闲地坐下来，捧一杯清茶，放松一下神经，然后，再细细地品味、慢慢地感悟、静静地沉思……但愿本书能够伴随你成长为我国新一代的管理巨擘或21世纪的管理心理学大师！

# 科学管理理论学派大师

# 法约尔："一般管理理论"的奠基者

> 没有原则，人们就处于黑暗和混乱之中；没有经验和尺度，即使有最好的原则，人们仍然处于困惑和不安之中。原则就是灯塔，它能使人辨明方向，它只能为那些知道通往自己的目的的人所利用。
>
> ——法约尔

　　他目光犀利而炯炯有神，他待人常常一见如故，他有着不加修饰的权威和气度，他仁慈，他不甘于寂寞而充满青春活力，他是受人尊敬的实业界的元老。他就是亨利·法约尔（Henri Fayol，1841－1925），法国古典管理理论学家，管理心理学思想的早期代表人物，与马克斯·韦伯（Max Weber）、弗雷德里克·温斯洛·泰勒（Frederick Winslow Taylor）并称为"西方古典管理理论"的三位先驱，并被尊称为"管理过程学派"的开山鼻祖。

## 卧虎藏龙的求学生涯

1841 年 7 月 29 日，法约尔出生在法国君士坦丁堡一个富裕的小资产阶级家庭。15 岁就读于里昂一所公立中学，两年后进入圣艾蒂安矿业学院，是班级年龄最小的学生。1860 年，法约尔时年 19 岁毕业，取得矿业工程师资格。

法约尔的早期经历如此平淡无奇，以至于我们很难揣测，管理心理学大师璀璨的夜空中会有一颗名叫"法约尔"的耀眼明星。然而，以法约尔后来的表现揆度之，其求学生涯可谓卧虎藏龙。

## 一棵大树上开花

1860 年，青年矿业工程师法约尔如愿以偿地进入法国顶尖的矿业公司——高芒特里—福尔尚布德矿业公司（Commentary Fourchgmbaut Ming Combine），并且很快被提拔为矿长。在此期间，他主要是一个基层管理人员。按照"法约尔原则"，随着人的地位在等级中提高，管理能力的相对的重要性也增加，同时技术能力重要性减小。而他那时较为重要的能力应该是技术能力而非管理的能力。但是，在其位谋其政，法约尔领导一批矿井，他必须考虑矿井的经济因素，这无疑驱使他对企业管理进行系统的研究，而一般管理理论的辉煌大厦自此开始建构。

由于表现出色，法约尔于 1888 年出任该公司总经理。正是"人尽其才，物尽其用"，他开始涂抹自己人生画卷上最浓墨重彩的笔画。

早在法约尔出任总经理的 3 年之前，该公司已然处于崩溃的边缘，财务状况极为困难，职工无红利可发，主要矿井资源枯竭。受命于危难之际，法约尔按照自己的工业管理和一般管理的理论对公司大刀阔斧地进行改革：他关闭一些规模小、经济效益不好的工厂，吸收新矿井替代老矿井。尤其重要的是，他着重培养了一大批干练的管理人员，这一举措使得公司焕发了持久的生机。1918 年，当法约尔退休离职时，公司已经不同于往昔，在财务和管理上立于不败之地，成为当时法国实力最雄厚的矿业公司，甚至于至今仍是法国中部最大的采矿和冶金集团的一个组成部分。稍微有些世界历史知识的读者都知道，1918 年是一个特殊的年份，"一战"在这一年以英法等协约国的胜利宣告结束，而法约尔的矿业公司为法国提供了进行战争所需的大量重要资源。

在回忆这段经历时，法约尔不无自豪又不无讽刺地说："尽管矿井、工厂、财源、销路、董事会和职工同原来都是一样的，只是运用了新的管理方法，公司才得以同衰落时一样的步调复兴和发展。"

如今，人们倾向于认为心有多大，舞台就有多宽广。因此，很多人习惯跳来跳去，在这家公司呆三天，又在那家留五天。法约尔似乎心不是很大，舞台也不是那么宽广，从 1888 年出任总经理一直到 1918 年离职退休，其职业生涯几乎全部在高芒特里一福尔尚布德矿业公司度过，可以说终其一生"吊"在一棵大树上。然而，他不仅没有吊死，反而在这棵大树上成功地绽开了一般管理理论的鲜花。

## 实践出真知

法约尔是一个不打折扣的实践主义者。长期担任大型矿业高级管理人的经历，是其一般管理理论得以形成的实践基础。但是法约尔不仅仅是一个管理实践家，更是一个高屋建瓴者，一个化具象为抽象的管理战略家。他抽丝剥茧，将一个个具体的管理方法总结为一般的管理原则，而这恰恰是当时的时代所极度匮乏的。

俗话说，麻雀虽小，五脏俱全。法约尔首先对企业的经营活动进行了科学划分，认为无论企业大小，简单还是复杂，技术、商业、财务、安全、会计和管理这六种基本经营活动总是存在的。其重要意义在于，管理活动作为一种独立的经营活动被划分出来了。

法约尔根据自己的实践，归纳出了著名的"管理十四条原则"：劳动分工、权力与责任、纪律、统一指挥、统一领导、个人利益服从整体利益、人员的报酬、集中、等级制度、秩序、公平、人员的稳定、首创精神和人员的团结。

"管理就是计划、组织、指挥、协调与控制。"法约尔总结管理要素（职能）时如是说，这就是其鲜明的五职能论。在法约尔的五个管理职能中，计划是管理活动的出发点，也是其他各项管理职能活动的依据；组织是其他各项管理职能赖以发挥作用的基础，指挥、协调和控制则是保证组织的各活动正常进行。一言以蔽之，管理是以计划为中心的各个管理职能交替发挥作用的循环往复的过程，因此五职能论又被称为"管理过程论"。

这些管理心理学词汇在今天的生活中随处可见、频繁使用，以至于我们很容易低估法约尔的一般管理理论的价值，而正是这些简洁明了的术语奠定了古典管理心理学的基础。

法约尔在考察企业管理人员的能力时发现，多数管理人员的技术能力多于管理能力，追根溯源是因为工业学校缺少管理教育。鉴于此，法约尔提出了"管理是可以教会的"的观点，认为实践和经验并非是获得管理能力的唯一途径，并积极倡导在工业学校中开展管理教育，这事实上一定程度地将"管理"作为平行于"技术"的一种独立专业，为大学设置管理学科开辟了道路。或许我们今天看来，这样的观点过于普通，但是在当时却是极大的首创，因为当时不仅没有管理理论，甚至管理的基本概念都没有在真正意义上厘清，工业学校自然缺乏管理教育。

## "法约尔跳板"

"组织"是法约尔管理理论的重头戏之一。他提出了今天为我们所熟知的"金字塔"组织结构。一个人的企业，自然不会形成任何管理阶层；几个人的小企业，可能形成垂直型管理关系；当职工数量增长至100人、1000人甚至更多时，就需要增加若干有等级的管理阶层。依据管理大型矿业企业的经验，法约尔认为管理层级是按照4比1的几何级数向上增加的。例如，60名职工需要4名管理人员，而这4名管理人员又需要1名高一级的管理人员。同时，任一层级的管理人员都只能指挥相对较少的下属，一般要不超过6人，一线管理人员相对可多一些。

"法约尔跳板"是以法约尔命名的著名的管理原则之一。它和等级原则一起构成了法约尔一般管理理论关于组织的两大支柱。

法约尔的理想组织形式是按照等级原则建立的组织，只有这样，才能保证领导者统一指挥、统一领导，保证管理活动顺利进行。也就是说，在示意图中，位于最低等级的G如若想要传递信息给位于不同部门最低等级的Q，就必须遵循从"G-F-E-D-C-B-A-L-M-N-O-P-Q"的路线，否则就违反了等级原则。毋庸置疑，如此一来，结果将是低下的运行效率，臃肿的部门设置，庞大的财政支出。对于任一组织来说这都是致命伤，"快鱼吃慢鱼"是一条永恒不变的经济法则。

为平衡这一矛盾，法约尔提出了"跳板原则"。如果F想和P联系，他可以直接进行横线沟通，而不必按照等级原则循规蹈矩地通过A一步一步传递到P。但只有在双

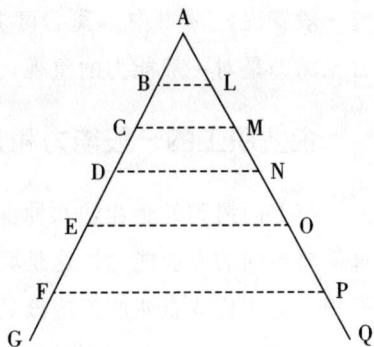

"法约尔跳板"示意图

方的上级领导都知道并且同意的情况下，跳板原则才可以使用。显而易见，跳板原则既维护了秩序和纪律又提高了效率，最为重要的是，职工因此会养成使用最短路线的习惯，负责任的习惯和勇气就建立起来了。

事实上，职工之间工作上的沟通是企业中人际关系的一个重要方面。后来梅奥（George Elton Mayo）通过其著名的霍桑实验发现了企业管理中人际关系的重要激励作用。现代管理心理学无疑继承了法约尔这一思想，在强调组织指挥协调一致的同时，也注重职工之间不定时的交流沟通，如某些企业组织职工野游、聚餐等。

# 人的因素啊！

20 世纪 20 年代，心理学走向科学伊始，就和工业管理紧紧结合诞生了工业心理学，但这一时期研究重点是如何通过改进工作条件、健全工作制度、用科学的管理方法来提高工作效率。当时人的重要性还没有凸显出来，人不受重视，盛行的人性观是"经济人"（Rational-Economic Man）假设。尽管时代的局限性使得法约尔没有也不可能真正重视职工的需要、认同感、归属感、人际关系以及工作满意度等社会心理因素。但是，在堪称一般管理理论奠基之作的《工业管理与一般管理》一书中，我们可多见"人的因素"的思想火花，最为常见的即是对一般能力的重视。

## 企业职工的一般能力和素质

与上面提到的企业的六种基本经营活动相对应，每一种经营活动都需要不同的专业能力，这是职能分化的应有之义。但是法约尔独树一帜，提出构成企业职工应该具备的一般能力和素质的六个方面：

1. 身体——健康、体力旺盛、敏捷；
2. 智力——理解和学习的能力，判断力、精力充沛、头脑灵活；

3. 道德——有毅力、坚强、勇于负责任，有首创精神、忠诚，有自知之明、自尊；

4. 一般文化——具有不限于从事职能范围各方面的知识；

5. 专业知识——技术，或商业、或财务、或管理等专业职能知识；

6. 经验——从业务实践中获得的知识。这是人们自己从行动中汲取的教训之记忆。

在法约尔看来，企业职工无论从事何种工作，都可以从上述六个基本方面来考察其能力和素质，专业知识只是职工一般能力和素质的重要的一部分，并非全部。

## 领导者能力和素质

法约尔曾担任高芒特里—福尔尚布德矿业公司的总经理长达30年，并且力挽狂澜，挽救公司于危亡之际，没有忘记这一点，我们就容易理解法约尔对领导者素质和能力的重视和强调。

大型企业领导人最终的能力应当是管理能力，这一点在法约尔那里已经不容置疑。但他总结大企业的领导者应当具备的特质是：

1. 身体健康并且体力好；

2. 有智慧并且精力充沛；

3. 道德方面有深思熟虑、坚定顽强的决心，积极、有毅力，必要时很勇敢，有责任感并关心集体利益；

4. 有丰富的一般文化知识；

5. 有管理才能，包括：预测——自己拟定和让别人拟定行动计划的能力；组织——尤为

**青年法约尔**

重要的是懂得怎样建立社会组织；指挥——管理人的艺术；协调——调节行动，使力量集中；控制——对所有基本职能都有一般性概念，在大企业的特有专业方面有尽可能大的能力。

同企业职工的一般能力和素质一样，这些关于领导风格和特质的理论只是法约尔作为大型矿业企业领导人经验的理论化，没有经过统计学或者实验加以科学地实证。但是它与当代管理心理学（工业与组织心理学）中领导有效性的诸多理论有异曲同工之处。

尤其重要的是，鉴于企业领导选拔过程中往往重视专业能力而轻视一般能力，法约尔同时强调管理教育中一般能力和素质的培养，而它们包括了品德、勇气及责任感等这样的社会心理因素。

## 经济人还是社会人

法约尔从一个侧面阐述了工业管理中的厂主、管理人员和职工之间的人际关系。按照他的理论，企业领导（或管理人员）扮演双重角色：在职工面前维护企业整体利益，在厂主面前又要维护职工利益。

人不仅仅是经济人，同时也是社会人；金钱不是激励职工的唯一手段，职工的社会心理需求也是影响职工积极性的重要因素。实际上，法约尔已经很大程度上注意到了这个问题，其管理十四原则中的公平原则，明显是从职工的心理需要出发的。他指出，"在对待所属人员时，应该特别注意他们希望公平、希望平等的这些愿望"。

现代管理心理学中公平理论，是美国心理学家亚当斯（J. S. Adams）于 20 世纪 60 年代提出的。但不难看出，法约尔已经先于亚当斯开始关注职工的公平需要问题，并且认为企业领导应当尽最大的能力满足职工的公平需要。

同样在人员报酬原则中，法约尔指出报酬原则的目的是公平合理，尽可能使雇主与雇员都满意，只有人员都满意，才能使他们能够精力充沛地、负责任地服务于企业。为此他告诫领导人："一个雇主应该不仅关心企业的利益，而且也应关心其所属人员的健康、精力、教育、道德和稳定。"

在此我们可看到管理心理学中"社会人"（Social Man）假设的

影子，而工作满意度（job satisfaction）则是当今管理心理学中使用最为频繁的词汇之一。

综上所述，法约尔的管理理论中"人的因素"得到了很大程度的推崇。但是其局限性也十分明显，没有跳出工业心理学初期那种"寻找最最适合的人，负责最最适合的工作，达到最最理想的效果"的思路。

# 一样的大师，迥异的礼遇

法约尔和泰勒都是古典管理理论的创始人之一，两人大致处于同一时代，都提出了曾风靡一时的管理理论，比较两人异同已经是研究法约尔不可或缺的部分。

泰勒本欲子承父业攻读法律，但因病不得不中途辍学，进入一家液压机厂当苦行僧般的学徒。然后，通过自己的坚持不懈逐步提升为总技师、总工程师。因此泰勒的科学管理理论的适用对象是工厂的普通职工，着眼点是如何提高生产率。法约尔则作为管理人员，将自己的管理方法自上而下地应用于下属及整个企业，其理论的适用对象主要是企业管理阶层（当然，法约尔的管理理论不局限于工业企业，同样适用于行政组织，这也是其理论被称为"一般管理理论"的初衷）。

泰勒的管理生涯并非顺风顺水，其清教徒背景深深影响了科学管理理论体系的创立。尽管泰勒自己声称"管理的主要目的应该是使雇主实现最大的富裕，也联系着使每个雇员实现最大程度的富裕"，但是泰勒的管理方法还是极其容易被认为是压制工人的。实际上甚至可以说，泰勒科学管理理论孕育于一场与工人的斗争。虽然斗争以泰勒胜利而告终，但他同时也背上了"专制"的罪名。与泰勒相比较，法约尔的管理生涯可谓平波静水，没有受到职工的抵制。这一方面可能是因为法约尔的管理理论以管理阶层为适用对象，是"概括性的，也非常富有原则性",另一方面则因为法约尔特别注意到了管理心理学中"人的因素",从而使得其管理理论得到了企业管理阶层甚至普通职工的支持。

泰勒的管理方法尽管受到工人们的敌视却标志着古典管理理论的诞生,具有里程碑意义。另外,"一战"期间美国逐渐在工业革命中占了上风,并且在19世纪80年代到20世纪初工业界掀起了所谓"提高效率运动",这些主客观条件都有利于泰勒科学管理理论的传播、应用和推广。法约尔受到的礼遇显然不可与泰勒同日而语,甚至在法国,他的著作也在很大程度上为泰勒巨大的影响力所掩盖,更遑论在整个欧美世界引起反响。其代表作《工业管理与一般管理》也迟迟没有出版英译本,直至1937年才在厄威克和古利克编纂的《管理科学论文集》中收录了法约尔的一篇文章。

# 生前身后名

需要特别指出的是,法约尔是一个高明的理论建构者,他强调管理的一般性和普遍性,其管理理论不仅适用于企业管理也适用于行政管理。事实上,一开始法约尔的视野就不只盯在企业管理方面,他在《工业管理与一般管理》中甚至将整个国家作为一个大型企业组织来研究,由此可见一斑。

人生的最后岁月,法约尔并没有耽于安享晚年。他除了总结自己一般管理理论以外,最主要的就是致力于在行政管理中普及自己的管理理论和方法。在军事院校讲授管理要义,设立中央管理学院,参与邮政部门改革重组,这些公共活动使得法约尔的一般管理理论在行政管理方面也产生了重要影响。从思想史上看,法约尔的管理理论,上承泰勒的科学管理理论,下启韦伯的科学组织论,起了明显的桥梁作用。

概括地说,法约尔的贡献在于:科学划分经营活动,积极倡导管理教育，归纳整理管理原则，总结创立管理要素（职能）。

"金无足赤，人无完人。"法约尔的一般管理理论不可避免地存在一些相互矛盾的观点。譬如，管理十四条原则中统一指挥原则和劳动分工原则可能发生矛盾。统一指挥原则规定，无论对哪一件工作来说，一个下属只应该接受一个领导人的命令。但是劳动分工原则认为职能应该专业化，当管理人员在制定有关整个企业的某一决策时就应该考虑不同部门领导的指示，而这实际上为统一指挥原则所不允许。

法约尔对"人的因素"的重视显然不是十分充分，此外，他对管理理论的研究缺乏实证性效度，也是法约尔管理理论的一大缺陷。

瑕不掩瑜。从历史的角度看，法约尔一般管理理论的种种缺陷是不可苛求的。他的理论对管理思想的演变作出过不可磨灭的贡献，在今天依然光芒四射。

让我们以丹尼尔·A.雷恩对法约尔贡献的评价作为本文的结语：

"在一个人活着的时候，历史很难对他的贡献作出全面的估量。在为一些人撰写墓志铭时常常考虑得不够成熟，因而后来又得增加一些对他们的新评价。"

# 埃默森：效率的大祭司

埃默森是为发展中的美国找到节省时间和开支方法的新型"效率工程师"的代表人物。
　　　　——丹尼尔·A. 雷恩

　　虽然他不是一个混血天才，却吸收了五个国家的精华：严谨、博学、浪漫、强势和执著。这个终生为实现组织效率而奋斗的男人，屹立在历史的前端，为后人指出一条实现效率的大道，而他，就是哈林顿·埃默森（Harrington Emerson, 1853 – 1931）。

# 漫漫成功路

## 在时光隧道中寻找效率的大祭司

一名刚上岗的厨师精心烹制着自己的第一道美食，谁知末了，却被老板狠狠地训斥了一顿。原来这家小店生意红火，佳肴必须一道一道不停地出炉，而新手厨师的"慢工出细活"招来了客人们的埋怨连连，老板自然暴跳如雷；某公司喜获一大项目，原本大伙儿年终红包会鼓鼓囊囊，却由于领导者指挥发令的混乱，造成员工忙成一团，而项目却仍然停滞不前，大伙儿只能面面相觑，眼看着到手的肥羊渐行渐远……

新手厨师最悲惨的结果不过是被老板炒了鱿鱼，但公司如果一如既往的不知所措，效率低下，那么终将随滚滚的竞争洪流消失在无尽的远方……

究竟谁才是那个救世主，拯救那些苦于无法提高效率的穷公司于危难之中？幸好，早有人冲在科学管理的最前端，为竞争年代的我们指引一条明路。

乘坐一部时光机，在时光隧道中搜索救世主的身影，远处模糊的影像渐渐清晰了起来：微微锁起的眉头，目光如炬；高高挺起的鼻梁，坚定如山。在时光隧道的"19世纪末"站我们找到了那个效率先锋。也许当下时尚的背包族会不由自主地嫉妒他的经历：他出生于美国新泽西州特伦顿，却成长在遥远的他乡。他的求学足迹遍布在不同的欧洲城市，有神话般的希腊、谦逊的英国、浪漫的法国、严谨的德国，还有艺术家的天堂——意大利。

他出生在一个长老会牧师的家中，似乎从娘胎里就带来了开拓者般的冒险天性和领袖般的雄心壮志。从一名要求循规蹈矩的大学现代语言系主任，到一名极具睿智头脑的实现组织效率的工程学家，他毕生倡导利用科学的管理来促进组织的效率。拨开历史的重重云雾，我们看到了他——效率的大祭司——埃默森。

78 年的人生路，虽未大风大浪，起起伏伏，却也并非风平浪静，一帆风顺。人生是一个未知数，如果没有一座导航的灯塔，那么终将浑浑噩噩地迷失在茫茫众生之中。幸好，埃默森早早地找寻到了自己的灯塔，那就是真正建立一个效率组织的理想。有理想就能看到远方，埃默森终其毕生精力，无怨无悔，他是传播效率主义的先驱，是那艘名为"效率主义"航船上最无畏、最优秀的船长。

## 牧师家的长子求学他乡

埃默森青年时期的
素描像

1853 年 8 月 2 日，在新泽西州的首府特伦顿，埃默森呱呱落地。人们常说，要认识一个人，先得从他的家庭背景说起。埃默森的出生可以说是显耀的，外祖父曾经是美国第七任总统时期的财政部大臣，手握美国的经济命脉，也曾创立拥有过煤炭和铁路。外祖父除了留给埃默森一家一笔可观的遗产，似乎还留给了埃默森一生的牵绊。不知是那个年代的烙印，还是继承了外祖父的命运气息，埃默森的一生也与煤炭和铁路密不可分。

不可忽略的一点是，基督教的家庭背景渗入在埃默森的血液之中。母亲的祖先是美国基督教的积极倡导者和拥护者，埃默森的父亲则是普林斯顿大学毕业的牧师和学者，受人尊敬。最重要的是，基督教以节俭为美德，并且崇尚效率，对于时间的紧迫感催促着人们的脚步，对效率的警觉时刻创造着最有价值的财富。正是受到了家庭环境的熏陶，埃默森的一生都在不断地向世人论证着"效率"两个字的重量。

如果显赫的家世、丰厚的家底给了埃默森一个求学他国的必要条件，那么祖祖辈辈们留下的精神财富却真正地寄予了埃默森成功的希望。慈爱睿智的父亲对于六个孩子的教育是亲力亲为，他愿意用他所有的财富让他的孩子接受最优的教育。如果说埃默森是效率的指明灯，那么父亲就是他人生的导航员。当然，作为家中的长子，埃默森无疑也承担了更多的希冀与责任。

当别人家的孩子还在母亲的怀抱里撒娇，9 岁的埃默森就离开了熟悉的家乡。在私人学校和教师的指导下，埃默森远赴英国、法国、意大利、希腊刻苦求学。看过埃默森著作的人都会惊叹于他的博学多才，如果你还惊奇于埃默森的天马行空，那么他包罗万象的课程选修也许会解开你所有的谜团。19 岁的他开始学习语言学和考古学，更令人称奇的是，除此之外，他对巴伐利亚皇家理工大学（Royal Bavarian Polytechnique）工程类的课程特别感兴趣，总是拼命地挤出时间前去听课。

整整 14 年的异国求学旅程究竟给埃默森带来了多大的财富？对此，他这样评价道："在德国上中学时被灌输的思想透彻清晰，而法国人更富有逻辑性，总是爱追根溯源，并从中吸取教训和经验。"

埃默森对于战争有着特别的关注，德意志帝国和日本的崛起给了他莫大的冲击，同时也成为他思考和研究的对象。他并非崇尚武力，事实上，战争的兵法才是他最痴迷的。无疑，埃默森对战争中的军事家是相当崇拜的，可并非盲目崇拜，埃默森在研究的过程中，不断地在他们的战争成败中总结经验，并且运用到他的效率理论中去。

对于凡·默特克领导的普鲁士军队战胜了强大的法兰西帝国，埃默森这样评价道："战争的速度和辉煌不足以吸引我，这些都是微不足道的。但是整个战争中平静、灵活的技巧向我展示了在一个适当且高效的组织结构下，效率是如何发挥作用的。"埃默森对于战争的研究在根本上促使了"直线—参谋型组织形式"的诞生。

异国求学的收获远不止如此，除了思维的碰撞，灵感的迸发，埃默森独特的生活情趣也在异国孕育而生。在埃默森的笔下总有很多自然界的小生灵，希腊和意大利的艺术文化气息给了他有一双发现生命之美的眼睛。热爱生活、热爱自然的人，万物也会垂青于他。埃默森在平凡生活中永葆猎奇的心态，大自然中被人们习以为常的美常会引发他的一系列联想。也许他生来就是为管理心理学的发展而存在的，在自然中挖掘到的科学原理，都被他运用到科学管理的理论与实践中。

## 学成归来，何处识英雄？

英雄不问出处，可千里马也需要伯乐的赏识。

23 岁的埃默森终于回到了故乡——美国，现代语言学教授、土地投机商、税务代理、纷争调解专家、工业咨询师等等，无论是何种角色，埃默森始终都没有找到生根发芽的土壤。而立之年，埃默森和兄弟创建了自己的公司，可却没能挖到自己的第一桶金。

从商遇坎，35 岁的民主党派人士埃默森，帮助布莱恩（Bryan）竞选总统。一场场的政治集会，一项项的参选活动，这位曾经的学术研究者竟成了交际专家。无奈的是，布莱恩的参选终究还是以失败而告终，埃默森企图从银币货币系统发财的野心被彻底地击碎。这次的参选并没有让埃默森走上仕途之路，更悲惨的是，他还因此负债累累。……

## 是金子总会发光的！

命运赐予的点滴不幸在乐观者的眼中永远是一笔财富，胜利者总善于在失败中寻找成功的动力。如果人生是一场旅程，路边的风景虽然没法尽收囊中，但也会变成独特的记忆，关键在于你如何看待，半杯水可以看作是失去也可以看成是拥有。

为了争取让英国投资建设美国的工业，埃默森曾为英国投资财团开展了一项大规模的调研，在北美、墨西哥，对超过百家采矿业和制造业公司进行调查，这次大规模的调研为埃默森今后的管理理论提供了极为丰富的实践经验。

就在埃默森帮助布莱恩参选的同时，他担任着圣菲铁路公司的顾问。其间，他的科学管理思想首次成功运用到了铁路工厂的重组上，六年中，他使这家濒临破产的公司，减少了 25% 的开支，每年节约的成本就高达 1.5 亿美元之多。

## 为"效率"呐喊！

渊博的知识，勃勃的野心，还有那对效率的终极追求，埃默森终于迎来了事业的巅峰。就在 1910 年的美国洲际商业委员会的听证会上，作为一名管理咨询专家，埃默森就美国东部铁路公司运费率案（the Eastern Freight Rate Case）出庭作证。他宣称铁路方面每年在劳力和材料方面的浪费达 3 亿美元。只要采用科学管理方法，每天就可节省 100 美元，根本没有必要提高运费。

在美国火车公司任职期间，埃默森在屡次创业失败后，成功地创办了自己的"埃默森咨询公司"，在科学管理的方法用于培养"亲生孩子"的同时，他的效率方法也被各个想要改变低效率现状的公司所采纳和借鉴。与此同时，在 1911 年至 1920 年间，埃默森公司的年收入超过了 1000 万美元。

埃默森最大的贡献是将科学管理的思想应用到了工业化公司的管理中去，而不是一味地留于理论层面，同时他也将科学的管理思想传播给了社会大众。在这场轰轰烈烈的效率传播运动中，埃默森是主角，200 多家企业在他建立的效率体系中各取所需，获益匪浅。他作为一个工程师学习的楷模，丰富了工程师的社会角色——不仅要具备专业的技术知识，还要有管理的观念。

## 智慧的结晶

埃默森在 1912 年发表了自己最重要的著作——《效率的 12 项原

则》（The Twelve Principles of Efficiency），这本书融合了他所有的管理咨询经验，几乎是他一生智慧的结晶。同时，在 1909 年发表的《效率是作业和工资的基础》、1912 年发表的《工资和奖金制度比较研究》、1913 年发表的《科学地挑选工人》、1915 年发表的《组织中的人格》也提出了另外一些重要的科学管理思想。

## 效率的 12 项原则

埃默森强调一个有效率的组织是实现效率的必要前提。效率并不是通过建立一个个硬性的目标而得以实现，而是经过科学的组织管理后，组织中的成员能自发地加快工作的节奏。他不再将工人作为实现工作硬性指标的工具，而是开始注意起人的心理，试图通过管理激发人的工作积极性。但必须看到的是，工业时代的特征仍然深深地印刻在埃默森的身上，员工仍然被作为一部工作机器，亟须提高运行效率。

埃默森所总结的 12 项原则是：定义清晰的观念、常识、合理化建议、纪律、公平原则、可靠迅速和充分的记录、分配、标准和时间表、标准化条件、标准化操作、标准化操作书面指南、效率的回报。

"清晰的观念"是每一个经营者对企业的定位，这个观念不能只是经营者的个人财产，它还必须被企业的绝大多数员工所理解与接受，因为员工是企业最主要的兵力，只有万众一心，才会勇往直前，坚不可摧。一个没有观念的团队是一盘散沙，企业的员工自顾自地完成着上司布置的任务，却不知究竟是为何奋斗；一个深明企业观念的员工清楚自己在整个企业实现盈利的过程中的价值，他会自发地提高自己的工作效率，希望企业的成功里会包含自己最大的贡献。埃默森所提出的"清晰的观念"，与当下企业需要有明确的经营观念是一脉相承的。每一个企业都有自己的经营观念，并且有与之相吻合的经营目标。如果说一家律师事务所的员工突然之间在工作时间经营起了首饰香水类的奢侈品，那是相当奇异的，在律师事务所的企业形象荡然无存的同时，企业的员工也对自身企业产生了深深的不信任感，效率何以实现？

埃默森所指的"常识"包括了一般常识和超凡常识，管理人员要同时具备作为核心的一般常识以及延伸在外的超凡常识，就必须不断地促进企业管理者之间的相互交流。你有一个想法，我也有一个想法，交换之后我们就同时拥有了两种想法。一个经理只有不断地促进企业员工的思想碰撞，才能提高整个企业的战斗力。"合理化建议"其实和常识有着异曲同工的内涵，一个企业需要一个专业的经理人，他不可能是所有方面的专家，所以在面临具体的问题时，他必须聚集专业型的人才的建议，而他所扮演的角色是判断哪些建议是合理的，需要被采纳的；哪些是专家急于表现而提出的无用建议。

无政府的组织是没有战斗力的，无纪律的组织是没有约束力和执行力的。埃默森对"纪律原则"这样说道："自我执行的纪律成为一项效率原则的价值，就体现在它对其他 11 项原则的忠诚和遵守，这样 12 项原则就不会成为 12 个彼此不关联的准则，它们不会彼此分开。"

"公平原则"，如同埃默森自己所说的那样，已被《旧约》、《新约》和其他所有宗教拿来谆谆劝导，然而埃默森进一步地指出，这项原则要可实行，必须要标准化，这与"效率的回报"这一原则共同构成了其"奖励工资制度"的思想源头。同时，他认为，一个管理者要做到公平，必须具备想象力、同情心，还有正义感，这样才能在面对人性的弱点时做到公平的原则。

文字的产生使文明得以传承，"可靠迅速和充分的记录"对于企业效率的实现是相当重要的。它必须提供一套企业员工可以共识的效率标准，并且可以成为员工个人效率的依据。

"分配"是经营者一个极为重要的职责。要让不同的部门各司其职，井井有条地完成工作项目，就必须布置与其匹配的任务，这样一个企业才能像一架正常的机器有效率地运作。分配也是防止责任扩散的一个重要手段。

"标准和时间表"指的是要让员工清楚地知晓企业的工作时间、方法、日程和程序;"标准化条件"指的是工作环境的标准化;"标准化操作、标准化操作书面指南"是为了员工更快捷地实现工作任务而制定的。这一些原则与现代企业是有很大差异的,比如说,工作环境的标准化会导致员工工作厌倦程度的提高,这一点说明了埃默森仍然有着工业时代的烙印,没有将员工真正地作为人去看待,更多的是把员工当作需要提高工作效率的工作机器。

一个有效率的组织必须具备以上 12 项的原则。这 12 项原则来源于管理实践,其目的也是为了成为管理实践的准则。

## 直线—参谋组织形式

与泰勒的职能工长制不同,埃默森主张在企业中实行"直线"与"参谋"相并行的组织形式,企业设立一位"参谋总长"和几个参谋小组。参谋小组中的专业人员负责研究职责范围内的课题,为管理人员提供专业性的建议,但是他们没有执行和管理的权力;同时,直线组织的管理人员是最终的任务发布者和指挥者。

埃默森试图将管理和监督权从专业参谋长的手中剥离开来,这样,管理者是最后的决策者,而参谋小组是智囊团,没有实质上的权力。

与伟大的泰勒相比,埃默森对于效率组织的思考无疑更进一步地独具特色与实用价值。

## 奖励工资制度

埃默森的奖励工资制度由于过于复杂,所以不能完全被员工所理解,因此现在看来不能达到激励员工提高工作效率的目的。然而,在实践之外,我们所关注的是,将实现保障功能的基本工资与实现激励功能的奖金利用科学方法进行度量的思想，对后人产生了巨大的影响，在这一点上，埃默森的贡献是不可磨灭的。

# 永不停歇，继续奔跑！

埃默森一生都为了追求组织的效率而不停地奔跑着，即使这条路充满着坎坷，即使这条路没有人走过，他依然坚持着、执著着，从不停下前进的步伐。在科学管理理论的起步阶段，他作为最为重要的领航者之一，付出了一生的努力。

埃默森为企业带来的是效率的提高，效益的提升，为工人带来的是薪酬的更合理化，为后人带来的则是实现科学管理最强的动力。

虽然我们已经没有办法再亲眼目睹百年前埃默森先生在美国洲际商业委员会听证会上为"效率"辩驳的雄姿，但是，我们依然可以从埃默森先生的一生中读到一种坚定与执著，我们依然可以从埃默森先生的字里行间领略大师的博学与睿智！

也许，随着时光的流逝，埃默森先生与我们渐行渐远，但他所提出的效率原则永远是我们前进的明灯，他执著的精神会永远催促着后人为科学管理事业永不停止奔跑的步伐！

# 斯科特：人事选拔之先驱

> 在当今时代，如果商人要想取得更大的成功，他的商业知识必须涵盖更加广泛的范围。他要了解从事生产和销售的工人的想法及行为规律，还要了解购买和消费商品的顾客的想法及行为规律。
>
> ——斯科特

沃尔特·D. 斯科特（Walter Dill Scott，1869－1955），著名应用心理学家、管理心理学家和教育行政管理专家。曾任美国西北大学校长和美国心理学会（APA）主席。被公认为"应用心理学之父"。他的职业纵跨学术、企业和军队服务，从而使他成为所处时代的公众人物。他一生有《效率——提高工作绩效的12种途径》和《广告心理学》等畅销经典，为他奠定了在工商业心理学和广告心理学领域的先驱地位。

# 应用心理学大师的诞生

## 初露潜质

斯科特于 1869 年 5 月 1 日出生于伊利诺斯州一个农场家庭，父母的第二个孩子。孩提时代，由于父亲身体状况不好，沃尔特和他的兄弟姐妹不得不承担起农场的大部分活儿。

有一次，当斯科特在田里耕作的时候，他冒出了提高工作效率的想法。他意识到，如果他想要获得些什么，他必须停止浪费时间。而他确实浪费了 10 分钟的时间——放牛时他会给牛 10 分钟休息的时间。而在这 10 分钟里，他着实可以做些什么。所以他觉得可以随身带一本书，不浪费一分一秒的空余时间用来读书和学习新知识。

从小就注重做事讲效率的好习惯，为将来斯科特在提高员工的工作绩效以及企业管理、人事选拔领域的成就奠定了基础。

## 梦想成为教师

青少年时期，斯科特的理想是成为一名教师，于是便进入伊利诺斯州立师范学院学习。毕业后，于 1891 年的秋天进入西北大学继续学习。大学期间，斯科特非常活跃。大一时，他担任班级的财务主管；大四时，担任班长。并且担任过基督教青年会主席以及文学社副主席。曾是教学大纲编辑部的成员，并出任过足球队的左后卫。1895年，斯科特获得了文学学士学位，并以优等生的身份毕业。

毕业后的斯科特想成为中国大学的校长。由于那时的中国大学都是由宗教组织赞助的，所以斯科特便进入芝加哥神学院学习，并获得神学学士学位。但是最终还是没有出现一个契机让斯科特实现他的理想。

虽然未能成为中国大学的校长，但是在西北大学学习哲学的经历让他对人的心理产生了兴趣，也成为他后来从事心理学事业的契机。

### 毅然踏上心理学道路

一个偶然的机会，斯科特在杂志上读到一篇关于冯特的文章，这让他对"科学心理学"产生了浓厚的兴趣。于是斯科特于 1898 年前往德国莱比锡大学，师承冯特，并于两年后获得了心理学与教育管理的博士学位，成为继闵斯特伯格（Hugo Münsterburg）之后从莱比锡走出的又一位心理学大师。冯特的实验心理学思想也给斯科特在未来从事人事选拔方面的工作提供了许多灵感。

# 献身于人事选拔事业

## 企业人事选拔

博士毕业后，斯科特受母校西北大学邀请，担任心理学与教育学的教师，陆续晋升为助理教授、副教授。1909 年，他被任命为心理学院的院长。

在 1916—1918 年期间，斯科特担任了卡内基技术研究所的商业部主任。在这期间，他把重心转向如何将心理学知识应用到商业中。斯科特开始研究成功的销售案例。这促使他开展了一系列甄选成功销售人员的测试。他的杰出成就之一，就是发明了用可控的实验方法来进行心理测验，并将其应用于职业选拔和培训。这也许是由于他曾经向冯特拜师学过艺，将冯特的心理实验方法很好地应用到了实际生活中。

在人员选择上，斯科特创立了量化测评方法。为了给不同的公司找到合适的人，可以采取实验性的测评方法。量化测评方法的前提，就是事先确定要招募的职位的数量和类型，然后基于应聘者受教育期间的成绩和知情人的推荐陈述，对相应职位的申请者进行一个不太充分的能力估计（即初选）。基于这一估计选出面试人员，让他参与一个为期一天或几天的封闭实验，然后通过对封闭实验中采集到的申请者行为样本，进行相应的分析判断，最终做出选择。斯科特在当时首次提出了基于量化实验的科学方法来测评和选拔员工，从而解决了过去在员工甄选方面一直存在的难题。

由于斯科特发明的实验室人员测评方法要受到较多的条件限制，对于无关变量的控制也不够精确，而且成本较高，促使人们转而寻找更为便捷的方法，如问卷法。但是，随着人事管理的发展，问卷法虽然便捷，却表现出更明显的偏差，信效度都不够理想。于是，工商界又回到斯科特那里，在斯科特的基础上发掘出了新的改进方法，如模拟情景法、无领导小组讨论法等。这些方法追根溯源，都是从斯科特那里衍生出来的，由于其准确性较高，至今仍为很多大公司选拔中高级人才时所使用。

## 军队官员选拔

第一次世界大战中，美国首先对新兵进行心理测验，以鉴定、选拔和培训士兵、下级军官和飞行员。第二次世界大战期间，为了鉴别合格的兵员，选拔特种兵和下级军官，美国国防部征集了大批心理学家进行陆军普通分类测验，以测量各种能力倾向。在军队还设立了"人事心理分类委员会"，承担工作分析、标准职务鉴定分类和人员性格测验，建立各种能力与特殊技能的士兵和军官资料库。此项工作对美国军队人事管理的科学化具有重要作用，大大地促进了人事心理学的发展，为战后人事心理学广泛运用于企业、行政等各种组织打下了坚实的基础。

在一战期间，美国政府当局通过投票，一致决定为战争提供服务。因此，斯科特修订了一份用科学方法选拔军官的建议提供给美国国防部。可惜，不幸的是，军官训练营的司令官在经过简短的评估后，拒绝了斯科特的提议。但是峰回路转，此事又出现了转机，国防秘书部的助理看到斯科特的提议的副本后，约见了斯科特，并与他一起讨论相关事宜。真是柳暗花明又一村，斯科特终于为自己争取到一个机会来实践他的提议。经过一番不懈努力，斯科特最终为自己的方法赢得了赞许。斯科特的方法对于选拔优秀军官是如此成功以至于之后它被用来决定军官的晋升以及军人的才能和技术的有效使用上。真可谓世上无难事，只怕有心人！也因此，斯科特于 1919 年被授予"杰出服务奖章"。同年，由于斯科特成功地将心理学应用到了军事领域，他登上了《美国科学人物》，并被选举为美国心理学会会长。

## "斯科特公司"

1919 年 2 月，斯科特和他的几个助手一起建立了"斯科特公司"，主要提供企业人事方面的咨询服务，并且在芝加哥、费城均有办公室。在它的头一年里，"斯科特公司"为超过 40 家工业及商业公司提供了帮助。

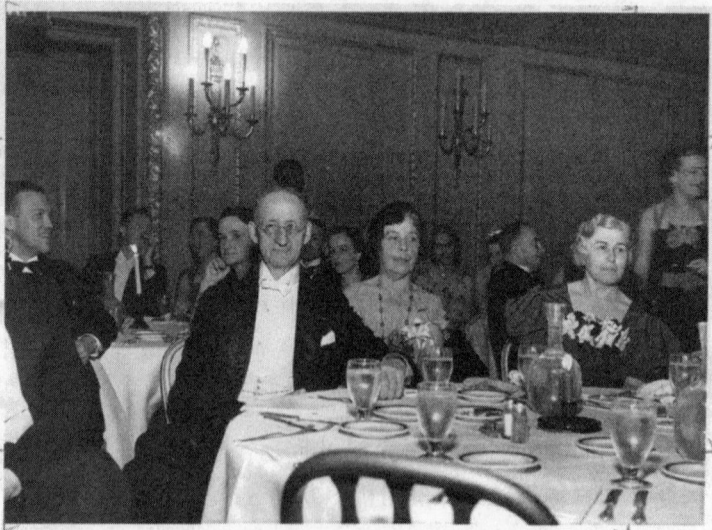

斯科特夫妇在西北大学的 Scott Hall 参加宴会，摄于 1936 年

# 为广告界点亮一盏明灯

斯科特在西北大学担任助理教授期间，即 1903 年，他出版了《广告学原理》和《广告心理学》两本著作。

斯科特认为，消费者的行为并非是理性的，通常建立在感性或情绪的基础上，因此他们很容易被说服。所以，广告应该激发消费者的情绪，而不是给消费者算明细账，更不是给消费者讲逻辑。在广告产生作用的途径上，暗示比论证更有效。例如，展示出男士系着箭牌领结的广告图片，使人感受到他的帅气潇洒和风度翩翩，要比一条条列举选择箭牌领结的理由更能俘虏消费者。

# 资金募集能手

1920 年，莱恩·霍（Lynn Harold Hough）校长的离去使西北大学遇到了前所未有的财政危机。危难时刻，董事会邀请斯科特出任西北大学的第十任校长。这使斯科特面临着一个艰难的抉择："斯科特公司"有着光明的未来，而西北大学则面临着财政危机。该如何是好呢？经过一番思想斗争后，源于对母校的热爱、筹集资金的挑战以及将西北大学改造成一流教育机构的宏伟蓝图为斯科特做出了最终的决定：担任西北大学校长之职。

当斯科特任职校长后，他便闻名于许多西北大学毕业的校友，不管是作为一名同学或是一名教师。在随后的 19 年校长生涯中，他也有效地利用了这一层关系。

斯科特所面临的三个重大问题便是：他必须为现有的教学活动和学校将来的发展提供坚实雄厚的财政支持；他必须找到愿意承包埃文斯顿和芝加哥校区的新校舍和研究楼的捐助者；他必须建立一所综合性的大学。

斯科特惊人的募集资金的能力，从在他任职期间的资金的增长幅度可见一斑：从 1920 年到 1938 年，资金从 $ 5625000 增长至 $ 26700000！仅仅是为芝加哥校区斯科特便募集到了近 $ 10000000 的资金！

斯科特为西北大学所作出的巨大贡献还有：价值 $ 3000000 的芝加哥校区办公楼；建造金额约 $ 1000000 的迪林（Deering）图书馆；为女学生提供的住房条件等等。通过建立新闻学院、语言学校等增强了西北大学的办学实力。

# 让我们的生活更有效率

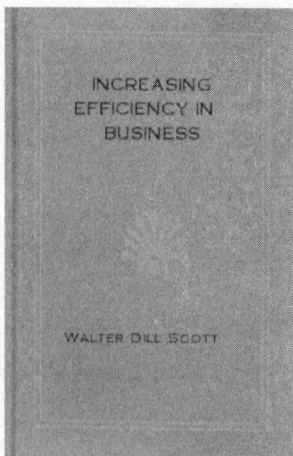

斯科特的《效率——提高工作绩效的 12 种途径》一书运用心理学原理，提供了管理员工以及提高工作效率的有效方法。它不仅适用于工厂、企业、政府部门，也适用于学校教育等方面。总之，这本书提供的方法适用于任何需要提高人们的效率的活动。

首先，斯科特为我们阐述了这本书诞生的原因。他写道：

斯科特的经典之作

"对物质的研究总是先于对精神的研究。在人的个体发展历史以及各国发展的历史中，心理方面的知识总是远远落后于那些可以看得见的物质方面的知识。早在我们开始学习行为学——一种可以使我们控制周围事物的科学——之前，我们就已熟悉了自己的身体状况并根据自己的身体状况做出自我调整。"

"最近几年以来，机器的功能和局限性却显得越来越明显，商人普遍认识到了在生产和开发产品过程中人的因素的重要性。与以往整个世界任何时候的历史相比，今天如何选择和对待工人的方式有着更加非凡的意义，因为企业的规模越大、经营范围越广，工人与企业领导的距离就会越远，而且他们所要承担的任务也会越多。"

正如斯科特所说，当代的企业管理已经将重心转向"人"这一因素。

## "第二次精力"使我们创造奇迹

斯科特阐明了"第二次精力"这个概念。"在为竞赛做准备的训练中，一个运动员必须经常进行长跑。在他开始觉得疲劳和筋疲力尽的时候，如果他能够挺过这种感觉继续坚持跑下去，他就会突然感到有一个彻底的转变，这就是众所周知的'获得第二次精力'。这时，运动员在感觉到一阵阵的疲劳过后，会有新的体力补充上来。如果他在第一次感到疲劳的时候就停了下来，他就永远也不会知道还有如此奇妙的精力储存宝库，也不会知道这个宝库仅仅在疲劳的感觉过去之后就可以被发掘出来。这是一个非常奇妙的宝库。他能够在这个宝库中发掘出越来越多的精力。"

也就是说，当我们做到自己认为是最好的时候，我们完全可以做得更好；当我们处于完全疲劳的时候，在正确的激励下，我们还可以继续工作。对于企业的领导者来说，如何发掘员工更多的潜力，往往在于领导者能否做出正确有效的激励。如何激励员工也因此成为领导者们的一个重要课题。在后来的管理心理学的发展中，激励也成为一个重要的研究领域。西方的许多管理心理学家从不同角度对此进行研究、探索，各种不同的激励理论也应运而生。

## EQ 比 IQ 对效率的影响更大

斯科特提到了决定人的效率和获得成功的如下关键因素："人的效率不能通过肌肉的力量和智力的领悟力来衡量，它取决于除去精神和身体以外的很多其他因素。一个人对生活采取什么样的基本态度，以及对于每一件具体事情持怎样的观点，与他先天的能力相比具有更加重要的作用。一个注意力集中的人，能够自始至终充满激情的人，总会超过天性聪明的对手，条件是如果这个对手对待工作马马虎虎，漠不关心。很多在商业领域、研究领域、科学界取得巨大成就的人，都是那些能力并不怎么出众的人。"

### 提高工作绩效的 12 条途径

斯科特提出的 12 条途径分别是：模仿，提高效率的直接手段；竞争，提高效率的有效途径；忠诚，提高效率的基本前提；专注，提高效率的可靠保证；工资，提高效率的催化剂；快乐，提高效率的润滑剂；敬业，提高效率的能量之转化；放松，提高效率的艺术方法；兴趣，保持高效的动力之源；经验，提高效率的实践保障；判断，提高效率的智慧积累；习惯，提高效率的经验资本。

# 对中国企业管理者的启示

### 员工的培训——让企业不断进步

在《量化考评方法选择雇员》一文中，斯科特对不仔细挑选员工，并用强制方式进行管理的工商业组织提出了严厉的批评。他指出，过去曾经有很多工商业组织，在雇用员工时不经过仔细挑选，使许多缺乏基本能力和素质的未成年人来从事较低级的工作，又不给他们提供系统的培训，使他们欠缺与职位相关的知识，作为代价，只付给他们很低的工资。随着工作需要，企业不得不提升这些员工，但又没有提升职位所必须的培训。这种对选拔和培训的忽视，在实践中导致了大量提升上来的员工不胜任，在更高职位上充满了这种缺乏基本知识和能力的人，这对企业的发展十分有害。从这一点看，早于劳伦斯·彼得半个世纪，斯科特就已经提出了与后来风靡世界的"彼得原理"（即"只要时间和空间许可，所有人都或迟或早会被提拔到不胜任的岗位上"）类似的观点。也正因如此，在之后这几十年的发展中，企业越来越重视对员工能力的培训。企业中不定期的员工培训任务比比皆是。由于人的复杂性以及环境的不断变化，因此，人事管理问题的重要性仍在增加，有意义的探索还将继续，更好的办法也会不断被提出，企业就需要不断完善自己的管理方针。

## 互相忠诚——提高企业的效率

在《效率——提高工作绩效的 12 种途径》一书中，斯科特提到了"忠诚"这一途径。当员工忠于领导、领导也忠于员工的时候，正是一个企业能最大限度发挥它的潜能并且效率也是最高的时候。在当今中国的企业中，员工频繁跳槽、员工抱怨领导不近人情的情况屡见不鲜，这时我们可以想一想"忠诚"这一概念。

如果领导希望员工发挥智力和身体上的更大潜能，他必须把他们当作人来看待，把他们看作是独立的个体，满足他们提出的要求。他必须把员工和企业紧密地结合在一起，使员工确信他们与企业的成功休戚相关。使他们确信企业有着强烈的兴趣改进员工的福利待遇。在员工处于严重困惑的时期或者有个人困难的时候，能够通过建议或者援助的方式为员工提供帮助的雇主，他们便很容易得到多于合同上面规定的劳务数量。他们在需要任何帮助的时候，还会得到员工无偿奉献的劳务回报。

这就是员工与领导的互相忠诚。领导考虑到员工的切身利益，能为他们着想，富有人情味儿，那么员工自然也在无形中建立起了对领导、对企业的忠诚，于是便心甘情愿为企业付出。这样，员工与领导的关系也就更紧密。这也是最有利于企业发展的。

# 斯隆：汽车发展史上的传奇

经营是企业的天职（*The business of business is business*）

——斯隆

　　车水马龙中，一辆辆小汽车在我们眼前驶过，轻灵而又迅速，精巧而又别致。别克、卡迪拉克、雪佛兰……一个个不同的车型浮现在我们脑海里，是它们繁荣了街道，是它们改变了城市，是它们影响了我们的生活。每一个不同型号的车都是一个故事，每一个故事的背后都是一部历史，每一部历史都记载着一个内忧外困、濒临倒闭的公司是如何医治创伤走向强盛既而名震全球的。这里凝聚了无数的智慧、神奇的创造力、先进的观念和丰富的管理知识。每一点管理思想的诞生都会让世人联想到一个人，20 世纪最伟大 CEO，事业部制组织结构的首创人，汽车发展史上的一位传奇式人物，一个真正的管理心理大师。他就是通用汽车公司第八任总裁——艾尔弗雷德·P. 斯隆（Alfred Pritchard Sloan，1875－1966）。

1875 年 5 月 23 日，斯隆出生在美国康涅狄格州的纽黑文。斯隆的祖父是位学校教师，外祖父是卫理公会派牧师，他的父亲开办了一家名为班尼特—斯隆公司的企业，从事茶、咖啡和雪茄的批发业务。斯隆在家中排行老大，对弟弟妹妹的关照和谦让，特别是父亲对企业的经营无疑对斯隆产生了巨大的影响。

1885 年，斯隆十岁的时候，父亲将公司迁移到了纽约市西百老汇大街，从此他就一直生活在布鲁克林区。1895 年，斯隆毕业于麻省理工学院并获电子工程学士学位，并进入内瓦克的海厄特滚轴轴承公司工作。1916 年，斯隆经过深思熟虑，接受通用汽车公司的创始人杜兰特先生收购海厄特公司的提议。他的从商生涯第一次超越了汽车上一个零部件的局限，他也由此成为联合汽车公司的总裁。

1918 年斯隆作为副总裁加入了通用汽车，同时也成为通用汽车的董事，加入了以杜兰特先生为主席的执行委员会。这对于斯隆来说，是命运的一次巨大转折。

1918—1920 年间，他一直在通用汽车负责零配件业务。斯隆在崇拜杜兰特先生的同时，也对他的独裁控制的管理方式持批评的态度，斯隆管理思想也由此萌发。

1920 年，国家经济的衰退以及对公司的冲击，管理失控，杜兰特先生被迫辞职。通用汽车公司的基础开始动摇，这标志着通用历史上新时代的到来——这也是斯隆的主要故事开始的地方。

1923 年 5 月，继杜邦先生之后，斯隆成为通用汽车公司的总裁。当时的通用处于严重的危机之中，风雨飘摇。然而在斯隆的领导下，公司依照着他的思想实施有效的管理，通用不但超越福特成为世界上最大的汽车制造商，而且成为美国经济的重要标志。

# 光环背后的人格魅力

大师惊人的成就和繁复的头衔往往会使我们仰慕，同时也会使人迷茫。但是，当拨开这种世俗的限定，静下心来倾听那伟大的灵魂时，更多的，是一种感动和震撼……

## 海纳百川，有容乃大

作为通用汽车的创始人，杜兰特先生是一个很有魄力、相信直觉而又带着投机心理寻求风险的人，他有着非同寻常的远景、勇气、远见卓识以及大胆的想象力。而斯隆却与杜兰特先生恰恰相反，他遇事深思熟虑、考虑周全、谨小慎微、重视环境，他内心的忧虑像沙砾，却能将创意打磨成璀璨的珍珠。相比于杜兰特的情感冲动型，斯隆是一个更加理智保守的人。虽然崇拜杜兰特先生的才华横溢，但在管理方式上，斯隆是极其反对杜兰特的独裁和专制的，他更钟情于民主的管理观念。斯隆在通用广泛推广坦诚公开的交流模式，鼓励员工提出不同的意见。他认为精神层次的沟通会带来收获，即使是雇员们之间的冲突，也同样可以造福于公司。礼贤下士、宽厚仁爱、虚怀若谷、谦虚谨慎、聆听箴言，宽广的胸襟让斯隆获得了员工的尊敬和爱戴，使通用在一种民主的气氛中不断地寻求进步和发展。

在通用汽车公司的历史上，有很多关于不同意见的事例，是斯隆的大度促使这种管理体系得到了很好的巩固。在 20 世纪 30 年代的经济大萧条时期，通用汽车公司的董事会决定让凯迪拉克公司停产，以此来结束萧条时期豪华车销售不景气的现象，他们甚至打算要把这个品牌注销。为挽救凯迪拉克，公司员工出现了分歧。凯迪拉克公司里一位名叫尼古拉斯·德雷斯塔特的年轻工程师向斯隆阐述了他如何能让凯迪拉克公司在 18 个月内赢利。德雷斯塔特认为可以开辟面对黑人的市场，因为凯迪拉克同样是富有黑人的地位象征，而黑人可以请白人朋友作为代理商。斯隆先生明确地表示了自己的意见，他认为这样做会失败。但是他还是这样说，"德雷斯塔特先生，如果您的计划失败，您将离开卡迪拉克公司，凯迪拉克公司也将不复存在。但是只要通用公司还在，只要我还是总裁，像您这样的人就永远有工作。您敢于担当责任，善于采取主动，您有勇气，更有想象力，您关心凯迪拉克的命运，而我们关心您在通用的前途。"

在组织中，并不是董事会所作出的每一项决策都会得到员工的支持，面对着一些行为过激的反对者，斯隆用其独特的人格魅力征服了他们。在第二次世界大战结束后的几年里，为了避免涉嫌形成托拉斯垄断组织，引起联邦政府的注意，通用公司决定降低产品在美国汽车市场上的份额。然而通用市场营销部的一位年轻雇员非常反对这一决策。他坚决要求先将公司分成两个实体后，再让这两个实体尽可能多的抢占市场的份额。他的这项激进计划激怒了公司里的资深员工。通用的高层管理者想要把这个年轻的雇员解雇掉，但斯隆坚决不同意。他这样说道："我们不会因为人们有不同的意见就将他们解雇；相反，我们希望他们有自己的想法。"最后，年轻的雇员因为提出异议而被斯隆提升为经理。

关于发生在斯隆身上的这样的案例不胜枚举，这位伟大的管理者鼓励员工提出不同意见、表达异议。而他自己则会非常谦虚认真地倾听员工的心声，而且永远不会处罚那些提出异议却表现过激的人们，反而会赞赏他们。然而斯隆的这种做法从未影响他实施那些有历史意义的政策。海纳百川，有容乃大。是斯隆伟大的人格一直在辅助着通用民主政策的实行，是他的人格魅力赢得了员工的忠心耿耿和兢兢业业。

## 求贤若渴，知人善用

在中国古代，刘备三顾茅庐，于是有了空城计、草船借箭等巧妙计谋；唐太宗李世民四请马周的故事成了佳话，于是我们明白了"贞观"为何会有大治。一个优秀的管理者往往寻求比他更优秀的人才，"求贤若渴"，对斯隆来说，亦是如此。

斯隆认为挑选合适的人才比制定战略决策更为重要，他曾这样说道，"如果我们无奈不花四个小时来挑选一名合适的人选，那么我们日后将花掉400个小时来弥补我们今天犯下的错误"。在关于雇用人才的讨论会上，斯隆总是积极热烈、充满激情，而且他有着卓尔不凡的洞察力和极其准确的判断力。然而，斯隆在做决策时并不依靠直觉，而是依据客观事实。有人曾这样评价斯隆挑选人才的能力：他的英明决策就像是一座座精雕细琢的金字塔，最宽的底部象征着他思想的深邃，中部代表了他缜密的研究探索，顶端代表他所选拔的高层领导。人才是指他在某方面的特殊才干，也许他并不完美，但只要他能为通用作出贡献，那他就会是斯隆所寻找的。

在斯隆任副总裁时，通用曾出现了一次彻底而激进的改革。当时总裁杜邦和汽车研发团队的主要负责人凯特林先生都希望能设计出似乎更加高效而且成本较低的风冷发动机，执行委员会也身陷急速改革的热情中，他们似乎更倾向于大刀阔斧的改革。对于公司首次涉足未知领域，斯隆认为是一场赌博，他对这种尚无人尝试的全新发动机持保留态度。斯隆认为，"无论是站在一个商人的角度，还是站在一个管理者的角度，我们的行为都背离了我们的信条。比如说，我们太过注重具体的发动机设计，而忽视了企业的主要目标"。实践证明，斯隆是正确的，在初步汽车试验中，凯特林发明的风冷发动机出现了很多严重的失败。最终，执行委员会听从了斯隆的建议，将风冷发动机的计划搁置下来，然而凯特林却对此极其愤恨。由于不能证明自己的想法，不能展现出成果；由于创意被否定，心生怨气，凯特林先生请求辞职离开通用。而此时，斯隆则义无反顾地挽留这位科学巨匠，他对凯特林先生的支持到了前所未有的地步。在斯隆的眼里，凯特林是少有的杰出的机械大师，他认识到凯特林作为一名科学家的价值。任人唯贤是他的用人观念。为了挽留凯特林先生，斯隆亲自给他写了一封信，不卑不亢、诚恳和谦虚终于让凯特林回心转意。此外，斯隆为凯特林提供了一个全新而出色的实验场地，并提供充足的资金保证，使他拥有随心所欲进行研究的自由。为了让凯特林带着研究团队迁址底特律，斯隆将他的年薪提升到 120000 美元，这一薪资水平，比当时通用汽车公司付给斯隆的薪水还高 20000 美元。而且只有凯特林和沃尔特·克莱斯勒可以称斯隆为"艾尔弗雷德"，其他人都只能称呼他"斯隆先生"。斯隆并未因和凯特林在风冷发动机上的争执而放弃这样一个人才，作为一名优秀的管理者，斯隆对员工的安抚是带有很深的诚意的。施威于前、加恩在后，斯隆可谓是将管理心术用到了极致。

作为美国汽车样式设计的创始人，厄尔被称为汽车设计大师一点儿都不过分。斯隆说道："厄尔先生的作品深深震撼了我，我要让他的才华在公司的其他车型上都有所体现。"正是厄尔的才华激发斯隆创建了通用汽车设计部，他提拔厄尔来掌管这个部门，并将其命名为"艺术彩色部"。对此，其他部门提出了异议，他们对厄尔个人拥有改变整个通用汽车产品外表的大权表示不满。通用的职员满腹抱怨，认为新的艺术色彩部已经被厄尔搞成了一个美容院。厄尔是个具有浪漫情操、性格很鲜明的人。他外表英俊潇洒、风流倜傥，但却高傲自负、粗鲁无礼、自恋炫耀。他喜欢穿牛仔裤和休闲服上班，用淡紫色的窗帘装饰办公室。保守古板的员工欣赏不了厄尔的"另类"，常常诋毁这位天才设计家。对员工这种反应，斯隆可以理解，但这并不影响他对厄尔才能的信任和肯定。他对这些抱怨给予了回应："我们应该理解，对于厄尔先生来说，每年改善八九种车型是不可能的，因此公司的汽车不会雷同。"为了缓解员工的愤怒不满情绪，斯隆故意将艺术彩色部移至公司的配楼，这样设计者们就能够与行政主管接触，集思广益，听取员工建议。最终，厄尔以他自己的设计产品为通用汽车公司的产品在美国汽车设计史上占据主导地位作出了贡献。斯隆的传记作者在归纳厄尔的重要性时说："由于厄尔的工作，斯隆看到了增加汽车销售量的巨大潜力。他坚信，视觉冲击将改变整个汽车市场；消费者购买汽车不再只是为了运输需要，这也是个人娱乐和自我表现的方式。这种判断的战略意义重大。"斯隆并没有因为员工对厄尔的偏见，而将其解雇。对他来说，是金子就会发光，但关键的是如何把它放在正确的位置上。

通用的幸运之处在于它拥有斯隆这位管理奇才，斯隆的可贵之处在于他永远以一种谦虚的姿态来欣赏他人。斯隆曾这样评述金融天才雷克伯的天赋："他所犯的错误，如果可以被称作错误的话，也会刻着他的进取心、热切的期望和智慧的烙印，而这些特质正是他与众不同的地方。能像他这样准确预见汽车工业未来的人为数不多。"他一手提拔机智过人、尽职尽责的查尔斯·威尔逊，他慧眼识广告业天才威廉·伯恩巴克，他给威廉·努森创造一切机会并任命他为雪佛兰经理。在斯隆的一生之中，只要有千里马，他就会毫不犹豫地做他的伯乐。

沉稳和自信，是一颗
智慧之星的光芒

对于大师的定义不仅仅是惊人的成就，更重要的是一种对于事业和生活的气度。这种气度源于他们对于人生的理想，有时他们显得有些不食人间烟火，但更多时候，这些追求让他们令人崇敬、羡慕、感动，最终触动灵魂深处对高尚的景仰——这就是大师的作用！或许，他们的天赋与才华总是让我们感到无法企及，但他们对生命价值的追求和对生活的态度，那宽阔坦荡的心胸，那高瞻远瞩的气魄，那崇高执著的精神，总让我们有追随学习的冲动和渴望——每个心灵都有渴望成为伟大的本能。

# 里程碑式的管理

作为职业经理人的代表，斯隆的管理模式是现代企业的实践典范。也许现在我们觉得企业的组织结构不足为奇，这似乎是理所当然的。然而正是管理观念指导着许多公司运营的流程，并最终进入了大学的管理课堂上。著名心理学家霍华德·加德纳曾称赞斯隆是一名"当代公司的产业领导人"。他大胆地在通用汽车公司实行了联邦制，使集权管理和分权管理珠联璧合，以自己非凡的洞察力和杰出的判断力实践着自己的观念，为当代管理者走向成功指出了一条光明之路。

## 伟大的变革：企业组织结构

斯隆称福特和杜兰特先生为"个人风格实业家"，他们是将自己的性格、天分作为一种主观因素灌输至他们的运营之中，而不是从方法和目标上讲求管理的规律。他们俩的组织方式截然相反，福特先生是一个极端的集权主义者，而杜兰特先生是一个极端的分权主义者。两个具有冒险精神的创业家不看重管理中的规范准则，随性而为是他们的性格。如果说，没有杜兰特先生，就不会有通用的诞生；那么没有斯隆，就不会有通用的腾飞。杜兰特适合创业，却不适合守业，是斯隆使通用发生了一次质的飞跃。

当福特汽车公司正为它的辉煌而沾沾自喜时，斯隆就看到了它的危机四伏，而这种企业的弊端也正在通用萌芽。对此，斯隆向杜兰特先生提出了组织重组的建议，却没有得到重视。最后斯隆只好撰写了《组织研究》一书，并绕过杜兰特先生，直接向公司的其他高层管理者推销。在斯隆的自传《我在通用汽车的岁月》中，他说"组织研究"的推广肯定是"让我欢喜让我忧"的过程。一方面，"组织研究"详细地勾画着通用汽车公司的改革前景；另一方面，身为总裁的杜兰特对公司的重组和严格管理漠不关心。更过分的是，与亨利·

福特的独裁管理模式如出一辙，杜兰特一人高高在上，独享公司大权。直到 1920 年，杜邦先生任通用总裁时，斯隆才把《组织研究》交到杜邦手里。当时通用汽车公司的组织结构松散、财务管理混乱，只是个汽车公司的联合体。而《组织研究》是对公司组织结构的一次实践，通用的命运也由此发生了彻底的改变。

斯隆进行通用汽车公司改革的主要原则是：废弃个人管理、独裁统治的集权观念，采取更加民主、权责明确的分权体制。他果断提出了"集中政策、分散经营、财务独立"的经营管理体制。在这一体制下，公司高层机关负责协调、管理公司的全部经营活动、公司高层和各专业委员会决定公司的大政方针，而具体经营责任则交给各分部负责。至此，杜兰特独裁统治的通用时代一去不复返了。通用的基层部门既可以发挥各自的积极作用，同时又在总体控制下进行经营运作。而高层管理人员也不必事事过问，有更多的时间和精力投入到更高级的决策中。1921—1924 年，依照斯隆的观念，通用进行了一系列的整顿和重组，范围主要包括经营方向、相互协作、行政体制、组织系统、生产计划、报告制度、产供销管理、人事及财务、海外扩张战略等。这是通用发展上的历史性时刻，也是斯隆职业生涯的转折点，后人甚至称这次组织变革为"企业管理上的一场革命"。

斯隆模式在当今的企业已被普遍采用，看似平常，却具有划时代的意义。正是在斯隆这种观念的引领下，所有的公共机构和私人企业都开始尝试转变组织结构。一个伟大的管理天才由此浮出了水面，掀起了全球商业的一场革命。

## 谨慎细致：财务管理

1919 年后期和 1920 年，通用出现了巨大的危机，几乎每个事业部都发生了超出预算的情况。斯隆认为在对资金分配的问题上，无论是执行委员会还是财务委员会对事业部都缺乏必要的信息和必要的控制。公司应对经济衰退的能力在 1919 年末受到了挑战，与 1920 年的业务衰退相伴的是股价的下跌。这些境况和通用汽车绝大多数工厂的关闭，一起标志着通用汽车历史上一个时代的终结。国家经济的衰退以及对公司的冲击，管理失控，杜兰特先生的被迫辞职，共同动摇了公司的基础。由此也有了斯隆的这样一句话："通用汽车公司的现代财务政策源于20世纪20年代公司满目疮痍的局面。"

斯隆任通用汽车公司总裁期间，建立了崭新的财会体系，他要求各部门提供更多准确的财务报告。斯隆认为，财务管理不可能在真空中生存，必须和业务相连。斯隆提出了两个目标：第一，各部门不能再像以往一样自由支配开支；第二，集中财务管理，也就是说，财权归公司所有，而不归各部门所有。斯隆在财务管理中采用了具体的步骤，为资本支出拨款，现金管理，库存管理，生产管理，衡量公司投资的长期收益。斯隆说道："财务管理是解救岌岌可危的公司的良药，实行管理的目的是为了确保真正的危机不会出现。通过财务管理，高层管理人员可以了解分权管理的绩效。"

在财务管理上，有两个重要的人物：约翰·雷克伯和唐纳森·布朗。雷克伯高瞻远瞩，不仅是建议杜邦公司大量购买通用汽车公司股份的第一人，也是预见到汽车产业和通用汽车公司将会蓬勃发展、拥有美好前途的第一人；而唐纳森·布朗则为通用汽车公司建立了不同于以往的财务管理制度。他们和斯隆的配合天衣无缝，建立了一生的深厚情谊。这种相交、相知也是来自他们在财务管理上的共同观念和追求。

斯隆通过孜孜不倦的工作，将一个庞大的公司转变为和谐的整体，结束了企业一盘散沙、毫无秩序的局面，"职业经理人"自此诞生。

## 睿智决策：市场策略

随着第一次世界大战的结束，迅速增长的美国国民财富让斯隆意识到消费者绝不会满足于汽车只作为实用交通运输工具这一最低要求，他们一定有更高的追求。而这种要求将会体现在汽车的外形、颜色和风格上。很显然，亨利·福特大量生产一成不变的黑色 T 型车将不再满足消费者的需求，通用打败福特的机会即将来临。

1923 年，斯隆明确提出了他的战略构想："为不同消费者量身定做不同的汽车。"因此，多种车型、多种品牌的通用汽车问世了。通用通过生产不同价位档次的汽车，用来满足不同购买能力的种类的消费需求，有利于和亨利·福特展开全方位的市场竞争。然而通用汽车公司仍存在着严重的问题：在汽车产业内，他们的情况不容乐观；在低价车领域，不是福特汽车的对手，生产低价车的基础是大规模生产；在中档车领域，又在重复制造上耗费精力。斯隆给通用提的目标是不断改善自己的产品，并在一段时间内把产品价格降至与福特 T 型车相当的水平。斯隆瞄准消费者的第二阶段就是缩小通用汽车公司五款车型之间价格和样式的差距。1927 年，通用汽车公司首次把拉塞尔投放市场，同时注重内部外形的设计，消费者这种变化的偏爱也导致了福特公司 T 型车在汽车市场的一败涂地。拉塞尔由此把通用汽车公司带入了创新的世界。

目光犀利的斯隆认识到是市场信息决定外观来销售汽车，为了扩大消费者的需求，通用汽车公司的五大品牌也都重新进行了设计，并且每年变换车型来吸引消费者对新事物的购买欲望。此项决策颠覆了亨利·福特在美国汽车行业的霸主地位，通用借此登上了时代舞台。

然而斯隆并不满足在美国的成就，把通用打造成全球最大的汽车生产商才是他的终极目标。在向海外扩张的过程中，斯隆认识到，海外的市场不再是美国市场的延伸。他深知海外市场拥有不同的特性，因此需要不同特点的汽车。他谨慎小心、睿智机敏地走出了国门，了解到每个国家都拥有自己独特的文化，因此，通用汽车公司必须根据不同的文化，在不同国家执行不同的经营策略。斯隆的国际化扩张之旅可谓是有欢笑，也有泪水。和世界的接轨，给通用提供了更大的发展空间。

在寻求市场的过程中，斯隆勇于知难而进，在逆境中寻找机遇。卓识远见、运筹帷幄、对市场判断准确，使他的每一次英明之举都能产生变革性的影响。他说："我们必须随机应变，而变革意味着机遇。"

## 深入心里的桥梁：广告

一个企业能否永久保持它的市场活力，取决于有多少消费者青睐它。拥有更多的顾客，同样也是通用的目标。面对不同品牌的车型，纷繁复杂，如何抉择，消费者往往不知所措。斯隆由此决定要通过广告宣传让通用能够走进每个人的心里，成为消费者最欢迎、最信赖的品牌。

一个叫巴顿的才华出众的广告天才进入了斯隆的视野。斯隆的传记中这样描述："巴顿是一个极富热情、勤奋能干、创造力丰富的人。"这个锐意进取的年轻人也开始在通用的历史上画上绚烂的一页。为了展现一体化的通用公司，巴顿颠覆传统，先在通用汽车公司内部开展活动，然后再做广告宣传。通过在公司内部分发宣传册和张贴海报，巴顿把通用公司描绘为"统一的大家庭"，在员工中营造了一种热情和自豪感。其后，巴顿又收集通用汽车公司的小故事，用来丰富企业大家庭的主题，并挖掘真正的消费者来为通用汽车公司打广告，这在当时的广告界独具一格。

通用广告宣传的主要目的是让消费者了解最新车型的款式、发动机大小和底盘的特点，以此来撼动 T 型车的市场主导地位。在斯隆的领导下，巴顿决定将各部门的广告也融入通用汽车公司"家庭"商誉广告之中，并在广告中赋予了公司本身独一无二的特质，如关切、同情、爱国以及诚信等。通过广告宣传，通用向消费者展现了其认真坦诚、不断进取的强大美好的一面。斯隆由此也感到一丝振奋，他说道，"在正确政策的指引下，前进道路上一切无法预见的事情都会按部就班地发生并得到顺利解决"。

或许对于通用汽车来说，拥有斯隆这样一个勇于创新、敢于尝试的能力超群的领导者，是最大的财富。

## 永远的斯隆——追求卓越的一生

弗里曼曾这样评论斯隆：世界上的男女老少，包括还没有出生的一代，都应该由衷地感谢通用汽车公司的斯隆。斯隆在通用汽车公司的辉煌成就，他描绘的组织蓝图，已成为全球企业和组织遵循的标准。他对企业的组织结构、计划和战略、持续成长和发展、财务成长以及领导的职能和作用的研究，对组织概念的阐述和职业经理人概念的首次提出，都对管理理论的发展做出了巨大的贡献。他对企业的改革可谓是前无古人，后无来者，斯隆的领导才能在商业历史上已成为难以逾越的丰碑。

精力充沛、洋溢着激情的
辉煌一生

作为一名管理心理学大师，斯隆谦逊、自信、沉稳的人格特点和他睿智的头脑相得益彰，感染着每一个寻梦的人儿。他于威信中显谦卑，谦卑中显真诚，真诚中显伟大。多少次，我们想触摸这伟大的灵魂，但无论怎么努力还是无法触摸一种高度。斯隆的生命中有困惑，但没有放弃；有挫折，但没有妥协；有平凡，但没有平庸。他活在过去，也活在未来。他把一生都献给了汽车，献给了通用，他生活在离我们遥远的年代，在那里他释放了生命里全部光热和热情。他活在过去，也活在未来！

# 行为管理学派大师

# 利克特：阳光下暖暖的书

曾有一位作家说过，每个人都是一本书。也有人说，上帝在阅读着尘世的每一个人。虽然我们不是上帝，但是我们仍然可以读下"前人的一生"这本书，从他们人生的跌宕起伏、传奇神秘中摸索我们自己生活的前路。

如果你正在厌倦现在的生活，如果你正在眼下的漩涡中挣扎，如果你正寻求着黑暗中的光明，那么请打开伦西斯·利克特这本"阳光下暖暖的书"，即便他不曾生死一线，不曾流浪潦倒，但他充满热情和活力的一生，仍然值得我们每个人欣赏和借鉴。

# 烟花般璀璨的一生

伦西斯·利克特（Rensis Likert, 1903 – 1981），出生于美国中西部怀俄明州的夏延文（Cheyenne, Wyoming），逝于美国南部密歇根州的安阿伯（Ann Arbor）。美国现代行为学家、管理心理学家，"支持关系理论"的创始人，被誉为影响世界进程的"百位管理大师"之一。利克特对社会学、心理学、管理学、统计学、组织行为学等众多学科都作出过重大贡献，他曾于1953—1955年期间任美国统计协会副主席，1959年任主席。利克特的一生是充满光辉和火花的一生，他的各种思想在各个领域有如烟花般，时不时地迸发，谁都想不到下一秒会是什么样子，尤其是他独创的管理心理学思想对后世产生了巨大的影响，而且他美满的生活让他的思想充满"仁义"和民主，他本人则仿佛是在阳光下一本握上手的暖暖的书，除了有光亮和热量外，还有无限的情感和爱。

## 志在人而非物

利克特从小受到身为工程师的父亲的影响，跟随父母在各州生活过多年，生活地点的不断变化让利克特很易于适应各种不同的环境，从而也养成了他对新事物的好奇和探索的习惯，同时性格也比较乐观、豁达。从发展心理学的角度看，人的性格都是在儿童期形成的，利克特的童年为他日后的发展奠定了坚实的基础。

利克特于1922年进入密歇根大学致力于土木工程的学习。几年后，有一次，利克特上了一堂罗伯特·安吉尔的社会学课程，在课上，教授称他为班级上最聪颖的工程学学生，这种与教授之间彼此的互动，让他觉得自己对于科学的兴趣更多地在人身上，而非物上。就是这样一堂当时还隶属于经济学系下的社会学课程，却深刻地改变了利克特的想法，不禁让我们想起了"人生若只如初见"这句话。就这样，利克特与社会学"一见钟情"。如同很多大师一样，利克特放弃了家庭寄予他的希望以及为他选择的道路，而选择了自己感兴趣的领域。他在高年级的时候改学社会学和经济学，并在 1926 年获得社会学学士学位。一个能够清楚地知道自己要什么，知道自己该怎么做的人，在科学研究的道路上才能创造出属于自己的天地，而利克特正是这样一个人。他始终是那么清醒、那么坚定，能够在适当的时候做出正确的选择和决定。

离开密歇根大学后，利克特在协和神学院待了一年，在这一年中，他那丰富的构想和价值观已经体现了出来，而他的豁达、乐观和对于追求的热情也都展露无遗。可仅仅是这样，又如何满足得了利克特强烈的好奇心和对"人"探索的欲望呢？于是，利克特就到了哥伦比亚大学攻读心理学，并于 1932 年获得博士学位。在哥伦比亚大学期间，利克特逐渐从传统心理学领域转移到"社会心理学"的新领域，这是受到当时作为他的论文评审委员会主席的加德纳·墨菲的影响。一个人对另一个人的崇敬也许会影响到他很重要的选择，我们不能说这样一定是好还是不好、对或者不对，只是选择了，走下去，总会成功。

在此，不得不一提的是，利克特里程碑式的学位论文《态度测量方法》发表于《心理学档案》杂志，奠定了后来"利克特量表"的逻辑和理论基础，而利克特量表如今是社会学研究中广泛使用的一种标准调查工具，这对于利克特后来在统计学上的发展也是具有重要意义的。利克特在态度测量和统计学方面的扎实基础和敏锐触觉与他毕生的研究，尤其是管理和领导方面的研究密不可分。万丈高楼平地起。除了好奇、热情和探索精神外，实用的工具也同样决定着大厦是否能够建造得稳固，而当利克特在学位论文中就能创立以他的名字命名的相关理论，似乎也预示着利克特在学术上的光明前程，同时也展露了他在地基建设上的功底。

## 毕生动力源泉

而在爱情婚姻方面，利克特于密歇根大学求学期间，就与来自安阿伯的简（Jane）相识，并于几年后在他攻读博士期间结婚，婚后他们有两个女儿。

他们组建婚姻和家庭充满着爱。可以说，简是利克特毕生的动力源泉，有时也是他的合作伙伴。这种幸福的爱情、婚姻和彼此扶持的关系让我们想到了中国的一句古话：只羡鸳鸯不羡仙。正是由于利克特有如此大的源动力和如此幸福的生活，他一生在工程学、社会学、心理学、统计学、管理心理学等领域都充满了热情和活力，他的一生如同烟花般璀璨，而他提出的各种独到的见解，无不体现着他的智慧和人性化的理论模式，让他的一生除了华丽、内涵丰富外，更充满了爱和温暖，这是作为一个成功的学者更为难得的。

一个懂得爱、珍惜爱、拥有爱的人，除了生活幸福外，他的思维也会比较发散，比较容易想到一些别人不容易想到的事，这就是利克特。充满爱的生活让他的智慧和潜力都发挥到了极致。

虽然利克特在 78 岁的时候去世，但是简一直到 95 岁才去世，他们的两个女儿和女婿也生活幸福，直到简去世的时候，她有六个孙辈和四个曾孙辈，可以说是儿孙满堂。而简一生也受到利克特的影响，除了成为他的合作者外，更投身女性教育事业，为一些妇女运动作出了杰出的贡献。

## 学术智慧闪烁

1930—1935 年，利克特任纽约大学心理学教授。1935—1939 年在康涅狄格州哈特福德任人寿保险机构管理研究协会的董事，在此期间，他萌发了对监督管理方面的兴趣，采用面谈和书面问答的形式对十家最佳的和十家最差的保险公司进行了比较研究，其研究结果发表在《信心与机构管理》丛书中。通过这项调查，利克特为他后来继续进行组织领导问题研究打下了良好的基础。

此后，利克特还曾服务于美国联邦政府。1939 年，他在华盛顿的联邦农业经济局下属的项目调查处任处长，工作期间，他大力发展了至今被广泛使用的谈话、编码以及取样调查等方法。第二次世界大战爆发后，他又担任了美国战略轰炸调查局风纪处长，主要进行公众态度、公众体验和公众行为等方面的研究。他与爱荷华州立大学合作研究制定了一套家庭取样调查的方法，即概率取样调查。此外，利克特还在自己博士论文的基础上，与其他人一起对战争债券、外国侨民和战时轰炸的影响等开展了广泛的研究。在这些工作中，他深刻体会到多学科联合调查研究的优点。

在利克特早期的任职中可以发现，他充分地利用了他每一份工作和每一个岗位来累积他的经验，发现问题，思考和解决问题。更重要的是，他一生中交友广泛，更为很多组织和机构服务过，这与他童年时养成的很强的适应性有着密切的关系。而他随和、乐天的性格更成为他在调查这项最需要人配合的研究中无往而不利。

1946 年 10 月，利克特受密歇根大学之邀，为其建立了社会调查研究中心，而他本人则任第一届的主任。两年以后，由于库尔特·勒温的去世，麻省理工学院的群体动力学研究中心就与密歇根大学调查研究中心合并了，成立了密歇根大学社会研究所，而利克特也顺理成章地担任了该所所长，直至他 1970 年退休为止。

在利克特的领导之下，该社会研究所在领导学、组织行为、物质刺激与行为、交流沟通与影响等方面的研究作出了显著的贡献，在改进研究方面也颇有建树。在此期间，他出版了两本主要著作：《新型的管理》和《人类组织》。他于 1976 年与妻子简合著了《对付冲突的新方法》一书。这些著作（包括 100 多篇发表在期刊上的学术论文）阐述了他对参与管理问题的理论观点，完善了他还在保险公司工作时就得出的某些结论。

退休之后，利克特建立了一家以他的名字命名的咨询机构，称作"伦西斯·利克特服务社"。他凭借他广泛的社交和人缘，将他的研究成果实际应用于管理和组织领域，帮助了很多企业在领导和管理方面进行改善。直到他去世为止，利克特都在用他阳光般的思想普照着所有应用和实践过他的理论的企业或者组织机构，他的一生都是那么充满暖暖的气息。

莱斯利·基什曾在《纪念伦西斯·利克特》一文中这样总结利克特的一生："利克特的乐观和友善是真诚的，并且具有感染力。对于他发明、建构和维持的多元化组织的外部关系来说，它们是至关重要的财产。它们对于磨炼被他吸引来的、有天分的、与他合作解决社会科学中理性问题的人们的信心和自信来说，也很重要。利克特的创新力、进取心和永无止境的活力让他有着比'正确'更重要的目的：他希望将世界变得更美好。他有一个不老的信念，人类行为科学可以发展得更好，为实现他的那些目标作出唯一的、不可或缺的贡献。"

## 开荒般创新的理论

利克特所创新的领导和管理理论，打破了过去组织理论中一人一个职位、各部门界限森严的格局。强调管理人员不能只完成本职的固定工作，还要在各部门之间、个人与个人之间起联结作用。特别是企业的中层管理人员，不但需要与同层次部门保持联系，还要在上下层次部门之间起联结作用，要承担起"联结针"的角色。

如果说，利克特本身是一本阳光下暖暖的书，那么他的理论就像是这本书里精彩的插图和片段，给你一种清新的感觉，一扫关于"领导"和"管理"的阴霾的感觉，他自己本身的那种温暖完全渗透到了他的理论之中。

## 领导系统理论

领导系统理论，又称"第四系统理论"，是利克特提出的一种对领导方式加以分类的模型。让我们用一个简单的表格来了解和比较一下这四种系统的领导方式。

**四种领导系统理论**

| | 第一系统 | 第二系统 | 第三系统 | 第四系统 |
|---|---|---|---|---|
| 领导方式 | 压榨式集权领导 | 仁慈式集权领导 | 协商式民主领导 | 参与式民主领导 |
| 决策方式 | 管理层自行决策 | 主要由高层管理者做出，部分由较低层的管理者决策 | 允许较低层管理者以及下属参与对一些具体问题的决策 | 高度分权决策 |
| 管理者与下属的关系 | 关系紧张，彼此互不信任 | 关系较为和谐，但不自然，类似主仆关系 | 关系和谐，彼此有较高的信任 | 关系和谐、自然，彼此充分信任 |
| 评价 | 僵化的、效率最低的领导方式 | 管理者态度较为谦和，下属仍对上司存有戒心，不充分信任 | 对管理者采取合作态度，抱有信任感 | 信息沟通顺畅，鼓励下属参与管理 |
| 非正式组织与正式组织的目标之间的关系 | 非正式组织一般都反对正式组织的目标 | 非正式组织未必反对正式组织的目标 | 非正式组织支持正式组织的目标，或只存在微弱的对抗 | 非正式组织的目标同正式组织的目标基本一致 |

从表格中我们已经很清楚地看出，四系统领导方式在决策方式、管理者与下属的关系、非正式组织与正式组织的目标之间的关系之间存在的差异，并且可以横向进行比较。而利克特认为，领导者要考虑员工的处境、想法和希望，并支持员工实现他们的目标。当员工受到领导者的支持时，他们就反过来支持领导者，对领导者采取合作态度和抱有信任感，这就是相互支持原则。通过对四种系统的分析，利克特认为，只有第四系统才能实现真正有效的领导，才能正确地设定组织目标和有效地达到目标。

利克特这一理论的提出，为增强领导力、提高组织效率提供了新的思路。最重要的是，利克特不是就领导论领导，而是从组织演变、个人与组织的关系、行为模式变革上一层一层推进的。可以说，从组织理论角度看，利克特是在古典组织理论和当代行为科学组织理论之间架起了桥梁，其学术趋势与阿吉里斯类似；从领导理论角度看，利克特是在领导学术研究和领导实践改革之间架起了桥梁，把学究式的书斋研究和咨询式的实地操作联系起来。没有利克特，就没有后来琳琅满目的实用性成果。所以，利克特属于用行为科学研究领导问题的开风气之先者，功不可没。而利克特的四种系统理论的提出，最终想要表达的是只有第四系统才是真正可取的领导方式，虽然他只是在理论层面上阐述了这一想法，但由此也可以看出利克特本人极其民主的思想和观念。

## 新型管理原理

除了领导系统理论，利克特还以美国高效经理人员的实践为基础，构造出一种新型的组织和管理理论。他在对新型的组织系统特点进行分析的基础上提出了"支持关系理论"。

利克特和他的同事通过大量调查研究而指出，出色的经理人员所管理的组织——新型的组织系统——通常具有以下一些特征：

（1）组织成员对待工作、组织的目标以及上级经理采取积极和合作的态度；他们互相信任，与组织融为一体。

（2）组织的领导者采用物质和精神鼓励的办法调动员工的积极性。首先是让员工认识到自我的重要性和价值，鼓励员工不断进步，取得成就，获取更多的权利，承担更多的责任；同时也要让员工有安全感，发挥自己的探索和创新精神。当然，还有不可或缺的物质刺激手段。

（3）组织中存在一个紧密而又有效的社会系统。这个系统由相互联结的许多工作群体组成，系统内充满协作、参与、沟通、信任、互相照顾的气氛和群体意识，信息畅通，运转灵活。

（4）对工作集体的成绩进行考核主要是用于自我导向，不是单纯用做实施监督、控制的工具。参与式管理和集体决策要求所有成员分享考核的结果和其他信息，否则很容易导致敌对态度的出现。

（5）出色的经理人员也重视经典管理理论的各种原则和方法，如时间动作研究、预算和财务控制等。但他们认为，权力型、命令式的管理会引起员工反感，不能持久有效。他们努力让员工形成正确的和积极的态度，然后把各种经典的传统管理方法融合其中，从而更有效地发挥这些管理方法、技术和工具的作用。

（6）高效经理人员大多倾向于参与式管理原则，并将其运用于确立目标、制定预算、控制成本、设计组织结构等许多方面。他们创造的新型管理模式最核心的特征是，将组织转变成高度协调、高度激励和合作的社会系统。

将以上六条出色的经理人员所管理的组织通常具有的特征，与上述领导系统理论对比着来看，利克特认为出色的经理人员管理的组织所采取的是民主参与式的领导方式，是基于民主参与式的领导方式所建立起来的一种组织管理的理想模式。

而在员工眼里，这样的领导同下属打交道时态度友好、细致周到；完全信任员工的能力、干劲和诚实；对下属期望很高；指导、帮助和教育下属，以使他们不断提高和发展；当下属遇到困难或不能胜任工作时，尽力提供帮助或重新为其安排职位；紧密组织员工参与管理，通过集体实行领导。

笔者如此具体地介绍新型组织系统和管理理论，就是想透过利克特对于理想组织系统和管理方式的阐述，从另一个侧面看出利克特理论的特点就是民主、参与、温和和理想化。不可否认，这种组织系统和管理方式未必能够切实地实现，但是这种观念却是可以直接反映利克特本人的思想的。如果说利克特的一生就是那本暖暖的书，那么他的理论作为书中重要的章节，不失为对未来的组织和管理模式一种美好的憧憬。而事实上，他的这些理论已经为未来的组织和管理理论的发展做出了重要的贡献。

而利克特的支持关系理论，强调领导以及其他类型的组织工作必须最大限度地保证组织的每个员工都能够按照自己的背景、价值准则和期望所形成的视角，从自己的亲身经历和体验中确认组织与其成员之间的关系是"支持性的"——组织里的每个人都会受到重视，都能体现自己的价值。

# 阳光下暖暖的书

如果你此前正在厌倦现在的生活，如果你此前正在眼下的漩涡中挣扎，如果你此前正寻求着黑暗中的光明，那么当你读完利克特这本阳光下暖暖的书之后，是否也好似在冰天雪地中寻获了一丝温馨的感觉？

作为一个学者，一个大师，利克特在各个领域作出过很多不同的、巨大的贡献，这本书堪称一本内涵丰富、内容精彩的书；作为一个有情人，利克特无论在家庭生活还是领导管理上都体现出情意，这本书亦是一本有血有肉、情感充沛的书。

如果，你是一个管理者，也许你可以从利克特的理论中有所收获；如果，你是一个求学者，也许你可以从利克特的人生选择中悟出适合自己的选择；如果，你只是一个路过的人，那么，多谢你停留、驻足，或许，看到这里，你会用最平静、最舒适的一个姿势，合上这一页，深呼吸，然后，继续向前，走自己的人生路！

# 斯金纳：基于"操作性条件作用"的
# 激励理论

思想就是行动！

——斯金纳

　　他能让鸽子变得迷信，在每次祈祷食物出现时都翩翩起舞；他能让学生变得更加听话和好学，把学习和作业当成一种快乐；他也能让员工更加辛勤地工作，而不仅仅因为工资的多少。这些令人不可思议的行为改变，都因为斯金纳的强化理论的提出而变为可能。

　　几年前，美国广受欢迎的心理学期刊——《普通心理学评论》（第6卷第2期）刊登了一项调查研究结果，其内容是对20世纪的心理学家的知名度进行评比，该问卷被发送给 1725 名美国心理学会的会员，请他们列出本世纪最著名的心理学家。

最后的调查结果是，斯金纳高居榜首，被选为第一位最著名的心理学家，而皮亚杰、弗洛伊德和班都拉均屈居其后。由此可见，斯金纳在心理学界和广大民众心目中影响巨大而深远。下面，就让我们走近这位 20 世纪最著名心理学家那独特的人格魅力和非凡的创新思想吧。

# 行为主义泰斗

斯金纳是"激进行为主义"的代表，在所有行为主义者中，名声最响、影响最大的人非他莫属。他主张用科学的方法对人类的行为本身进行研究，而不去管那些看不见摸不着的内部心理过程。斯金纳在华生等人的基础上向前迈进了一大步，提出了有别于巴甫洛夫和华生的经典条件作用的另一种条件作用，即操作性条件作用，并将二者做了区分。他长期致力于研究鸽子和老鼠的操作性条件作用，并将操作性条件作用理论应用于对人的研究，形成了自己的独特理论——强化理论。这一理论一经提出就引起了各方面的关注，被广泛运用于教学、管理与行为矫正等各个领域，也使他在学术界声名鹊起，成为20 世纪中期家喻户晓的人物。正如当代一位心理学家所说，"提到最杰出的心理学家，人们不能不提到斯金纳，正如不能不提到弗洛伊德一样"。斯金纳在行为主义这片土地上辛勤耕耘一生，著述甚多，成果显著。鉴于他对心理学的巨大影响和贡献，1958 年美国心理学会授予他杰出科学贡献奖；1968 年，他获得美国国家科学奖章，这是美国政府为奖励对科学做出卓越贡献的人所颁发的最高奖赏；1971年，他还获得美国心理学基金会所赠与的一枚金质奖章。在管理心理学方面，斯金纳的强化理论也被广泛应用，成为如今非常流行的人才激励理论。

# 锋芒初现

斯金纳（Burrhus Frederick Skinner, 1904 – 1990）出生于美国宾夕法尼亚州的萨斯奎汉小镇。虽然家庭温暖而稳定，但他的父母严格的管束，使斯金纳从小就为自由而抗争着。为了摆脱单调乏味的生活，他喜欢从制作小物件中得到快乐，是个充满好奇心的"小发明家"。最能说明这一点的是他利用一台废锅炉制造出了一个"蒸汽炮"，当然，发射的不是真炮弹，而是土豆和萝卜。当这些东西砸到邻居的屋顶上时，效果可想而知。他自己曾经回忆小时候的淘气和天分，不无夸耀地说："我总是在做东西。我做了旱冰鞋，可驾驶的运货马车、雪橇和在浅池子里用篙撑来撑去的木筏子；我做了跷跷板、旋转木马和滑梯；我做了弹弓、弓箭、气枪，用竹筒做的喷水枪；用废锅炉做成的蒸汽炮，这个蒸汽炮可以把土豆和胡萝卜射到邻居的房顶上；我做了陀螺、竹哨、使用橡皮筋推动的模型飞机、盒式风筝、用轴和弦转动送上天的竹蜻蜓。我一再试着做一架能把我载上天的滑翔机……我曾经采摘熟浆果挨户去卖，所以就做了个分选生熟浆果的浮选系统。我用了好几年时间来设计一台永动机，可惜没有成功。"

这种淘气，所培养的不仅仅是好奇心，同时也在锻炼着斯金纳的动手能力和创新意识。他有一个漂亮而认真的母亲，在斯金纳吃早饭时，他母亲就会去看小家伙的床铺收拾好了没有。一旦看见斯金纳的睡衣还扔在床上，就会让小斯金纳停止吃饭上楼去挂睡衣。斯金纳受不了母亲的"唠叨"和来回上楼的麻烦，就特意发明了一个提醒自己挂睡衣的装置：用一个特别的挂钩装在睡衣架上，再用一根长线把挂钩连接在门外的一个牌子上。睡衣如果挂上了，这个牌子就被自动拉到了一边；如果没挂上，闭门时就能看见牌子上的提示——去挂睡衣！正是这种童年经历，使斯金纳后来对各种工具式发明一直保持着浓厚的兴趣，为他以后发明举世闻名的"斯金纳箱"和为女儿研制

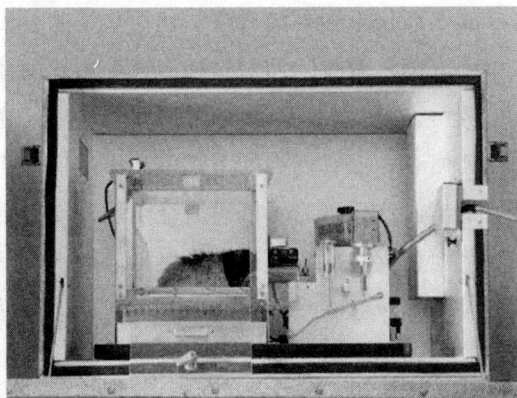

**闻名世界的"斯金纳箱"**

的"空气吊床"，都奠定了坚实的基础。

斯金纳在上中学的那些年月里，每天起得很早，总是第一个到校。成为心理学研究生后更是遵守严格的作息规律，他每天早上 6 点起床，早读，去实验室、图书馆、教室学习，一天内不列入作息时间表的不超过 15 分钟，一直到晚上 9 点。他不看电影或比赛，很少听音乐会，几乎没有任何约会，除了专攻心理学和生理学之外，什么都不读。然而，斯金纳对他的大学汉密尔顿学院却不怎么满意，纪律比家乡的中学还要严格：课前要响 12 次铃，哪次铃响时缺席了就会被记下。他很反感学校当局的一些做法和规定，曾写过一篇论文，内容是抱怨学院把学生搞得团团转，却对学生的学术从不过问。这种反抗的情绪到他四年级时彻底爆发，他和他一位叫约翰·胡成的同学商量着如何作弄他们的英语作文教授保罗·方彻尔，因为他们认为这位教授忘记自己本职工作，上课总是东拉西扯、漫无边际地讲当时的剧坛名角。"密谋"好了，他们印发了许多传单，说电影明星卓别林会来他们的大学演讲，主办人正是方彻尔教授。传单被散发到附近所有的村镇，胡成还打电话给当地一家报馆，告诉他们这一"振奋人心"

的消息。果然，到了宣传单上预告的时间，整个校园被围得水泄不通，火车站也挤满了迎接卓别林的人群。然而热情的乡民没有把卓别林盼来，就去质问方彻尔教授，面对这样混乱和尴尬的局面，方彻尔教授却只能百口莫辩。第二天，真正的幕后主谋胡成还在校报上发表一篇评论，宣称任何有一点责任心的人都不会做出这种不守承诺、让母校名誉扫地的事情。这件事完了以后斯金纳也没变得更加规矩，毕业典礼那天正好是他负责主持毕业班的班级日活动。活动是在体育馆举行，他和另一位同学居然在墙壁的四周贴满了挖苦教员们的漫画。本来他们还准备要大闹毕业典礼的，但校长板起脸，严肃地警告他们若在胡闹，就不给他们颁发毕业证书，这一场闹剧才得以避免。

　　从这些近乎疯狂的少年轶事中我们看到，斯金纳一方面刻苦学习钻研，做别人所做不到的，锻炼出了坚毅好学的品格，却又能不畏权威，敢于挑战，做别人所不敢做的，富有创新的激情。这些做好学问所迫切需要的宝贵品质，使他后来在从事心理学研究时能不受前人权威思想和方法的束缚，敢于打破传统观点，创立属于自己的独特理论。

# 弃文从理

　　斯金纳对文学的追求是源自他一位中学时代的老师。这位老师名叫玛丽·格雷夫兹，在斯金纳上高中时，她常常邀请他一起讨论文学与科学。她不仅传授给他具体的知识，更主要的是培养了斯金纳在人生道路上独立进取的精神。斯金纳八年级时在一节文学课上阅读了莎士比亚的《称心如意》，后来父亲偶然提到说有人认为那个剧本不是莎士比亚写的，真正的作者是一个叫培根的人。第二天，斯金纳便在班上夸夸其谈地宣传这一消息。格雷夫兹小姐并不同意这一观点，但她并没有马上否定斯金纳的看法，而是鼓励斯金纳通过查阅各种文献资料，搞清谁是真正的作者。后来，斯金纳就开始收集关于培根和莎士比亚的资料，并与自己的老师展开了一场辩论。这一独特的经历使斯金纳对文坛的两位巨匠有所了解，也使培根的那句"知识就是力量"的名言深深烙在了他的心上。他也因此对文学产生了浓厚的兴趣，以至于他后来中学毕业以后选择了汉密尔顿学院主修文学。

大学期间他曾是风靡校园的四大写手之一，拜访过多位当地的作家，还拿过一个写作比赛一等奖。顺其自然地，斯金纳从学院毕业后，打算以写作为生，渴望成为一名作家。然而写信告诉父母自己的决定时，父母却不太支持，对他的才华半信半疑。不过不久之后，作家弗罗斯特的来信让斯金纳从事作家行业的信心倍增。信中弗罗斯特肯定了斯金纳的才华，并对他的一部短篇小说《嘲笑》大加赞赏，鼓励斯金纳一定要坚持写下去。斯金纳很感动，内心热血澎湃，于是决心回到家乡从事文学创作，要证明给父母和家乡人民看。

他在自家的阁楼上布置了一间书房，开始了艰辛的创作过程。然而，他并未能实现自己的愿望，在写作生涯持续两年以后，便觉得自己已经没有什么好写的了，他后来承认："我没有什么要紧的东西可说。"在阁楼里看闲书，弹钢琴，为报纸写专栏。很快，他觉得这些专栏文章完全没有意义，除了刚刚发明的收音机还能引起他的兴趣外，他几乎百无聊赖，不知道自己该干什么。他发现，无论是自己还是其他作家，对人的行为的理解

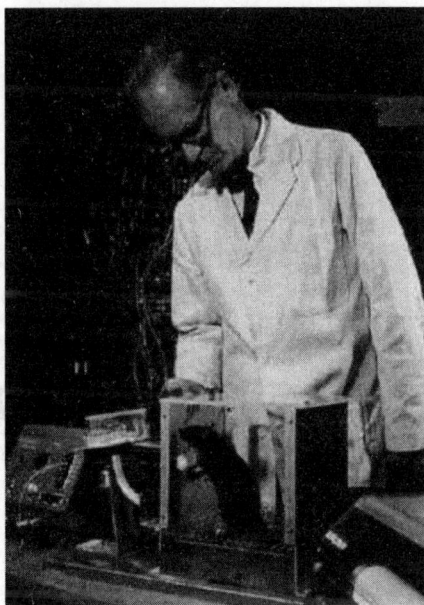

斯金纳在做实验

都少得可怜，所以，看上去万花筒一般的世界，真正动起笔来深入到

人类内心却没有什么好写的。并且，写不出作品也让他承受了太大的压力，看到父母在朋友面前提到自己时感到羞愧，他也非常难过。父母希望他去工作，而不是一事无成，于是，经过剧烈的内心挣扎后，他终于决定放弃当作家的理想。当他看到华生的著作后，这位行为主义心理学家用科学来解释人类的坚定信念深深地打动了他，他开始对用科学方法研究人的心理入迷。于是，斯金纳的兴趣很快转移。为了更深入地理解人的行为，斯金纳开始攻读生物学，由生物学再扩展到行为心理学。为此，他学习了生物学、胚胎学和动物解剖等。除了华生的《行为主义》外，他还阅读了洛布的《脑生理学和比较心理学》、巴甫洛夫的《条件反射》和罗素的《哲学原理》等书籍。受这些人的影响，他开始对人类和动物的行为机制有了浓厚而持久的兴趣，认为心理学正是这样一种能帮助人们解释行为的科学。于是，他便决然地弃文从理，报考了哈佛大学心理系，正式走进心理学学术领域。如果说之前的汉密尔顿学院是令斯金纳失望的束缚学生思想的牢笼，那么哈佛大学正是他所渴望的实现梦想的舞台。进哈佛后，他发现有许多形形色色、激发人心的优秀教师和学生。此时的斯金纳终于找到了自己的爱好所在，同时他也意识到自己在心理学领域知识上的欠缺。于是，就如前面所提到的那样，他为自己制定了严格的作息计划，埋头苦读，专攻生理学和心理学，向未来踏实而坚定地走去。

## 强化理论的基本观点

斯金纳认为人的行为是受外界因素控制的，能控制行为的因素被称为强化物。强化物是在行为之后紧接着引入的一个结果，它提高了行为重复的可能性。为帮助读者理解，我们拿马戏团的海豹训练为例，驯兽师往往一手拿着美味的食物，一手拿着恐怖的长鞭。食物和长鞭都是强化物。海豹按照驯兽师的要求做好了一个动作，驯兽师奖励它一粒食物，这个过程是正强化；海豹偷懒故意不做动作，驯兽师就用长鞭打出巨响威吓，让海豹心生惧怕，这时不但没有奖励，还有施加让它难受的措施，这过程就是惩罚；如果海豹认识到错误，态度变得认真了，驯兽师就停止击打长鞭，不再让海豹感到难受，海豹就会强化这种认真的态度，这就叫负强化；如果海豹已经形成了条件反射，驯兽师对海豹做出的动作不给予食物，既不奖励也不惩罚，海豹慢慢地不会再做了，这就叫消退。虽然举例是海豹，但应用在人身上也是一样有效的。员工的薪酬、职位、上级的重视程度都可以作为强化物，道理也同驯兽师教会海豹动作一样，外界的刺激将影响并改造员工的行为。

除了以上几种策略能改造人的行为外，时间因素也会影响强化的效果。一般而言，强化时间的安排大致可以分为以下几种程式：

（1）连续强化：每当出现所期望的行为后都给予强化。这种强化方式最容易塑造良好行为，但一旦取消强化，行为也最容易消退。

（2）定时距强化：是指不管行为本身，每隔一段固定的时间便给予一次强化。例如，员工每个月固定领取薪水和奖金。

（3）定比率强化：是指不管时间长短，每出现固定次数的行为便给予一次强化。例如，业务人员每推销出一定数量的商品便给予一次奖金，又如针对员工出勤状况公司可采用"连续六个月工作全勤者可获得100元奖金"。它在教育上已被广泛运用，学生完成一个设计，一篇论文或某些特定的工作就会得到强化，工业上的计件工资也是这样。

（4）变时距强化：是指强化物按照不固定的时间间隔而出现。例如，不定期检查员工的工作日志，凡是记录翔实者便给予一笔奖金。利用时间间距可以变化的强化能够消除强化刚刚呈现后所出现的反应概率降低现象。在这种强化方式的影响下，有机体的操作会相当稳定，始终如一。

（5）变比率强化：是指强化物按照不固定的行为出现次数而出现，即强化与反应次数之间的比例是变化的。例如，管理者不定次数地赞赏员工的优异表现。通过采取与可变时距强化基本相同的方法，我们可以消除固定比率强化后所出现的反应停止现象。对相同数量的反应来说，"可变比率强化"比固定比率强化的作用要大得多。在这种强化的影响下，鸽子每秒钟能够做出五次反应并保持许多个小时。

一般来说，就维持行为而言，变化的、间隔的强化比固定的、连续的强化效果要好，这是因为：一方面它能更经济有效地增加先前行为出现的概率，另一方面它有助于提高强化中断或消失后的抵抗力或坚持性。如果总是连续不断地给予强化，那么一旦强化中断或消失，行为就会立即随之消失；相反，如果强化本来就是变化的、间隔的，那么即使有较长时间的不强化期，行为也能得到维持。根据自己的实验结果，斯金纳指出，总体上看，上述五种强化程式后一种比前一种的效果好。

# 强化理论的管理心理学原理

2008 年 5 月的《管理学家》封面为斯金纳老年时的画像，该期着重探讨了行为主义和强化理论所包含的管理心理学知识及其影响。其中，邱友会的文章《强化理论的大师：斯金纳》就探讨了强化理论给管理学界所带来的革命性影响：

在斯金纳之前，人们关注的是"刺激→反应"模式，即由刺激引发行为。这种模式下的激励，往往着眼于对激励对象提供刺激物，甚至会对刺激物的大小多少斤斤计较，但是，却不太重视刺激物与激励对象行为后果的关联。这样，很容易使激励失效，或者使激励的作用扭曲。例如，人们往往重视报酬的高低，但如果报酬与当事人的努力没有多少关联，不论报酬的高与低，都无法起到激励作用。在这种情况下的高报酬，会使当事人对付酬者形成感恩心理或依赖心理，但不能调动积极性。

鉴于上述激励模式的缺陷，斯金纳提出了"反应→刺激"模式，也就是关注行为结果给行为者带来的刺激。按照这一模式，激励不能局限于行为前的刺激，更重要的是取决于行为后的结果。换句话说，激励来自于行为后果的强化。某种行为出现后，如果会带来某种后果，反复持续，员工就会认为这种行为与引发的后果有很强的相倚关系，于是，管理者就可以通过制造这样的强化来促使员工增加某种行为的频率。管理者可以调节强化物的种类、频率和强度，但归根到底，激励作用是由员工的自身行为产生的，从而使强化对后续行为形成有效的制约，而且具有主动性。例如，能不能拿到奖金，不是由老板说了算，而是由自己的行为决定的。管理者的作用，不在于直接给员工提供刺激，而在于调整行为与强化物之间的相倚关系。

由此可见，相对于斯金纳之前的理论，强化理论在提高员工自主性和积极性方面有很大作用，能真正有效地激励员工。就以斯金纳所提出的"工资时间表"为例：

### （一）固定比率的时间表

当根据所完成的工作单位的数目来给一个人付工资时，这种时间表本质上是固定比率的。它就是工业里所周知的计件付工资。一般来说，固定比率的时间表是一种非常有效的强化时间表。可是，它一方面将会使员工为了得到更多而高负荷地工作，一方面在高强度工作后又会产生一段懒散时期。当生意不好时，要求单位工作量又大的话，意志缺失是常见的。在工业或其他方面使用计件工资要以一个相当长的经济管理历史为先决条件。

### （二）固定间隔的时间表

最普通的支付劳动报酬的方法是按天、月或年来支付。这些方法是固定间隔的时间表。但这样不利于对员工进行正强化，可能导致员工积极性的降低，必须对该时间表辅之以其他的控制技术。

### （三）联合时间表

固定间隔的时间表在工业里也为不同种类的"鼓励性奖金"、"红利"所补充。这种做法是固定时间间隔表和固定比率的时间表的结合。每一种时间表都纠正了另一种时间表的缺点。同时，比率的成分不至于导致危险的高速率或过长的工作时间。

### （四）可以变化的时间表

研究表明，在持久的操作里，变化间隔和变化比率的时间表是优于固定的时间表的。这种变化的时间表并不在契约里详细规定，而是和任何其他方面的行为相互联系。奖金通常被作为一种感情上的变量分类，它预先使雇员喜爱他的工作或他的雇主，并且它也可以作为一种强化物来起作用。比如说，一种无法预测的奖金按照变化间隔的时间表给予，每次发放一个较小的数目，将比年终一次性发完所有数额所带来的影响要大得多。

### （五）经济之外的因素

人们现在普遍认识到雇员很少"仅仅为了钱"工作。事实上，经济之外的因素通常具有更为直接的影响。撇开工作时的效率和速率不说，"热爱工作"的雇员很少矿工，并很少跳槽。他喜爱他的工作，其含义是他因为开始去工作而不断得到强化，不仅被一种有效的工作时间表强化了，而且被他的工作条件、工作伙伴强化了。在理想的工作条件里，所要考虑的不仅是生产能力，还有生产效率，以及整个工作环境的氛围和文化，所以经济之外的因素也是非常重要的。

斯金纳所带来的激励理论在管理界掀起了一场革命，如今的企业在激励员工时都或多或少会用到斯金纳的强化理论，我国的公务员激励制度也着重研究并应用了斯金纳的理论，将其转化为实践。斯金纳的行为主义学说不仅在心理学上占有举足轻重的地位，在管理学上的巨大作用也是无法泯灭的。

## 鞠躬尽瘁的心理学巨匠

斯金纳的一生以勤奋著称，一直到 1989 年患白血病后，他依然笔耕不辍，在逝世前十天，他还在美国心理学会作报告。甚至在逝世前夜，他仍在撰写《心理学能成为一门精神科学吗?》。他一生发表过120多篇论文和19部著作，为了心理学，这位科学巨人可谓是鞠躬尽瘁，死而后已。

1990年8月18日，斯金纳在马萨诸塞的剑桥镇去世，享年86岁。在他逝世后，美国心理学会对他做出如下评价："作为具有敏锐眼光和创造力的心理学家，斯金纳在心理学领域里发起了一场挑战我们传统行为观的运动，并在这一领域唤起了许多创新。他对强化相倚关系概念的透彻分析，对进化理论及言语行为内涵的阐释，他的行为主义哲学观点，他对心理学研究方法的创新以及他的科学工作的广泛实际应用，是现代心理学家无法与之相比拟的。"

# 人际关系学派大师

# 甘特：管理学家中的人本主义者

> 我们做任何事情都必须符合人性。我们不能强迫人们干活；我们必须指导他们的发展。
>
> ——甘特

众所周知，心理学中至少有三大代表性理论，即精神分析、行为主义和人本主义。泰勒提出的差别计件工资制与行为主义原理相吻合，管理者的目的是给工人建立一个条件反射，即当工人生产出较多的产品时，他们就会得到较多的工资。这时，工资作为奖励手段，用来强化工人的勤奋。正如行为主义理论所受到的质疑一样，泰勒的科学管理制度也并非随时随地都有效。比如，当工人的温饱问题得到解决时，工资就不再能够起到强化的作用。此外，仅靠物质奖励作为强化手段建立起来的条件反射并不能长久地维持。当企业遇到经济危机，暂时无法用工作强化工人的行为时，工人就不再会勤奋地工作。与泰勒相比，甘特更像是一位持人本主义观的管理心理学家。

# 艰辛的童年和勤奋上进的青年期

**意气风发的青年甘特**

1861 年，亨利·劳伦斯·甘特（Henry Laurence Gantt，1861 - 1919）在美国马里兰州卡尔弗特郡（Calvert County，Maryland）的一个农民家庭中出生。不幸的是，甘特出生后不久，美国内战就爆发了，这使得甘特从小就不得不面对家庭的贫穷。据甘特自己回忆说，他在童年时就懂得"一个人要想在社会上有所成就，就需要艰苦的工作、俭朴的生活和自我的约束"。也许正是由于幼年的艰辛，甘特日后在运用管理方法时，才能更好地与工人们进行"心理换位"，才能站在工人们的立场上，将心比心地理解他们的想法，体会他们的感受，以工人的角度来审视自己的管理制度，不断地修改、完善，最终甘特制定出一个既为管理者所喜爱，又被工人们所接纳的管理制度。

毋庸置疑，战争造成了甘特家庭的贫困，但值得庆幸的是，战争并没有剥夺甘特接受教育的机会。他曾就读于麦克多纳学校，之后又到约翰·霍普金斯学院（Johns Hopkins College）读大学。1880 年，甘特以优异的成绩从约翰·霍普金斯大学毕业，取得了文科学士学位。毕业后，勤奋上进的甘特并不满足于已有的学历，他一边在母校麦克多纳担任自然科学和机械学教师，一边在史蒂文斯技术学院继续学习。在麦克多纳的这段教学经历，对甘特日后的卓越成就有着重要的意义和影响。因为甘特的勤奋，他在工作上表现出色，三年后，就被史蒂文斯技术学院授予了工程师的称号，并于同年受聘于某一铸铁厂做绘图员。

## "最不正统"的追随者

1887 年，26 岁的甘特来到费城的米德维尔钢铁厂，结识了泰勒（Frederick W. Taylor），并在其指导下开始从事管理研究。在费城，甘特先后担任过助理工程师、工程部助理、总工程师助理，铸造部主任等职务。1893—1901 年间，甘特与泰勒一起先后在米德维尔钢铁、伯利恒钢铁、西蒙德公司，以及伯利恒公司从事科学管理的研究。虽然他们是多年的亲密同事，但他们俩在性格特征上截然不同。泰勒处事十分认真，而甘特较为随和；泰勒思想深刻、富于革命精神，而甘特则适应性很强，随遇而安。有人说，"甘特那种随机应变地很好处理发生情况的能力，对泰勒的勇往直前的能力是一种很好的帮助"。

甘特和泰勒在各自的工作领域都开创了一番新的天地，同时，他们也很钦佩对方所取得的成就。和巴思一样，甘特在数学方面独具才能，据说他曾帮助泰勒解决了一些很难的数学问题，也因此而得到了泰勒的赏识。在与泰勒多年的共事中，甘特深得泰勒的思想精髓，成为泰勒创立和推广科学管理制度的亲密合作者，为创立科学管理原理作出了重大贡献。或许正是他们之间互补的性格，他们才能互相取长补短，实现长期而成功的合作。

与泰勒的众多追随者不同，甘特与泰勒的合作是一种智者式的合作，而不是"粉丝式"的合作。甘特对科学管理有自己独到的见解和看法，而不是对泰勒的思想一味地顶礼膜拜。与泰勒相比，甘特处理问题的方法更加人性化，但在泰勒眼里，甘特的态度过于"暧昧"，所以他们两人的合作是在争吵和论辩中发展起来的。管理史学家丹尼尔·A.雷恩把甘特称为"最不正统的"追随者。但我们要清楚地认识到，正是由于甘特批判性的思维和态度，他才能对泰勒管理制度提出质疑和反驳，才体现了他的价值所在；也正是由于甘特的"不正统"，他才能提出一套独树一帜的管理制度，才使得科学管理运动更加丰富，更加合理。

由于甘特和泰勒在科学管理运动中都建立起了各自的管理制度及相应的理论，甘特于1901年离开了泰勒，此后，他们两人继续在科学管理领域进行着自己的研究工作。甘特独自开业，当了一名咨询工程师，从事工业工程咨询工作，在一定程度上对科学管理的独立起到了支持作用。后来，他又在哥伦比亚、哈佛大学和耶鲁大学担任过一段时间的教学工作。1908年，甘特提出了"工业民主"与将管理科学"人道化"的著名观点。他认为让工人学会操作的正确方式与速度，使工人养成勤奋的习惯与协作精神，能使雇主与工人同时受益。从雇主的角度出发，他们所获取的利润提高了；从工人的角度出发，他们的工资增加了。这也间接地提高了工人对工作的兴趣，形成了一个良性循环。

由于第一次世界大战的爆发，1917年的时候，甘特放弃了给他带来丰厚利润的企业咨询，接受了美国政府的聘请，出任美国机械工程师学会副会长，先后被派到弗兰克福的兵工厂和一家造船公司从事作业进度规划和计件工资制的深入研究。在为政府和军队做顾问期间，甘特对造船厂、兵工厂的管理作出了巨大的贡献。因其在战争期间的付出和贡献，甘特获得了美国联邦政府的服务优异奖章。由此可见，甘特具有一种强烈的爱国情怀，当祖国面临困境时，他毫不犹豫地舍弃了自己的利益，投身到祖国需要他的地方去。甘特的这种高尚的个人品质，也是他被后人所称颂的原因之一。1919年11月23日，甘特在他位于纽约的松树岛的农场中去世，年仅58岁。

# "工人中心制" 的提出

与管理者相比，甘特更重视被管理者在生产中所起的作用。类似于人本主义心理学理论中的"来访者中心制"，甘特的管理制度提倡"工人中心制"，并认为任何企业必须采取一种被领导者愿意接受的管理方式，并强调这是企业管理取得成功的首要条件。

从考虑工人的利益出发，甘特提出了"奖励工资制"，又称为"任务加奖金制"（task work with bonus）。在《劳动、工资和利润》中，甘特论述了这一设想。按照任务加奖金制规定，工人如果在规定的时间内或在少于规定的时间内完成工作，除了可以得到规定时间内的报酬外，还能按该时间的比例获得另外的报酬——一定的奖金。例如，一个工人在3小时内或不到3小时做了3小时的工作，他就可以得到4小时的工资。反之，如果工人在规定时间内不能完成定额，则不能拿到奖金。显然，任务与奖金制度能顺利执行的基础是合理的工作定额，如果不能科学地指定工作定额，那么无论"奖励工资制"多么合理，它也只是纸上谈兵。甘特的伟大之处不仅仅在于提出了这样一个优秀的制度，还在于他考虑到了该制度实现的前提，提出了制定合理的工作定额的方法。甘特极其巧妙地解决了制定工作定额的问题，他提出，当工人感到某项工作在规定的时间内无法完成时，应及时报告给工长，如果工长在规定的时间内也无法完成，就应该向工程师报告，倘若连工程师在规定的时间内都无法完成，就应该修改工作的定额。

如此完整的体系，让"奖励工资制"很快在管理界抛头露面，并受到了众人的一致好评。这种制度的人性化之处就在于，即使工人因为某种原因没有按时完成工作定额，也可以拿到基本的工资，只是不能拿到奖金。所以，工人不用担心没有工资的日子，不用为了如何解决温饱问题而整日处于紧张、焦虑的状态，这就减轻了工人们的心理负担。

对于甘特的奖励工资制，泰勒曾给予很高的评价。他说，甘特的这一制度的性质稍微温和一些，这就使它灵活得多，使用范围远远大于泰勒的差别计件工资制。泰勒的差别计件工资制过于理性化，在现实中操作起来有较多的条件约束。而甘特的制度更多地考虑到现实因素，可操作性更强。也有人说，"甘特的奖励工资制度在旧有的计日工资制与新的差别计件工资制之间搭起了一座桥梁，使工人们从原有的制度缓慢、平稳地逐渐过渡到新的制度之中"。正是泰勒那种完全理性追求尽善尽美的努力，使科学管理占据了理论上的制高点；而正是甘特那种现实主义的适应现状的努力，使科学管理具有实践中的可行性。

与其他的管理学家不同，甘特认识到了对工人进行教育、培训的重要性。甘特说："过去的总政策是强迫，但是压力的时代必须让位于知识的时代，今后的政策将是教育和引导，将有利于一切有关的人。"甘特在 1908 年发表的《培训工人的勤奋习惯和协作精神》一文中，强调"要系统地培养工人们的勤奋习惯和协作精神，就需要制定出一种在工人同管理者之间进行协作的有效制度，从而使工作做得更多、更好，而错误及废品则更少"。

要对工人进行培训，就要有教师。甘特认为，应该通过制定一些制度，把原来的工长的"监工"的身份变成为其下属的教师和帮助者，把关心生产转变为关心工人。为此他在"奖励工资制"中还规定，若一个工人达到定额标准，其工长就可得到一定比例的奖金，如果所有的工人都达到了标准，他还会得到额外的奖金。所以一名工长领导下的工人完成定额的人数越多，工长的奖金比例就越高。例如，10 个工人中有 9 个达到标准，这 9 个工人中的每个人使工长得到 10 分美金，如果 10 个工人全部达到标准，每个工人将使得工长多得到 1.5 美金。那么从自身的经济利益考虑，当工人面临工作中的困难时，就会求助于工长，而工长也会不遗余力地给予帮助，并会努力教会工人们学会最正确的方法，通过教育随后再提高生产。按照甘特自己的说法，设置工长奖金的目的就是"使能力差的工人达到标准，并使工长把精力放在最需要的地方和人身上"。

甘特的这一设想，是"第一次有记载的试图把教工人们学会最正确的方法同工长的经济利益结合起来的行动"。这也使甘特成为科学管理运动先驱中最早注意到人的因素，并开始进行关于人类行为研究的管理大师之一。笔者认为，甘特所提倡的管理模式已不是人力资源管理，而是当代企业所追求的人才管理模式——人力资源发展。即管理者不仅仅要对工作者的能力进行管理，还要对他们的能力进行培养，让他们在不断的自我发展的同时，也为企业和公司带来盈利。但是，就对工人进行教育的方面来看，甘特仍然停留在用物质奖励作为鼓励手段的层面上，期望通过制定工资奖金政策，试图让管理者承担起对工人进行教育的责任，而没有考虑到管理者是否有这方面的能力，企业是否可以从其他方面入手，更好地对工人进行教育等。这些问题也反映出甘特仅仅意识到了对工人教育的重要性，但并未引起其足够的重视。

更让人折服的是，甘特看到了人类的习惯对人的行为影响的巨大作用，于是在工业教育中增加了一项被称为"工业习惯"的新内容。这些习惯就是勤劳和合作的习惯，这些习惯有助于工人们学习新的知识和技能。他认为，建立工业习惯的前提是士气，员工的士气是管理部门和工人之间建立互信和合作气氛的基础。因此，甘特十分关心员工的士气，他认为，员工的心理是影响管理有效性的极为重要因素。企业的目标与员工心理上的需求是否一致，关系到人的工作积极性和工作效率。当企业目标与员工需求一致时，员工会产生主动性、积极性和创造性。反之，则会挫伤员工积极性。作为管理者，要重视员工的需要，特别是心理需要。这是体现以人为中心管理的重要方面，例如实行员工参加管理就是一个很好的措施。当被管理者不仅仅是企业生产的主体，而且还是管理的主体时，他们才会在生产中表现敬业精神，毫无保留地发挥生产积极性。

按照马斯洛提出的人的需要层次理论，人有不同层次的需要，从低级到高级依次是生理需要、安全需要、归属与爱的需要、尊重的需要、自我实现的需要。之前的众多管理理论重视经济因素，即满足工人的生理需要。然而，甘特率先认识到了人的高于生理需要层次的其他需要。在管理方式上，甘特强调并认为管理中的金钱刺激只是影响人们的许多动机中的一个动机，远远不是全部，作为管理者除了要重视经济因素外，还要更多地关注其他相关因素，例如对工人进行教育，即意识到了人具有自我实现的需要。

从现在的角度来看，甘特对人性有很深入的了解，他那时就意识到了弗洛伊德提出的"本我"的存在，意识到了人的自私的本性，预见到了恶性竞争的发生及其对社会造成的危害，并对此感到担忧。在《劳动、工资和利润》一书中甘特写道："如果世界上的财富的数量是固定的，那么争夺占有财富的斗争必然会引起对抗，但是，由于财富的数量是不固定的，而且是不断增加的，因此，一个人富起来不一定意味着另一个人穷下去。"

甚至在政治方面，甘特的思考也具有一定的超前性。在他看来，蓬勃发展的工业社会和雄心勃勃的企业领袖存在着巨大的隐患，专制主义和唯利是图严重影响着工业社会的发展方向。他曾说："我们必须清除我们经济制度中一切形式的专制做法，并且提供能够恢复服务的民主原则，而这种原则是民主文明取得惊人发展的基础。"在甘特眼里，工业的健康发展，必须在工业民主和精英治理之间取得平衡。而商人追求的是利润，谋求的是垄断，他们忘记了对社会的服务，工程师恰恰才是领导美国社会的最佳人选。甘特也曾就这一观点公开发表言论："工程师是一个谈论少而了解事实多和行动多的人，应该让他们担任经济领导职务，这是我们的经济制度中最适合于他们的地位。"为了能够实现这一变革，1916年，甘特集中了一批追求政治权力的工程师和改革者，成立了一个名为"新机器"的组织，他们试图说服当时的美国总统威尔逊把治理国家的权力交给工程师。

# 直观有效的"甘特图"

由于有当过教员的经历，甘特喜欢并擅长用图表的方法来对管理进行生动地说明，甘特图就是甘特设计的众多图表中的典型代表。甘特提出，工作控制中的关键因素是时间，时间

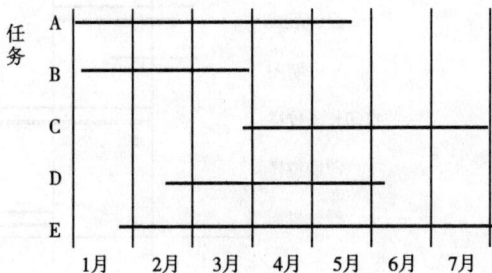

最初的甘特图

应当是制定任何计划的基础。为了解决时间的安排问题，甘特设计了标明计划和控制工作的线条图。最初，甘特使用水平线条图来说明工人完成任务的进展情况。他每天把每个工人是否达到标准和获得奖金的情况用水平线条记录下来，达到标准的用黑色加以标明，未达到标准的用红色加以标明。这种绘图的方法大大地提高了工人们的工作效率。因为图表上记载的工作进展情况以及工人未能得到奖金的原因，管理部门能够根据图表指出每名工人的缺点所在；而工人则能直观地看到自己的工作成效。后来，甘特在图表上增加了许多内容，包括每天生产量的对比、成本控制、每个工人实际完成的工作量与原先对工人工作量估计的对比情况等其他项目，使这种图表发展为一种实用价值更高、使用范围更广的管理工具，即在管理学界享有盛誉的甘特图表。

"甘特图"（Gantt charts），即生产计划进度图，是由他在1903年制定的一种日平衡图，经过十几年的修改完善，于1917年，以他自己名字命名的图表。甘特图是以条状图的方式通过活动列表和时间刻度形象地表示出任何特定项目的活动顺序与持续时间，显示项目、进度和其他时间相关的系统进展的内在关系随着时间进展的情况。简

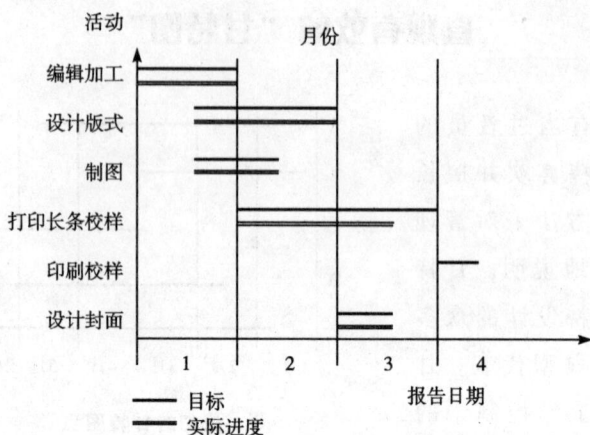

甘特图示例

单地说，甘特图是一种线条图，横轴表示时间，纵轴表示活动，轴方向并列机器设备名称、操作人员等信息。图表内以线条、数字、文字、代号等来表示计划或实际所需时间，计划或实际的产量，计划或实际的开工或完工时间等。它的作用是让管理人员能够从中获取信息，并根据这些信息看出哪一项工程或产品落后于预定的计划，然后采取相应的措施调整生产进度，以便使工程赶上计划的安排，或者做相应的安排。管理学界有人认为，甘特用图表帮助管理进行计划与控制的作法是当时管理技术上的一次革命。甘特咨询公司的一名成员华莱士·克拉克专门写了一本书《甘特图表：管理的一个行之有效的工具》来介绍这种图表管理法，这本书后来被翻译成多种文字，对管理心理学界产生了广泛的影响。

其实，甘特利用了人们普遍具有的一种天性——"完成欲"，后来被称为"蔡加尼克效应（zeigarnik effect）"。也就是说，人们天生有一种办事有始有终的驱动力，并对未完成任务的记忆比完成任务的记忆保持得更好。例如当我们画一个圆圈，在最后留下一个小缺口，当你再看它的时候，你会倾向于要把这个圆完成。同理，甘特图让工人们自己了解了自己目前的工作进度与预计工作安排的差距，无形中激发了工人们的完成欲，让工人们更加勤劳地工作。

## 绘制甘特图

无论是采用纸笔的方式，还是电脑制作的方式，绘制甘特图的步骤大概可以分为三步：首先，明确整个计划中涉及的各项活动，以及这些活动的顺序、开始时间、持续的时间、任务类型（是依赖型，还是决定型）以及依赖于哪一项任务。在这个步骤中，应注意工期应指实际工作日，不包括周末和节假日；然后，计算单项活动任务的工时量，确定活动任务的执行人员及适时按需调整工时。创建出甘特图的草图，并将所有的项目按照开始时间、工期标注到甘特图上；最后，确定项目活动依赖关系及时序进度，并且按照项目的类型将项目联系起来。

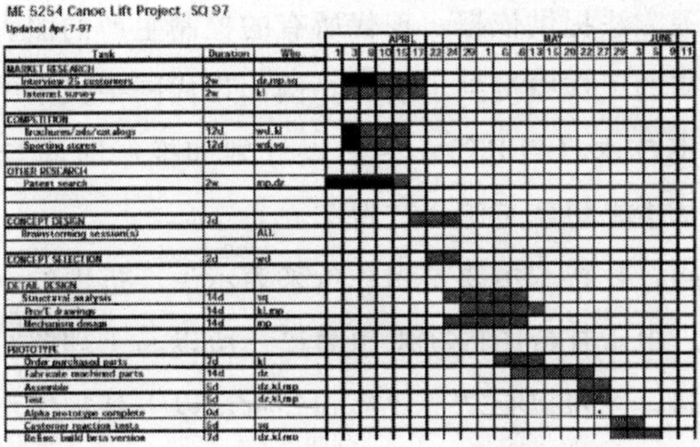

**利用微软的 Excel 软件制作的甘特图示例一**

值得注意的是，绘制甘特图时，应保证在未来计划有所调整的情况下，各项活动仍然能够按照正确的时序进行，也就是要注意各项活动之间的依赖关系。其次，要避免关键性路径过长。关键性路径是由贯穿项目始终的关键性任务所决定的，它既表示了项目的最长耗时，也表示了完成项目的最短可能时间。

目前有专门的软件如 Ganttproject、Gantt Designer 和 Microsoft Project 等帮助管理者绘制甘特图，当然你还可以在 Microsoft Excel 中手动绘制。

## 甘特图的应用

在第一次世界大战期间，甘特利用图表管理的方法获得了重大突破。当时，他在陆军部担任顾问，对如何掌握包括各个部门在内的庞杂工作问题进行了反复思考。对陆军部来说，时间的安排十分重要，然而那里的管理部门却缺乏合理安排生产时间的能力。甘特指出："我们过去根据数量来安排时间是错误的，关键的因素是时间，时间应该是制定任何计划的基础。"后来，甘特图被应用于胡佛水坝、州际高速公路系统等大型计划中，并且一直是常用的重要管理工具之一。简单实用的甘特图至今仍被许多国家的企业所采用，并为形成先进的现代管理方法提供依据。现代所有的控制生产的图表和表格几乎都从甘特最初的工作中得到了启发。例如现代网络技术中的关键线路法和计划评审技术（PERT），仍然以计划和控制时间与成本的原则为基础，其基本思想就是源于甘特图表。

毫无疑问，甘特图主要是用线条来表示生产进度的一种理想的生产控制工具。由于甘特图内在思想简单，所以易于理解。加之有专业软件支持编制，无须担心复杂计算和分析。以上种种优点使得甘特图在企业管理工作中被广泛应用。但我们也不得不看到甘特图目前存在的一些缺陷。首先，它主要关注生产中的时间问题，所以没有全面地反映生产中，诸如成本、范围等其他问题；其次，尽管能够通过计算机管理软件描绘出项目活动的内在关系，但是如果关系过多、纷繁复杂的线图必将增加甘特图的阅读难度，这就导致甘特图仅适用于中小型项目。

| WBS | Task Name | January | | | | | | | | | February | | | | | |
|---|---|---|---|---|---|---|---|---|---|---|---|---|---|---|---|---|
| | | 3 | 6 | 9 | 12 | 15 | 18 | 21 | 24 | 27 | 30 | 2 | 5 | 8 | 11 | 14 | 17 | 20 |
| 1 | Define specifications | | | | | | | | | | | | | | | |
| 1.1 | Identify customers | 1/7 ▪ 1/7 | | | | | | | | | | | | | | |
| 1.2 | Interview 10 customers | 1/8 ▪▬ 1/11 | | | | | | | | | | | | | | |
| 1.3 | Interpret requirements | 1/12 ▬ 1/13 | | | | | | | | | | | | | | |
| 1.4 | Benchmark products | 1/14 ▬ 1/18 | | | | | | | | | | | | | | |
| 1.5 | Define target PDS | 1/19 ▬ 1/21 | | | | | | | | | | | | | | |
| 1.6 | Target PDS Released | ♦ 1/21 | | | | | | | | | | | | | | |
| 2 | Generate concepts | | | | | | | | | | | | | | | |
| 2.1 | Review comp products | 1/19 ▬ 1/21 | | | | | | | | | | | | | | |
| 2.2 | Search patents | 1/20 ▬ 1/22 | | | | | | | | | | | | | | |
| 2.3 | Brainstorm concepts | 1/20 ▬ 1/28 | | | | | | | | | | | | | | |
| 3 | Select top 2 concepts | 1/29 ▬▬▬ 2/8 | | | | | | | | | | | | | | |
| 4 | MQ Presented | ♦ 2/2 | | | | | | | | | | | | | | |
| 5 | Profile motor power | | | | | | | | | | | | | | | |
| 5.1 | Design test stand | 1/14 ▬▬▬ 1/27 | | | | | | | | | | | | | | |
| 5.2 | Build test stand | 1/28 ▬▬ 2/5 | | | | | | | | | | | | | | |

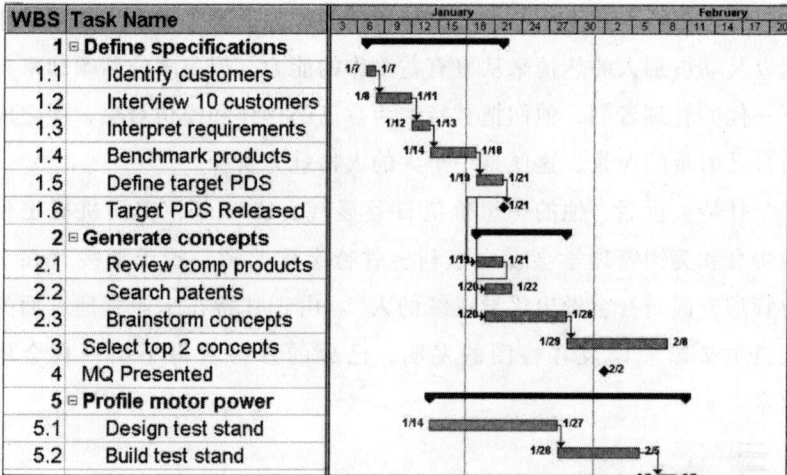

利用微软的 Excel 软件制作的甘特图示例二

# 甘特的丰功伟绩

甘特一生的著作多达 150 多种，其中有三本专著是关于管理方面的，1910 年出版的《工作、工资和利润》，1916 年的《工业领导》，以及 1919 年的《工作的组织》。甘特的代表性论文有，《劳动报酬的一种奖金制》（1902 年）、《制造业中的一种日平衡图示法》（1903 年）、《培养工人的勤奋习惯和协作精神》（1908 年）、《劳动、工资和利润》（1910 年）、《生产和成本之间的关系》（1915 年）、《效率和民主》（1918 年）等。甘特丰富的著作与他从事教育事业的经历密不可分。

有管理心理学家认为，甘特以人为中心的管理心理思想是早期关于人类行为的认识的里程碑，甘特则是"人际关系理论"的先驱者。有人曾赞扬甘特，说他到晚年的时候已经达到了一个领袖和思想家的高度。在他担任美国机械工程师学会副会长时，在一次工程师学会上，人们赞扬他在工业社会中保持和谐的理想反映了他真正的领导才能以及动员别人的热情来从事有益工作的能力。但更多的称颂却来自下一代的管理者们，他们把甘特作为自己的榜样和模仿对象，使之成为自己力量的源泉，这便是一个人的人格魅力所在。

甘特去世后，他的思想价值日益显现。1929 年，美国机械工程师协会和美国管理学会设立亨利·甘特金质奖章，授予那些"在工业管理方面对社会做出优异成绩的人"。由于甘特在工业管理方面的人道主义影响以及甘特图的发明，已故的甘特获得了第一枚金质奖章。

# 布里格斯和麦尔斯：16种"性格类型"测试量表

无论你的生活状况如何，对你性格类型的理解可以使你的观念更清晰，使你的判断更健全，使你的生活更接近你心中的渴望。

母亲布里格斯　　女儿麦尔斯

——伊莎贝尔·布里格斯·麦尔斯

## 母女二人

她们是心理学界优秀的女性；

她们是令世人咋舌的传奇母女；

她们不是专业的心理学家，却创造出了心理学上的奇迹；

她们在自我认知的迷失中，点亮起一盏不灭的明灯；

她们用善意的真心，用不懈的意志，追求着人们的幸福……

## 敏锐博学好观察，千变万化探人格

荣格

布里格斯　　　　　　麦尔斯

**荣格与布里格斯母女**

美国的两位杰出的女性凯瑟琳·库克·布里格斯（Katharine Cook Briggs，1875－1968）和她的女儿伊莎贝尔·布里格斯·麦尔斯（Isabel Briggs Myers，1897－1980），母女俩并非专业的心理学家，却是人类性格差异的敏锐而博学的观察者，热爱严谨地观察不同的人在性格上的差异。

母亲布里格斯开始研究时并没有接触过荣格的理论，也未接受过正式的心理学教育。基于自己对人格差异的观察，她区分出几种人格类型。她的目的是想量化她的理论，认为人们的行为并非是完全随机的。她的观察经验告诉她，这个问题一定涉及人们的生活方式之间的微妙差异。

1921 年，瑞士精神病学家荣格出版了关于性格类型学的开山之作《心理类型》（Psychological Types），1923 年该书的英文版出版，布里格斯在拜读了之后，认识到自己的人格类型观点和荣格理论的一致性，随后成为他的热心学生，在生活与工作中开始了漫长的探索旅程。

### 硝烟弥漫人心失，母女携手共寻思

作为女性，"布里格斯母女"比普通学者们的心思更为细腻，推动她们前进的不是名誉、财富和成就感，而是想要对人们有所助益的诚挚之心。

在第二次世界大战中，母女二人看到很多人因为失去自己的工作而感到沮丧和灰心，人类的潜能被极度浪费，战争也导致了人与人之间矛盾和冲突的加剧。

她们认为，战争是由于人们之间不能相互理解彼此的差异所造成的。她们希望能有一个量表帮助各式各类人物了解自己的心理类型，理解和欣赏个体之间的不同，使人们找到自己

二战的悲惨画面

的位置和职业发展方向，使不同性格类型的人之间能够互相理解，减少因误解而导致的分歧和无谓的争斗。

这样的一种追求促使麦尔斯在母亲的指导下，开始设计了一系列问题来测量人格差异。最终，于1942年编制出了第一张MBTI测试量表——量表A。

## 志同道合伸援手，努力实践追母志

布里格斯唯一的孩子麦尔斯异常聪明，她在家中接受母亲的教育，并且拿到了斯沃斯莫尔（Swarthmore）学院的政治学学位。她同时也是个出色的推理小说作家，于1929年出版了一部获奖作品《谋杀尚未到来》（Murder yet to come），其后又写了《给我死亡》（Give me death），对人性的刻画都十分出色。

麦尔斯继承了母亲的工作，把一生都致力于将母亲和荣格的性格类型理论付诸应用。

她怀着极大的热诚，用了上千张写有问题的小卡片，花了几年的时间来归类、分析，确认人们对于MBTI的反应，检验了社会不同区域的个体，并用其他的心理学测量工具证实了MBTI的效度。

在这期间，她得到了来自亲友的许多帮助。黑伊（Edward Hay），费城一家大银行的管理人员，允许她参加银行的人事测验工作，以熟悉问卷结构。家人和朋友则提供了许多测验题目，并帮助检

验效度。她还说服了宾州东部一个学校的校长让她测验了上千名学生。

量表发展的一个转折点来自于一个偶然的事情。麦尔斯的父亲一次无意中向华盛顿医学院的校长提起了他女儿的工作，因此校长同意她测验该校的所有新生。这使麦尔斯收集到了 5355 名医科新生的数据，这也是 MBTI 在医学领域最大的一个跨时段研究。四年后，她分析了这些学生中成就优越者、低成就者和放弃学业者的数据；接着她跟踪研究了这些学生 12 年，来检验他们是否选择了适合他们的心理类型的专业（1964 年，麦尔斯在美国心理学会上演讲了该研究的论文）。研究数据表明，量表不仅能够对人格差异进行有效测量，并且对于这些差异的判断也有跨时段的可靠性。

## 一朝遭人冷眼下，坚强自信不放弃

现在在国际心理学界得到高度评价和肯定的人格测量工具 MBTI，可在当时的心理学界中，并非所有人都同意它的效度。原因之一是，这个量表是由两位女性发展出来的，这不会博得男性占统治地位的心理学界的好感。更糟的是，她们俩都不是正统的心理学家。并且，也没有多少心理学家认可荣格那带有神秘色彩的理论；甚至荣格本人也认为他自己的理论不能量化。

但是，麦尔斯没有放弃。

1962 年，在"教育测试服务机构"（ETS）的主席钱瑟（William Chancy）的支持下，新泽西普林斯顿的 ETS 终于同意出版 MBTI。但 ETS 也向 MBTI 的研究者提出了严格的要求。比如，它只可以被用于研究领域。当时，几乎没有什么专业心理学人士知道这个量表，更不用说付诸使用了。

显然，它急需证明自己的可信性。

在 20 世纪 60 年代，一些重大的事件促进了 MBTI 的推广。1962 年，麦尔斯出版了她的研究手册，这是有关 MBTI 的第一个正式文献。同年，她被邀请在美国心理学学会发言，这是她获得心理学界认可的一个重要突破。在接下来的几年里，格兰特（Harold Grant），介绍他的许多学生去研究 MBTI。在他的指导下，开展了一系列基础性的 MBTI 研究，包括从宿舍生活安排到学习风格的研究。

至此，MBTI 终于被大家发现。

**成就 MBTI 麦尔斯**

## 为求发展不停步，千锤百炼终成功

在 1969 年，麦尔斯遇到了玛丽·麦考利（Mary McCaulley）博士，她是一个临床心理学家，负责佛罗里达大学的一个健康中心。由于她们对 MBTI 理论及应用有共同的兴趣，两人一起在这个大学中创建了一个"类型学实验室"，使之成为所有与 MBTI 相关的工作的研究和资源中心。在这里，麦尔斯第一次和许多志同道合者探讨和分享有关 MBTI 的观点。随着该实验室规模和范围的扩大，它于 1972 年成为了"心理类型应用中心"（CAPT），保存着心理类型研究所需的大量资料。

1975 年，当 MBTI 仍被看作是只有有限研究前景的测量工具时，CAPT 发起了第一次"类型测量学会议"，每两年举行一次。不足 100 人参加了第一次会议；10 年以后，超过 800 人参加了在伊利诺伊举行的第六届国际会议。

1975 年，咨询心理学出版社（CPP）成为 MBTI 的出版者，MB-TI 在更广泛的专业圈内得到普及，并且它也第一次被用于帮助一般大众。

1979 年 CAPT 会议上，"心理类型学学会"（APT）诞生了。它的宗旨是促进 MBTI 使用的专业化标准，鼓励各种类型学派的多样化发展。

在此期间，麦尔斯女士不顾自己的身体衰弱，又对 MBTI 进行了一次标准化，并发展了一个短些的版本，也就是 G 版本。她仍然关注问卷的每一个细节，并使 MBTI 的记分精确化。

到 80 年代中期，人们对类型理论的兴趣的增长，为类型测量学的发展创造出了更加良好的环境。经历了 40 多年的努力，MBTI 在国际心理学界的影响与日俱增，APT 也拥有了国际会员。

今天，MBTI 已成为权威的国际性人格测量工具，也成为一种成熟、完善的人格类型理论。几乎没有一本涉及人格测量和类型理论的著作不提及它的地位和影响。大约有几百万的美国人接受过 MBTI 的测量；它也被翻译成日语、西班牙语、法语、德语、芬兰语等 16 种文字，全世界每年有约 200 万人正在使用它。

## "麦尔斯—布里格斯性格类型测试量表"

> MBTI 相信，最清楚自己性格的当然就是你自己；
>
> 如果有什么东西遮蔽了你的自知之明，
>
> 那么就让 MBTI 来帮助你重新认识你自己。

MBTI 的全名是 Myers-Briggs Type Indicator，中文译为"麦尔斯—布里格斯性格类型测试量表"。它是一整套迫选性的、自我报告式的性格类型测试工具。

**如今的 MBTI 已成为广泛使用人尽皆知的人格测量工具**

从第一张量表于 1942 年问世后，经过不断修订、完善，至今已升级了十多个版本。

目前最新的量表是 1998 年修订完成的量表 M，包含 93 个问题，每题设 2 个备选答案，要求受测者在完全解除压力的状态下选择自己最自然的做法或者反应。

MBTI 主要用以衡量和描述人们在获取信息、作出决策、对待生活等方面的心理活动规律和性格类型。

## 差异在于性格

根据荣格的观点，人的大脑有内倾（I）和外倾（E）两种能量指向和 4 种功能：直觉（N）、感觉（S）、思维（T）、情绪（F）。荣格根据这套理论将人分成 8 种性格类型，而布里格斯母女在荣格的基础上，加入了判断（J）和感知（P）的偏好，于是形成 4 个维度、8 类偏好。

4 个维度上特定偏好的组合，就构成一种特定的"性格"，譬如，ISTJ 代表"内倾—感觉—思维—判断"型性格，ENFP 则代表"外倾—直觉—情感—感知"型性格。由此可知，性格一共有 16 种不同的类型：

| 搜集信息方式 | E 外倾 | or | I 内倾 |
|---|---|---|---|
| 加工信息方式 | S 感觉 | or | N 直觉 |
| 评估信息方式 | T 思维 | or | F 情绪 |
| 行为表达方式 | J 判断 | or | P 感知 |

### MBTI 性格分类示意图及解析

| | | 感觉型 S | | 直觉型 N | |
|---|---|---|---|---|---|
| | | 思维型 T | 情绪型 F | 情绪型 F | 思维型 T |
| 内倾型 I | 判断型 J | ISTJ<br>严肃，安静，以专注和透彻争取成功。实际，有秩序，实事求是，好逻辑，理智，可靠。肯负责 | ISFJ<br>安静，友善，负责任，有良知。工作专注，致力完成使命。做事彻底，卖力，精确，忠心，体贴 | INFJ<br>因坚毅而成功，有原创力；有什么是他想做或需要去做的，都愿意做。沉静有力，重良知，关心他人。因坚守原则而值得敬重 | INTJ<br>通常有原创力很强的头脑，对自己的想法和目标完成的动机很强。不轻信观念，善于批判，独立自主，决心坚定，往往也很顽固 |

| | | 感觉型 S | | 直觉型 N | |
|---|---|---|---|---|---|
| | | 思维型 T | 情绪型 F | 情绪型 F | 思维型 T |
| 内倾型 I | 感知型 P | **ISTP**<br>冷静的旁观者——安静，含蓄，好分析。通常对与人无关的原则、机械类的事物是怎么运作的比较有兴趣 | **ISFP**<br>闲散，沉静而友善，敏感，和气，对自己的能力很谦虚。回避歧见。忠心的追随者。做事的态度比较闲散 | **INFP**<br>注重学习、观念、语言以及自己独立从事的计划。易做过头，但还是有办法完成。友善，但往往太投入在自己的事情里 | **INTP**<br>安静，含蓄，永远置身事外的样子。喜欢理论或科学方面的学科，通常只对理论有兴趣，不太喜欢聚会八卦。兴趣非常明显 |
| 外倾型 E | 感知型 P | **ESTP**<br>实事求是，不容易担心、急促，喜欢随遇而安。或许有点直率，或迟钝。处理可以拆解或组合的实物表现得最好 | **ESFP**<br>热情奔放，随和，很容易接受别人的意见，友善，善于自娱娱人，喜欢运动，制造东西。觉得记忆事实比了解理论要容易 | **ENFP**<br>热心，始终兴致勃勃，机灵，有想象力。只要有兴趣，几乎什么都会做。很容易解决问题，极愿意协助别人解决问题 | **ENTP**<br>反应敏捷，机灵，需做的事都做得很好。喜欢双面辩论，因为好玩。解决挑战性大的问题，很有办法，但很可能忽略例行的工作 |
| | 判断型 J | **ESTJ**<br>务实，理智，实事求是，天生是做生意或搞技术的料。碰上他们看不出来用处的学科，就没有兴趣，喜欢组织事物，指挥活动 | **ESFJ**<br>热心，健谈，人缘好，有良心，天生善于合作。需要和谐的气氛。有鼓励时表现最佳。对抽象思考或是技术性事物没有兴趣 | **ENFJ**<br>反应敏锐，认真负责。一般会真的关心别人在想什么或要什么。爱交际，人缘好。对赞美或批评的反应很敏感 | **ENTJ**<br>热忱，坦白，果决，富于领导力。若需要做推理或知识论辩的事，通常都能做得很好。有时态度可能会太笃定，超过个人经验的限度 |

## 测量在于人性化

MBTI 相对于普通的性格量表而言，其结果、施测过程可谓更加人性化。

它所坚持的一个假定是：分数只是辅助，真正了解你的只有你自己；在自然放松的情境下，抛弃外在的掩饰，将最本质的东西通过自己的理解表现出来。

受测者被明确告知，MBTI 不测试智力、成熟、疾病、财富、情绪、压力、运气等那些被人们肆意夸张的测量因素，而只与个人性格有关，测量的目的在于了解自己，了解自己的偏好。正因如此，MB-TI 也被称为 "非评价性" 量表。

MBTI 所分类的性格没有好坏之分，平等共存，每个人都有自己相对的优缺点，不存在绝对完美的性格特征，不在对错，而在于合适。不像 16PF、大五因素等量表，某一因素的一端多事褒义，另一端多事贬义。这样的一种分类方法，也除去了跨文化的价值取向偏差，比如 "外倾" 在东西方文化下的含义就是有所不同的。在布里格斯母女看来，这样的量表可以给受测者以一种积极的反馈来面对生活。

量表的题目根据自己的理解来回答，不涉及隐私。如果觉得有些答案模棱两可无法抉择的话，也可以跳过不答。

在计分上，施测者不全权代劳，而是指导受测者先进行自我评价，再完成分数的统计，告知各种性格的特点，将自评与分数进行交叉比较，归类相同因素的特点，解释相异因素的原因，最终得到较为全面真实也令受测者满意的测量结果。

## 成功在于理解

人与人是彼此不同的。不同的感知与思维、不同的行事风格、不同的决策模式、不同的价值取向，可能我们经常无法清楚地认识自己，更不要说去认识身边的人。于是，迷茫、猜疑、误会、矛盾和战争就此出现。

MBTI 正是布里格斯母女送给所有人的一份厚礼。

虽然是一种个人性格分析量表，但目前 MBTI 已经被各大公司用来进行人事管理的筛选与团队组建，在商业界、教育界、心理咨询等方面，应用十分广泛。

理解自己，理解他人，彼此信任，携手发展，无论对集体的事业还是个人发展都是有助无害的。于个人而言，有助于提高自我认识，包括个人喜好、擅长风格、学习模式、决策方法、领导风格、沟通能力等方面，提升自信与自我评价，寻找合适的发展途径和满意的工作方式。于团队而言，有助于优化人员配置，合作者扬长避短，建起精诚合作的高效团队；突破人际交往中的性格壁垒，改善交流与沟通，加强理解与相互信任，建立和谐的工作关系。

布里格斯母女相信，人们生活在社会中，所有的行为和观念的差异都是由于内在性格的不同而引起的，一旦了解了这种最本质的性格，即是了解了一个人的所有，并为人们带来更加惬意舒适的生活。

# 尾　声

说起布里格斯母女，总是给人以一种温馨的感觉。无论是母女二人携手研究的旅程，还是为了人们的幸福而努力的爱心，甚至是那份客观而又人性化并对人心充满敬意的量表，所有的一切，都充溢着独到的用心。

关于布里格斯母女的生平，很少，因为她们留下的学术成就太过耀眼。

她们不是专业的心理学家，因此更乐意站在常人的角度来看待问题，理解人心。

她们作为资深的心理学者，严谨求实，不辞辛劳，坚信心理学可以为人类创造幸福。

她们并未因此得到过任何殊荣，却可以因为满腔热忱，无悔地把一生都辛勤奉献。

这是心理学界的一段温馨的传奇，一颗闪耀的明星，一盏不灭的明灯。

# 梅奥:"人际关系学说之父"

> 激励员工的最好办法是:
> 对他们进行表扬,并且提高
> 他们的生活水准。
>
> ——梅奥

　　也许你对管理心理学并没有深入的涉猎,也不是十分感兴趣;也许你对管理心理学家都并不是特别了解,甚至听说过的管理心理学家也寥寥无几;也许你所熟悉的管理心理学理论还不及你熟悉的偶像剧情节那么多……但是我接下来要向大家介绍的这位伟大的管理心理学家,你一定听说过,即使你没有听说过他的名字,你一定听说过他提出的那个理论,即使你并不知道这个理论的具体名称,但是你一定每时每刻都在运用这个理论——"人际关系学说"。提出这一学说的,就是行为科学的奠基人,乔治·埃尔顿·梅奥(George Elton Mayo,1880 – 1949)。

# 伟人的不平凡成长之路

梅奥,原籍澳大利亚,美国哈佛大学行为科学家、心理学家,美国艺术与科学院院士,行为管理学派的创始人和最主要的代表人物。1880 年 12 月 26 日出生于澳大利亚,1949 年卒于美国的吉尔福德。梅奥曾就学于澳大利亚的阿德雷德大学,他曾经学过逻辑学、哲学、医学三个专业,1899 年获得逻辑学和哲学的硕士学位,后任教于昆士兰大学,讲授逻辑学、伦理学和心理学。后来又赴苏格兰的爱丁堡学习和研究医学,成为一名研究精神病理学的副研究员。在第一次世界大战期间,他利用业余时间用心理疗法治疗被炸弹炸伤的士兵,系澳大利亚采用这种疗法的第一个人。他的这一段经历为他以后研究企业中的人际关系问题打下了良好的基础,也成为澳大利亚心理疗法的创始人之一。

1922 年在洛克菲勒基金会的资助下,梅奥移居美国,在宾夕法尼亚大学沃顿管理学院任教,作为宾夕法尼亚大学的研究人员为洛克菲勒基金会从事工业研究。其间,梅奥从心理学角度解释产业工人的行为,认为其影响因素是多重的,没有一个单独的要素能够起决定性作用,工人的问题必须置于被他称为"总体情境的心理学"中来考察,这成为他后来将组织归结为"社会系统"的基础。1923 年,梅奥在费城附近一家纺织厂就车间工作条件对工人的流动率、生产率的影响进行实验研究,并加入美国国籍。1926 年,他进入哈佛大学工商管理学院专事工业研究,任哈佛大学工商管理研究院工业研究室教授和主任,以后一直在哈佛大学工作直到退休,并在退休时获得了"荣誉退休者"的头衔。

特别值得提到的是,在 1927 年冬,梅奥应邀参加了开始于 1924 年但中途遇到困难的"霍桑实验"。至 1936 年,他进行了为时 9 年的两个阶段的试验。在霍桑试验的基础上,他于 1933 年出版了《工业文明的人类问题》一书，并创立了人际关系学说。1945 年，梅奥又出版了《工业文明的社会问题》。此外，梅奥还著有《组织中的人》、《管理与士气》、《工业文明的政治问题》等。

## 站在巨人的肩膀上创造新理论

在梅奥之前，西方的许多管理工作者和管理学者，受泰勒的"科学管理"思想的影响很深，都把管理的着眼点放在组织的结构以及工作程序的标准化、机械化和自动化上，而把人当成是一种机械的工具，或者是组织机构上一颗标准化了的"螺丝钉"。那时占主导的理论基于这样一种假设，即社会是由一群无组织的个人所组成的；他们在思想上、行动上力争获得个人利益，追求最大限度的经济收入，即"经济人"；管理部门所面对的仅仅是单一的职工个体或个体的简单总和。这种所谓"泰勒制"在使劳动生产率大幅度提高的同时，也使工人的劳动变得异常紧张、单调、劳累，引起了工人的强烈不满，他们开始怠工、罢工，并出现劳资关系日益紧张的事件。一些管理学家意识到，社会化大生产的发展，需要建立与之相适应的新的管理理论。

梅奥虽然从事过很多方面的研究，在很多大学任过教授，但使他闻名于世的还是他对霍桑实验所作的贡献。霍桑实验是心理学史上最有名的事件之一。

## 管理心理学界震耳欲聋的经典之最
### ——"霍桑试验"

1924 年开始，美国西方电气公司在芝加哥附近的霍桑工厂进行了一系列试验。最初的目的是根据科学管理原理，探讨工作环境对劳动生产率的影响。后来梅奥参加该项试验，研究心理和社会因素对工人劳动过程的影响。

霍桑工厂是一个制造电话交换机的工厂，具有较完善的娱乐设施、医疗制度和养老金制度，但工人们仍愤愤不平，生产效率很不理想。为找出原因，美国国家研究委员会组织研究小组开展实验研究。试图通过改善工作条件与环境等外在因素，找到提高劳动生产率的途径。

霍桑工厂一角

霍桑实验共分四个阶段：

阶段一：照明实验（时间从 1924 年 11 月至 1927 年 4 月）

当时关于生产效率的理论占统治地位的是劳动医学的观点，认为工人生产效率低的是疲劳和单调感等造成的，于是当时的实验假设便是："提高照明度有助于减少疲劳，使生产效率提高"。可是经过两年多的实验发现，照明度的改变对生产效率并无影响。具体结果是：当实验组照明度增大时，实验组和控制组都增产；当实验组照明度减弱时，两组依然都增产，甚至实验组的照明度减至 0.06 烛光时，其产量亦无明显下降；直至照明减至如月光一般、实在看不清时，产量才急剧降下来。研究人员面对此结果感到茫然，失去了信心。从1927 年起，以梅奥为首的一批哈佛大学心理学工作者将实验工作接管下来，继续进行。

阶段二：福利实验（时间从 1927 年 4 月至 1929 年 6 月）

实验目的总的来说是查明福利待遇的变换与生产效率的关系。但经过两年多的实验发现，不管福利待遇如何改变（包括工资支付办法的改变、优惠措施的增减、休息时间的增减等），都不影响产量的持续上升，甚至工人自己对生产效率提高的原因也说不清楚。

阶段三：访谈实验

研究者在工厂中开始了访谈计划。此计划的最初想法是要工人就管理当局的规划和政策、工头的态度和工作条件等问题作出回答，但这种规定好的访谈计划在进行过程中却大出意料之外，得到意想不到的效果。工人想就工作提纲以外的事情进行交谈，工人认为重要的事情并不是公司或调查者认为意义重大的那些事。访谈者了解到这一点，及时把访谈计划改为事先不规定内容，每次访谈的平均时间从 30 分钟延长到 1—1.5 个小时，多听少说，详细记录工人的不满和意见。访谈计划持续了两年多。工人的产量大幅提高。

工人们长期以来对工厂的各项管理制度和方法存在许多不满，无处发泄，访谈计划的实行恰恰为他们提供了发泄机会。发泄过后心情舒畅，士气提高，使产量得到提高。

阶段四：群体实验。

梅奥等人在这个试验中选择 14 名男工人在单独的房间里从事绕线、焊接和检验工作。对这个班组实行特殊的工人计件工资制度。实验者原来设想，实行这套奖励办法会使工人更加努力工作，以便得到更多的报酬。但观察的结果发现，产量只保持在中等水平上，每个工人的日产量平均都差不多，而且工人并不如实地报告产量。深入的调查发现，这个班组为了维护他们群体的利益，自发地形成了一些"规范"。他们约定，谁也不能干得太多，突出自己；谁也不能干得太少，影响全组的产量，并且约法三章，不准向管理当局告密，如有人违反这些规定，轻则挖苦谩骂，重则拳打脚踢。进一步调查发现，工人们之所以维持中等水平的产量，是担心产量提高，管理当局会改变现行奖励制度，或裁减人员，使部分工人失业，或者会使干得慢的伙伴受到惩罚。这一试验表明，为了维护班组内部的团结，可以放弃物质利益的引诱。由此提出"非正式群体"的概念，认为在正式的组织中存在着自发形成的非正式群体，这种群体有自己的特殊的行为规范，对人的行为起着调节和控制作用。同时，加强了内部的协作关系。

霍桑实验的结果由梅奥于 1933 年正式发表，书名为《工业文明中的人的问题》，这标志着人际关系学说的建立。

在霍桑实验的总结中，梅奥特别指出以下几点：

第一，与工人谈话有助于他们解除不必要的心理负担和调整自己对于个人问题的态度及情绪，从而使他们清楚、明白地提出自己的问题。

第二，访谈有助于工人们与周围的人相处得更容易，更和谐。

第三，访谈还会提高工人与经理人员更好地合作的愿望和能力，这就有助于形成工人对工作群体和对工厂的双重归属感。

第四，与职工交谈是培养训练管理人员的重要方法。这有助于上情下达。管理人员首先必须善于帮助和启发他人表达自己的思想和情感，而不只是高谈阔论、教训别人、以自己为中心。这种经验是当前学校教育无法提供的。管理者倾听别人的意见比展现自己的知识要重要得多，这是成熟、判断力和智慧的标志。

第五，与职工交谈是获取信息的重要源泉，对于经理来说具有巨大的客观价值。经理人员有三重任务：将科学和技术应用于物质资料的生产；使生产经营活动系统化；组织协作。有些经理人员认为与职工交谈所听到的是一些人的琐事和主观意见，没有什么价值，这说明他们心目中的管理指的是上述前两方面的内容，根本没有认识到自己忽视了第三方面的任务，他们对信息视而不见，听而不闻。毫无疑问，这种疏忽和由此造成的盲目行动，必然会影响到组织的效率。

在这里,梅奥提出了人际关系的重要性,这是一个经理人员是否成熟的一个重要标志,也是一个组织是否有效的一个重要标志。他指出经理人员应该将他的下属视为一个社会群体中的"社会人",而不应该看成一个群氓的个人。

# 发人深省的伟大思想初问世

霍桑实验的研究结果否定了传统管理理论关于人的假设,表明了工人不是被动的、孤立的个体,他们的行为不仅仅受工资的刺激,影响生产效率的最重要因素不是待遇和工作条件,而是工作中的人际关系。据此,梅奥提出了自己的观点:

(1)人是"社会人"而不是"经济人"。梅奥认为,人们的行为并不单纯出自追求金钱的动机,还有社会方面的、心理方面的需要,即追求人与人之间的友情、安全感、归属感和受人尊敬等,而后者更为重要。每一个人都有自己的特点,个体的观点和性格都会影响个人对上级命令的反应和工作的表现。因此,应该把职工当做不同的个体来看待,当做社会人来对待,而不应将其视做无差别的机器或机器的一部分。因此,不能单纯从技术和物质条件着眼,而必须首先从社会心理方面考虑合理的组织与管理。

(2)企业中存在着"非正式组织"。企业中除了存在着为了实现企业目标而明确规定各成员相互关系和职责范围的正式组织之外,还存在着非正式组织。这种非正式组织的作用在于维护其成员的共同利益,使之免受其内部个别成员的疏忽或外部人员的干涉所造成的损失。为此非正式组织中有自己的核心人物和领袖,有大家共同遵循的观念、价值标准、行为准则和道德规范等。

(3)新的领导能力在于提高工人的满意度。在决定劳动生产率的诸因素中,置于首位的因素是工人的满意度,而生产条件、工资报酬只是第二位的。职工的满意度越高,其士气就越高,从而产生效率就越高。高的满意度来源于工人个人需求的有效满足，不仅包括物质需求，还包括精神需求。梅奥所建立的人际关系学说，提出了与当时流行的泰勒"科学管理"思想不同的一些新观点。

这就是人际关系学说的精髓，也是梅奥观点的精髓。他去世那年，正是我们的人民共和国诞生的那一年。早在那时，梅奥就能够如此精辟如此深刻地透视出资本主义所谓"工业文明"的弊端。梅奥认为，现代科学技术虽然得到了极大的进步，但现代社会的人际关系不仅没有随之改善，反而恶化了。这两者间的不协调发展，必然潜伏着巨大的危险。梅奥指出，近两个世纪以来，工业文明在促进社会人际关系方面，几乎是毫无作为。不仅如此，为了保证科学和物质文明的进步，工业文明还有意无意地阻碍了社会协调和合作的发展。换句话说，西方世界在建立适应性社会（这个社会将为每个公民提供高水平的物质享受）的过程中，完全忽视了人际关系的调整——保证每个公民积极地自发地参与建设这样一个社会的实践。其后果是，现代资本主义社会创造了高度的物质文明，同时也造成社会上普遍的愤世嫉俗情绪，人们之间的相互猜忌、敌对和仇恨现象非常严重。正是这种社会情势，为希特勒的上台和统治创造了条件。

## 借梅奥的眼睛审视当今经济社会

用梅奥的观点来观察我们现实的情况，无疑有着值得我们借鉴的重要方面。由于我国仍处于社会主义市场经济的初级阶段，许多企业的内部管理仍然存在着梅奥所指出的只重视经济效益、物质刺激，而严重忽视企业内部人际关系调整工作的倾向。一些企业管理者简单粗暴地对待职工，既不建立工会组织，也不考虑企业文化建设和培育团队精神，完全废弃对员工的思想工作，只顾让员工加班加点地干活。职工一提意见便认为是故意给领导找麻烦，造成员工与企业之间严重的对立情绪，继而导致员工越级上访，到政府门前聚众投诉，给企业的正常发展带来不良影响。所以，我们应当站在新的角度来吸收梅奥的正确观点，认真研究我们在社会主义市场经济条件下如何避免忽视人际关系调整的问题，把企业的管理工作提高到新水平。

现如今，梅奥的人际关系学说也有着广泛的应用价值。社会不是孤立的社会，人不是孤立的人。在物质生活可以得到一定保障的情况下，人们注重追求的是精神上的满足。经济人理论早已不适合我们这个社会，在这个全球共同进步、全企业共存亡的现代社会里，每一个人都是"社会人"。只有恰当地处理好企业中的正式组织与非正式组织的平衡关系，企业才能实现"一个中心"的建设，才能让自己立于不败之地。

美国的行为科学家弗里茨·罗特利斯伯格（Fritz G. Roethlisberger）长期同梅奥工作在一起，也是人际关系学说的主要奠基者之一。他在1960年为梅奥的《工业文明的人类问题》一书再版所写的引言中，对梅奥作出的评价说：

> 对我来讲，我所知道的梅奥是一个富于想象力的人，一个思想的鼓励者，一个临床研究的促进者，一个关于组织行为的有用思想方法的发现者。这种组织行为学在理论和实践上都能富于成果地得到发展。我认为这最后一点是他最大的贡献。梅奥并不是一个有条理的思考者。他虽然能够有力地表达他的思想，却未能严密地表达这些思想。他的成就在面对面的关系中能够最好地表现出来。他的主要成果就是受到他影响并经他培养出来的那些人。即使他在书中提出的一些思想，也常常只是要在田野中加以培育的种子，而不是在实验室中加以严格验证的假设。

梅奥通过毕生从事工业研究的实践和经验，总结出一套求得资本主义社会发展的方法和途径。梅奥认为，只有进行"临床"式的调查研究，才能产生出合乎逻辑的治疗方案，临床调查研究可以使我们更好地确定一个复杂环境中的多种因素。他主张每一个地方的每一个人都要有发展的机会，但他也认识到片面发展的可能性。梅奥的这种思维方式基本上是一个开业医生进行临床考察和诊断询问的模式，但是，这种思维方式是积极、正确的，能够揭示事实的真相。

梅奥的人际关系理论，对古典管理理论进行了大胆的突破，对人的本性做出了具有创新价值和意义的探索，把管理研究的重点从物的因素上转移到人的因素，在研究方法上树立了企业管理领域的科学研究方法的典范，在实践中发展出一系列的管理活动，如人本管理、参与管理，以及自我管理等，这些管理思想一直延续至今，仍然对于管理实践有着重要的指导作用。但是人际关系学说也有它的局限性，首先，梅奥过分强调其社会需要，否认经济需求对人的激励作用，该理论过分关注职工的情绪和安全、归属的满足问题，过分否定经济报酬、工作条件、外部监督、作业标准的影响。但无论如何，权衡来看，人际关系学说仍是管理心理学理论中一道绚丽的光彩。

这就是梅奥，和他的伟大思想。我们不敢想象，如果梅奥仍在世的话，会针对现在的经济现状、社会现状提出怎样的惊人理论，也许他可以帮助众多企业更好地在金融危机的漩涡中立于不败之地，也许他会为我们提出一个更适合社会主义初级阶段国情的管理理论，但无论如何，我们都应该由衷地对梅奥大师说一声感谢！感谢大师为我们带来了人际关系学说，感谢大师开辟了行为科学的新道路，感谢大师把我们带入了不可抵挡的管理思想风暴！

# 麦克莱兰德:动机激励理论的巨匠

凡是存在的，都能用数量来表示。

——桑代克

西方谚语说，上帝在关闭一扇门的同时必然会开启另一扇窗。如果上帝不但没有关闭一扇门而且还为他开启了天窗，那他必定是上帝的宠儿。而他，就是戴维·麦克莱兰德（David C. McClelland，1917－1998），20 世纪 100 位最著名心理学家中榜上有名。作为一位心理学家，他排在第 15 位，但作为管理心理学家，他排在第一位。

# 被上帝青睐的一生

1917 年 5 月 20 日，在美国纽约州弗农山庄，一个婴儿呱呱坠地，他就是戴维·麦克莱兰德。麦克莱兰德的父亲克拉伦斯·麦克莱兰德（Clarence P. McClelland）是卫理公会会长和大学校长，在这样一个书香门第中，作为家中的老三，他既受到了姐姐和哥哥的呵护，又担负起了照顾两个妹妹的责任。

麦克莱兰德从小在杰克逊维尔长大，他的童年虽然也遇到过小麻烦、小挫折，但他的成长之路还是挺顺利的。他 21 岁的时候，便获得了韦斯利恩大学心理学学士，次年又获得密苏里大学心理学硕士，两年后获得耶鲁大学心理学哲学博士学位。在耶鲁大学期间，麦克莱兰德受到卡尔·霍夫兰和罗伯特·赛尔斯的指导。他从 1949 年到 1950 年任职于哈佛社会关系学系（Harvard's Social Relations Department）的这一年，对于他今后的研究兴趣和事业具有决定性的作用。在任康涅狄格女子大学讲师一年后，1945—1956 年他任韦斯利昂大学教授及布林莫尔学院（Bryn Mawr College）教授。在此期间，他还一直服务于美国友谊服务协会（American Friends Service Committee，AFSC），并且担任布林莫尔学院的客座心理学讲师，以及福特行为科学基金分会（Behavioral Sciences Division of the Ford Foundation）的副主任。1956 年开始在哈佛大学任心理学教授，担任人格研究中心临床心理机构的主席以及社会关系学系的系主任。1963 年，麦克莱兰德开创了麦克伯（McBer）顾问公司，这是一家总部设在波士顿的协助管理人员评估和员工培训的咨询公司。1987 年后他一直担任波士顿大学心理学教授。

麦克莱兰德是一个虔诚的基督教徒，他活跃于各种基督教活动中。1980 年，他的第一任妻子玛丽（Mary）去世。后来，他与玛利安（Marian）结婚。他一生中共有 7 个孩子，他的孩子又为他添了许

老年的麦克莱兰德
仍然目光炯炯

多孙子孙女，可谓子孙满堂。1998 年，麦克莱兰德因心力衰竭于马萨诸塞州列克星敦市逝世，享年 81 岁。

麦克莱兰德一生获奖无数，其中，1987 年获得美国心理学会杰出科学贡献奖。1964 年到 1965 年担任东部心理学会主席，1967 年到 1968 年担任新英格兰心理学会主席。

在这个世界上，有两种人能够达到功成名就。一种是"不经一番寒彻骨，哪得梅花扑鼻香"的经历磨难而奋勇前进的英雄式人物，另一种是被上帝捧在手心里，平步便能上青云的幸运儿式人物。麦克莱兰德虽没有英雄式的经历，但他还是赢得了生前身后名。

## "我看见上帝了"

麦克莱兰德喜欢到处旅行，每一次的旅程都会给他带来新的研究兴趣和理论视野。比如，在 20 世纪 60 年代初的时候，他在成就动机培训活动期间，经常到印度去，并对东方思想以及冥想训练产生了浓厚的兴趣。1963 年到 1964 年他在突尼斯期间，接触到了中世纪阿拉伯著名哲学家、历史学家和社会学家伊本·赫勒敦的作品，在第二年写的一篇没有发表的论文中，麦克莱兰德基于赫勒敦关于自然和政府基础的理论提出了"赫勒敦指数"，用以测量政府的效能。

除了爱旅行外，麦克莱兰德亦是一个富有同情心、慷慨大方的人。他早前的学生形容他是一个"自主、大方，会无限制帮助他人的人"。有一个他以前的学生与他同乘一部电梯，从 15 楼至底楼的威廉·詹姆斯大厅，在听这位学生说起由于经济困难而面临辍学的问题时，麦克莱兰德问他需要多少钱，并且打开支票簿，在电梯到达一层时给了他那一笔钱的支票。

麦克莱兰德的教学和讲座风格特色鲜明，此事在哈佛大学被传为佳话。尤其是他那些无比开阔的主题，而且主题的确定亦是非常随机的，有时甚至只是偶然间看见自己的脚而迸发出的一个想法。例如在他的《人类动机》的课程开篇讲座中，他引用了印度宗教经典《薄伽梵歌》，柏拉图的《理想国》，以及德国哲学家哈贝马斯关于知识、欲望、行动的区分。他讨论知识与性之间的关联，并且作出了一个比弗洛伊德关于"忘记给奥尔维托大教堂作壁画的那位画家的名字的自我分析"更透彻的阐述。最后，他以《圣经》中约拿与鲸鱼的故事的分析作为总结。在对这一课程的评价中，有一位学生写道："我看见上帝了。"

## 学术的创新火花不断迸发

在麦克莱兰德漫长的学术生涯中，他一共出版了 16 本著作，超过 185 篇论文。他以成就动机的研究而著名。在 AFSC 工作期间，他第一次接触到了人格的研究领域，后来凭借着他的实验心理学的背景，对默瑞的"主题统觉测验"进行了修改，创造了用主题统觉测验来测量个体的动机的方法。这一方法首先通过实验唤起所欲测量的动机，然后观察这一动机的唤起对被试描述故事内容的影响。后来，研究者运用这一方法来研究一些其他人格变量的评分系统。1951 年，麦克莱兰德发表了包括动机、人格特质、人格结构在内的一些兼收并蓄的文章。后来，他的兴趣又不断拓展，不仅是与人格有关的领域，而且还有经济、历史、政治、生物等学科领域。在 1961 年出版的《成就的社会》

《成就的社会》的英文版

（*The Achieving Society*）中，他将成就动机确定为经济发展的重要心理基础。他还追溯了权力动机与战争、和平的关系。1970 年以后，他探究了权力、亲和、成就动机与神经激素水平、交感神经和副交感神经系统、健康或疾病等生理和心理领域的关联。

麦克莱兰德一生都受到桑代克"凡是存在的，都能用数量来表示"这一信念的影响，结合他创造性的思维以及多样化的兴趣，他提出了很多创新的测量方法。例如，他用电量消耗、煤进口量、古希腊的贸易规模等变化指标来测量几个世纪以来的世界经济发展状况。在预测工作绩效的测验中，他认为胜任力的测量远胜于传统的智力测验。当然，他的创新测量方法引起了传统的经济、医学、智力测验的抗拒，而他所强调的天赋和智力的变量，与其他的智力理论有所不同，曾与斯腾柏格（Robert J. Sternberg）、伽德纳（Howard Gardner）等人发生过争论。

由于麦克莱兰德最初的卫理公会派教徒的背景以及后来大学时代开始信奉的基督教信念，他致力于将心理学应用于解决社会实际问题。因此，一旦他发现了成就动机与经济发展之间的关系后，他就在印度和美国开展提高这一动机的培训课程。这些经历使他致力于界定和评估"胜任力"，并且为一些不同的公司做创新的评估和培训。同样的，他关于权力动机与酗酒之间联系的研究，为酗酒者的回归社会量身定做了一套培训课程。他关于动机、神经机制和健康的研究运用到"延缓归属综合征"（relaxed affiliative syndrome）的干预，成为一种能消退因压力和不适宜的权力动机而引起的不健康状态的方法。

## 耀世的光芒

在麦克莱兰德所有创新的理论与方法中，最为人们所熟知并且被广泛运用的，就是他的"三种需要理论"以及"胜任力"的概念模型。它们不仅仅是一个思想那么简单，它们是指导实践并在不断的管理实践中得到验证的。毫无疑问，它们是管理心理学界的两束耀世的光芒。

## 因为"需要"，所以追求

以弗洛伊德为代表的精神分析学派曾用释梦、自由联想等方法研究动机，他们将人的行为的动机归于性和本能；以斯金纳为首的行为主义者用实验的方法研究动机，使得动机的强度可以测量。然而，精神分析学派对动机的研究所得到的结果不但没有代表性，且可重复性差，最重要的是无法得出动机的强度。另一方面，虽然行为主义者测量出了动机的强度，但他们把动机定义得太过狭窄，主要集中在饥、渴、疼痛等基本生存需要上，没有区分人和动物的动机。在这两种理论的基础上，麦克莱兰德打破了它们各自的局限性，将研究重点定位于高层次的需要和社会性动机上。

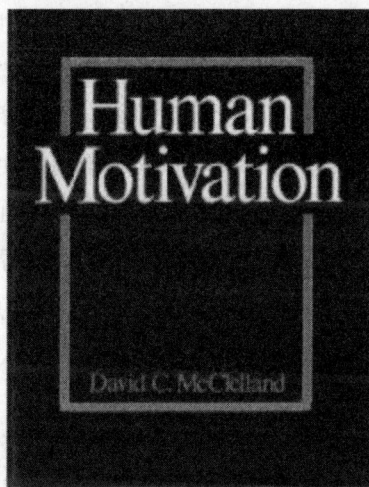

《人的动机》英文版

H. 默瑞曾将需要界定为：个体"为完成困难的工作；为操控或组织事物、人或思想；为尽快且独立地做好；为克服障碍且达到高的标准；为超越自己；为超越且胜过别人；以及为使得个人的才能通过成功的学习而促进自我尊重"的一种欲望。在这一概念的影响下，麦克莱兰德提出，"成就需要"是个体人格中相当持久稳定的一种特性；这种追求某种目的或目标的特性或倾向，就是"成就动机"（achievement motivation）。后来，他又正式将成就动机界定为"个人在做事时，与自己所持有的良好或优秀标准相竞争的一种冲动或欲望"。麦克莱兰德对默瑞的"主题统觉测试"进行修改，增强其客观化程度，使其适用于团体测试，并用它来测量动机。这一测量动机的方法，将动机的内隐或无意识成分表露无遗，从而弥补了先前的问卷调查法只能得到被试者的认知动机这一缺憾。

在形成新的测量方法的基础上，麦克莱兰德提出了个体在工作情境中的三种需要理论："成就需要"，争取成功，希望做得最好的需要；"权力需要"，影响或控制他人且不受他人控制的需要；"亲和需要"，建立友好亲密的人际关系的需要。

麦克莱兰德曾做过这样一个实验：他让参与者从任意距离将圆环套入木桩，大部分人倾向于选择忽近忽远的随机距离，而少数高成就动机者则仔细测量这一距离，使其不致太远而套不中，也不会近到很容易套中。麦克莱兰德认为，自我激励的高成就者喜欢设置自己的目标，研究、解决问题，不喜欢寻求别人的帮助，并且在选择目标时回避过分的难度，选择能够取胜的最艰巨的挑战。相对于那些偏好高风险高回报或者低风险低回报的人，高成就动机者会选择能够体现自己能力并能影响成果的风险适度的任务，而这正是成功创业人的特质。高成就动机者更注重个人的成就而不是外界的回报。而金钱刺激对于高成就需求者则犹如一把双刃剑，一方面，他们不满于出色的工作所换来的低薪酬，另一方面，如果给予高薪酬，他们则会认为金钱的衡量配不上他们的贡献。高成就动机者喜欢能立即给予反馈的任务，而且是与工作结果相关的客观反馈，如"我做的怎样"，而不是他人的态度反馈，如"你觉得我做的怎样"。麦克莱兰德发现，在小企业

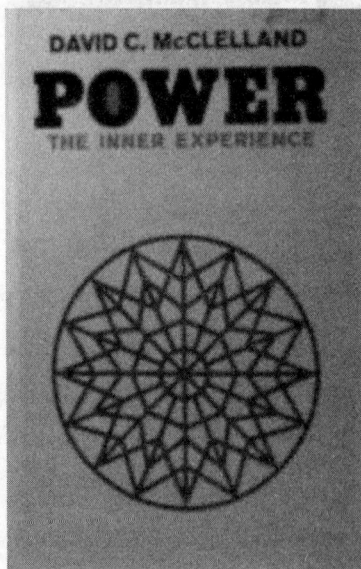

《权力：内省经验》英文版

的经理人员和在企业中独立负责一个部门的管理者中，高成就动机者往往会取得成功。而在大型企业或高层管理者中，高成就动机者的效率并不一定高，由于这时候的成功并非只靠自己就行的，然而他们却只关注自己的工作绩效，不关心他人的工作情况。麦克莱兰德坚信，动机是可以训练、激发的。他创办了一些增强商业人士成就动机的培训项目，指出，"一个公司如果有很多具有成就需求的人，那么，公司就会发展很快；一个国家如果有很多这样的公司，整个国家的经济发展速度就会高于世界平均水平"。

　　同时，在研究成就需要的过程中，麦克莱兰德遇到很多与权力、领导和社会影响相关的问题，光有成就感显然对付不了这些问题。领导与权力是密切相关的两个概念，研究"权力动机"将有助于理解企业管理中的领导方式。如果说成就需要对应着创业的精神，那么权力需要对应着各种领导，如企业领导、社会领袖、政治领袖等。于是，在《权力的两面性》一书中，麦克莱兰德认为，权力有两种不同的概念，一种是"社会化权力"，另一种是"个人化权力"。前者以影响他人为核心，但出发点在于为他人着想，后者则以实现个人统治为核心。通过竞选获得公职的人，往往具有社会化权力动机，他们帮助群体确定共同的目标，并主动提供达到目标的途径，让群体成员感到自己是强者，有能力实现目标；社会化权力的行使者在施加影响的时候，目的是为他人或众人牟利，他们把被领导者当作动力而不是工具。另一面，那些满脑子个人化权力观念的人，一心只想击败对手，他们宣扬一种"统治—服从"关系，即如果我赢，你就得输——类似于弱肉强食的"丛林法则"。这种原始、幼稚的权力表现往往以征服、侵犯他人为目的的，把被领导者看成工具而不是动力。麦克莱兰德提出，为了防止领导者作风由民主型转变为独裁型，领导者要注意群众的愿望和要求，不把群众当成被统治的工具；同时建立民主制度来监督领导者，一旦他们不再代表选民利益便及时予以撤换。

　　在中国的企业管理中，麦克莱兰德的激励理论具有一定的适用范围。在一个企业中，对一般员工，可以更多地强调基本的因素，按要求、指令完成任务。中高层员工的创造空间则要大得多，他们最渴求成就感。由于越有挑战性的工作越不易度量，企业中高层员工的可变薪酬（比如股权激励）占的比例应当比基层员工大。需求不同，激励方式也应有差异。

## 怎样才是真正的适合——"胜任力"

20世纪70年代早期，当时的企业采用传统的智力测验、人格倾向测验和学校学习成绩来招聘和选拔人才，而这样的手段，并不能预测那些复杂工作和高层次职位工作的绩效或者个人生涯的成功与否，并且对于少数民族、妇女和社会较低阶层人士并不公平。麦克莱兰德发现，从根本上影响个人绩效的是诸如"成就动机"、"人际理解"、"团队影响力"等一些可称为"胜任力"的东西。基于这些发现，1973年，麦克莱兰德在《测量才能而非智力》（Testing for Competence Rather Than Intelligence）一文中提出了"胜任力"（competency）的概念，并将胜任力定义为"能将某一工作（或组织、文化）中有卓越成就者与表现平平者区分开来的个体的深层次特征，它可以是动机、特质、自我形象、态度或价值观、某领域知识、认知或行为技能，任何可以被可靠测量或计数的，并且能显著区分优秀与一般绩效的个体的特征"。

麦克莱兰德的胜任力概念，相对于先前的管理理论的创新之处在于，了解绩效的最好途径，是观察人们"实际上做了什么而取得成功（即胜任力）"，而不是依靠基于智力之类的潜在特质的假定。从方法论上，他认为测量和预测绩效最好的办法，是让人们表现出你想要测量的胜任力的关键方面，而不是实施一个测验来评估潜在的特质或特性。因为胜任力是可以学习和发展的，与此相反，特质和特性是遗传获得的，并且很难改变。胜任力是可观察、可理解的，人们可以理解并发展出达到绩效所必须的胜任力水平。胜任力是现实的、与有意义的生活联系在一起的，它可以在人们的现实生活中被找到，而绝非是只有心理学家才能理解的深奥的心理特质。

　　为识别和测评胜任力，麦克莱兰德创造了"行为事件访谈法"（Behavioral Event Interview，简称 BEI）。20 世纪 70 年代初，麦克莱兰德的管理咨询公司接到美国政府要求帮助挑选驻外联络官（Foreign Service Information Officers，简称 FSIO）的任务，并在此项目中首次采用了行为事件访谈法。在 1970 年以前，男性白人在 FSIO 中占了绝对优势，而妇女以及非主流文化背景下的少数民族等群体则完全失去竞争力。然而，即使是经过严格筛选留下来的这些人，虽然在智力层面上都很优秀，但大多数在岗位上的表现却平平甚至无法胜任。这一现象的产生还要从什么是"FSIO"说起。驻外联络官，即借助图书馆管理、外交文化活动，以及与当地人民的演讲对话等手段，来宣扬美国的对外政策，使得更多的人理解和喜欢美国的官员。早前评价和考核一个 FSIO，主要是使用"驻外服务官员测试"，关键评价内容包括智商、学历、文凭和学习成绩，一般人文常识与相关的文化背景知识，如美国历史、西方文化、英文以及政治、经济等专业知识。测试内容的不适用性，正是导致了 FSIO 的选拔没有得到预想效果的原因。在接受政府帮助挑选 FSIO 的任务后，麦克莱兰德和其同事查里斯·戴雷制定出了一个解决方案，先找出表现最优异的 FSIO 和一般称职的人员，分为"杰出者"与"适用者"两组，借助行为事件访谈法分别与他们进行特殊沟通，总结出杰出者和适用者在行为和思维方式上的差异，然后采用对比分析的方法来寻找合理和正确的评选标准，最后识别出了真正能够区分工作业绩的个人条件。这些条件即是杰出者所表现出来而在适用者身上找不到的特质，将这类特质按照特定的原则分类并划分层级，最终就得到了体现杰出与平庸之间差异的特质体系，即三种核心胜任力：跨文化的人际敏感性，对他人的积极期望以及快速进入当地政治网络的能力。这三种核心胜任力组成了FSIO"胜任力模型"，也就是今天的"胜任力模型"（Competency

Model）的雏形。

　　真正的经典模型是经得起时间与实践的考验的。在 FSIO 胜任力模型建立之后，经过多年的洗礼与新理论的挑战，仍屹立不倒。在经过不断的修订与升级后，模型中的三种核心胜任力依然是美国政府选拔 FSIO 的主要依据。

　　"行为事件访谈法"是目前所公认的最好的测评胜任力的方法。在麦克莱兰德建立 FSIO 胜任力模型后，很多胜任特征模型相继产生，如博瓦茨斯（Bovatzis）的"管理人员胜任特征通用模型"，帕韦特和劳（Pavett and Lau）提出的概念、技术、人际和政治技能四类型说等。目前，胜任力特征模型被广泛运用于人员的选拔中，也是许多评价中心选拔适合岗位人才时主要的参考依据。

# 管理心理学界的一朵奇葩

　　在麦克莱兰德之前，动机激励仅仅停留在基本生存需要上，而职业选拔中的智力测试等方法，则埋没了多少真正有胜任力的人才；在他之后，伯乐广识千里马，人才在适合的位置上创造出最大的绩效。可以说，麦克莱兰德之于管理心理学界，犹如一道划过天空的璀璨流星，将黑夜撕裂出一道缝隙，耀眼的光芒奔涌而出直至照亮整个世界！

# 有限理性学派大师

# 西蒙：找寻人类决策真理的圣杯，
## "有限理性"第一人

我是一个自适应系统，无论我的目标是什么，我的生存和成功都取决于对我周围的人和事的环境合理地保持真实的图像。由于我的世界图像只能大致接近于真实，因此对任何事我都不追求尽善尽美，至多追求做得满意。追求最好只能浪费可贵的认知资源，"最好"是"好"的敌人。

——西蒙

1978 年，全球目光汇聚斯德哥尔摩，一位伟大的管理学家、管理心理学家，因为"对经济组织内的决策程序所进行的开创性研究"，被正式授予了诺贝尔经济学奖。

这便是赫伯特·A. 西蒙（Herbert Alexander Simon, 1916 –

2001），一位一生颇具传奇色彩、改写和创造历史的大师。

　　一个人一生能创造多少个奇迹？也许从西蒙的一生，我们可以找到些许指引和启迪。他徜徉在众多尖端学科的前沿上，把玩着科学研究，却在不经意间指引了各领域的研究方向，他一生荣获了9个博士头衔，被授予的奖项不胜枚举，如美国经济学会杰出会员奖（1976）、美国管理科学院管理学术贡献奖（1983）、美国政治科学协会麦迪逊奖（1984）、美国运筹学协会和管理科学院冯·诺伊曼奖（1988）、美国公共管理学会沃尔多奖（1995）、美国心理学会杰出科学贡献奖（1969）、美国国家科学奖（1986）、美国心理学基金会心理科学终身成就奖（1988）、美国心理学会终身贡献奖（1993）、国际人工智能学会终身荣誉奖（1993），等等。

　　如果你觉得这样一个人很神秘，那么，请听我娓娓道来他的故事。你终会发现，这一切完全不是奇迹，他获得的荣誉都与他那独特的人格特质密不可分。接下来让我们从他的孩提时代说起，走入这位传奇式国际学术界"博学家"（Renaissance Man）的内心世界。

# 孩提时代，锋芒初露明事理

　　1916年6月15日，美国威斯康星州密尔沃基市（Milwaukee, Wisconsin）的一对夫妇迎来了他们的孩子赫伯特·西蒙。西蒙的父亲是于1903年在德国获得工程专业文凭后移居美国的，他是一位电气工程师，一位在学术界和社会事务界活跃的领导人物。西蒙的母亲是典型的第三代美国人，和蔼而民主，还是一位极有才华的钢琴家。

　　受父亲对大自然的热爱的感染，西蒙一家常常去幽静的野外或森林度假游玩，4岁那年的夏天，西蒙一家去摘草莓，别人几分钟就能摘一桶，而他的桶底只有可怜的几个，他不明白为什么别人可以如此轻而易举地分辨，原来草莓是红的，叶子是绿的，而他是色盲。色盲使西蒙意识到他看到的事物并不等于别人看到的，真实的客观世界不等于知觉世界。结合皮亚杰的认知发展阶段论我们知道 4 岁的孩子仍处于前运算阶段，他们的思维过程往往还是自我中心的，在"三山实验"中表现出不能站在别人的角度看世界，但是西蒙却从 4 岁就明白了自己的所见不等同于别人的所见，如此早的认知转折注定了他不平凡的一生。

尽管看不到色彩斑斓的世界，西蒙却天资过人，他 6 岁上学，不足 17 岁就高中毕业。上学时总比同班学生小两三岁。但他很快发现自己比伙伴们更聪明，他从不在功课上下很多功夫，朋友去看电影时，他仍独自在家摆棋谱打发时间，生性内向的他很容易靠书本、玩具或邮票甚至甲虫自娱自乐。

他很重感情，却从不与大人们交流自己的想法，宁愿向他们提问听他们说话，父亲喜欢在餐桌上谈政治和科学，并鼓励激烈的争论，这些思维的碰撞、语言的交流都令年幼的西蒙耳濡目染，同时也激发了他的求知欲。在家庭环境的熏陶下，西蒙从童年就与书籍和其他智力活动结缘，并表现出极强的独立学习能力。夏日的清晨，他总是在天刚亮时醒来，到半英里以外的华盛顿公园，坐在大柳树的树杈上看书，直到吃早饭的时候才回家。10 岁时，他就蜷坐在父亲书房里的沙发上，向自己

4 岁的西蒙

证明能看懂《错误的喜剧》。在父亲的书房里，他完全靠自己把握自己的教育，常利用暑假时间为自己布置读书任务。受其叔叔哈罗德·默克尔的影响，西蒙自中学时代起就对社会科学研究产生了浓厚的兴趣，尤其是经济学和心理学。

代数课上的两件小事奠定了他对知识的态度，一是他自己用归纳法发现了一个颇有美感的公式，二是他曾对二次方程有时有两个根、

有时仅有一个根、有时没有根这种看似无规律的现象很讨厌，学了复数之后，得知所有的二次方程都有两个根令他大喜过望。这些显示了他内心有一些"柏拉图主义"的先天倾向，一种对追求周围世界的简单模式的渴望。

西蒙是一个对自己能够独立地精通任何事情而深感自豪的学生，而且常常私下很自负。他的课业大多是令人愉快的，对一个论题不到真正领悟绝不善罢甘休。同时，他是个很早明事理的孩子，不到12岁的他就知道，明理的、可信赖的人能通过各种不同的方式来认识同一类事件；有时他发现自己是个"调解人"，不管面对什么观点，都能从正反两个角度出发看到其优点并接纳它的不足。

高中时期可以说是他人生的又一转折，一直内向的他终于表现出了自己擅于社交的一面。他活跃于辩论协会、科学俱乐部、拉丁俱乐部和学生会，而且在那些组织里他多半担任主席。在朋友们的眼里，他是个有头脑且十分谦虚的人，从不死用功读书，说话嗜好唇枪舌剑但从不触犯别人，虚心听取别人意见，是合适的知心朋友。

在高中的辩论中，他通常信心十足地选择比赛中不利的少数派一边，他的反对者很少能敌过他的逻辑和他精心准备的论据，但他从中也悟出了一条重要的实践真理：你不能靠逻辑击败人们以改变他们的观点，人们并不仅仅因为一时不能答辩而觉得有义务同意。因而后来，他从不觉得仅因为一些教义所做的论证似乎一时无法回答就有义务同意它们。经常的辩论使他广泛深入地阅读了经济学以及其他社会科学书籍，虽然不能完全理解，但他学会了"用一本书去和另一本书争辩"。

这位从小就知识渊博的西蒙在青年时代对自己的未来却是含糊不清的。他对"你想做什么"的回答，从"士兵"、"看林人"到"律师"、"科学家"，他私下的回答却是"知识分子"，因为他最擅长的是学习。从舅舅留下的书中他隐约看到一种挑战：把物理学中常用的数学思维方式带到社会科学或生物学中，人类的行为就可以被科学地研究。于是在进入大学前，西蒙就酝酿好了大体的方向，他立志要将自然科学中严格的数学基础应用到社会科学中去，成为一名"数学社会科学家"（mathematical social scientist）。西蒙一直对国际象棋格外着

执著于国际象棋的西蒙

迷，高中毕业时他的水平就已经相当不错了，后来也一直保持着这项业余爱好。他似乎要透过黑白相间的棋盘，看透人类的玄机。在西蒙的眼中，国际象棋几乎就等于人类世界的缩影，从它里面不仅可以发现人类的思维习惯，更能解读符号语言的奥妙，从而通过计算机来模拟人类的行为。

## 象牙塔里，潜心研究逐前沿

1933 年西蒙进入芝加哥大学政治系读书。芝加哥大学灵活的教学方式使得他的自学能力得以充分发挥，入学后很快就去听高年级和研究生的课程。从二年级开始他甚至不再选修数学，而是自学，他还通过自学掌握了德语、拉丁语、法语，到了晚年，他可以用 10 多种语言阅读专业书籍和论文，用 6 种语言阅读文学作品以消遣。和他是同乡的大学同学哈罗德·格茨科夫在他 20 年的读书与生活中起了重要作用，格茨科夫专攻心理学和教育学，而西蒙当时研究经济学和政治学。他们时常在饭余共同讨论科学兴趣、认识论和伦理学等话题，是格茨科夫首先提醒西蒙注意心理学家皮亚杰（那时的美国行为主义者几乎从不提到他），还告诉西蒙教育学院的莫里森教授的最新研

究成果。他们二人毕业分开后仍保持通信联系。

西蒙从 1936 年的本科毕业论文的写作中培养出了对组织决策的兴趣，这篇论文致使西蒙留校做克拉伦斯·里德利（Clarence E. Ridley）的助理研究员。里德利是国际城市管理者协会主任，芝加哥大学兼职教授。西蒙便开始进行市政管理的计量研究，并在《公共管理》杂志上发表文章，22 岁时就成为《公共管理》和《地方年鉴》的助理编辑。西蒙给里德利当助手做出的成绩，引起了加州大学伯克利分校的重视，1939 年，23 岁的西蒙被伯克利分校聘为地方政府研究项目的主管。就在这一阶段，他形成了自己对管理学基本问题的研究设想，并作为他的博士论文的主题。这一博士论文，就是他后来赖以问鼎诺贝尔奖的大作《管理行为》的雏形。这篇博士论文考察了作为决策过程的行政管理，借助于伯克利分校的心理学教授爱德华·托尔曼的实验中常用的"迷宫"作为隐喻，引进了这样的框架："人类决策的简化模型，是由白鼠在面临心理学实验的迷宫中通向食物的道路时的行为所提供的。"但鉴于一些读者反对把人与白鼠相类比的观点，正式发表时改成把决策看作"沿迷路的岔口作一步一步的抉择"。

后来西蒙历任伊利诺伊理工学院政治科学助理教授、副教授、教授，伊利诺伊理工学院政治和社会科学系系主任，卡内基理工学院工业管理研究院管理学教授，卡内基理工学院管理和心理学教授，卡内基理工学院工业管理研究院副院长等。1949 年西蒙应邀来到卡内基—梅隆大学，先是任行政学与心理学教授（1949—1955），后来任计算机科学与心理学终身教授。西蒙作为该大学工业管理研究生院的创办人之一，开创了组织行为和管理科学两大学术领域的研究，他指导并促使该研究生院成为美国最好的商学院之一。

在伊利诺伊理工学院的几年，西蒙参加了"考尔斯委员会"（the Cowles Commission）每周关于经济学研究的讨论班，在那里他结识了一批终身的朋友。朋友对于西蒙来说意义很大，正如他本人所说，虽然他长期研究决策中的启发式，但是有一个对他的工作有头等重要意义的启发式却是：要做出有意义的科学发现，你应当交尽可能多的好朋友——他们精力充沛、聪明睿智、博学多识，任何时候，只要能够，就尽可能与他们建立伙伴关系。然后，坐下来，放松，你会发现所有你需要的程序都储存在你的朋友之中，只要你不过多干预，这些程序就会富有创造性和富有成就感地执行任务。

## 领域纷繁，一言蔽之乃决策

西蒙的研究工作涉及经济学、政治学、管理学、心理学、计算机科学等众多领域，并做出了创造性贡献，但西蒙一生最核心的研究一直围绕着组织内部的决策而展开。西蒙曾对他的学生说："我是沉迷于单一事物的偏执狂，我所沉迷的东西就是决策。"在《管理决策新科学》中，他特别强调："决策几乎与管理是同义的。"在《管理行为》第一版前言里，他说："如果一定要说本书包含了什么'理论'的话，那就只有：决策行为是管理的核心；管理理论的词汇必须从人类抉择的逻辑学和心理学中导出。"

西蒙的许多经济学研究是从心理学角度出发的，即充分考虑到人的心理因素在经济行为中的作用。他提出了与古典经济学理论相抗衡的行为经济学。

西蒙主要研究的是生产者的行为，特别是当时公司中决策的组织基础和心理依据。这种公司行为理论对简单的利润最大化的假设提出了挑战，强调大公司复杂的内部结构及其目标的多重性，以及必须建立令人满意的而不是最优的决策模型的理论框架。他于1960年出版的《管理决策的新科学》是决策理论管理学派的"圣经"。在该书中，西蒙从逻辑实证主义出发，对传统的管理理论中的命令统一原则、特殊化原则、管理幅度原则和集团化原则等展开了严厉的批判，提出了一系列新的、与众不同的观点。

## 关于组织的理论

西蒙认为组织就是作为决策的个人所组成的系统，决策贯穿于管理的全过程，管理就是决策。他在《管理行为》一书中指出，所谓"同组织一体化"就是指个人在作出决定时采用组织决策的价值标准，即用组织目标代替个人目标的过程。管理人员应该有效地利用各种形式的外部影响力来塑造职工的性格，使职工变得主动，而不是由上级指示或按组织的需求来决策和行为。他认为经营中组织的最理想状态是它的所有成员由于把个人目标和组织目标结合起来，因而都愿意为提高组织效率而做出贡献。

## 决策理论的核心概念——"有限理性"

决策理论的核心概念和根本前提是"有限理性"。对此，西蒙的研究中有一个著名的"蚂蚁"隐喻：一只蚂蚁在海边布满大小不一的石块的沙滩上爬行，蚂蚁爬行所留下的曲曲折折的轨迹，绝不表示蚂蚁认知能力的复杂性，而只表示着海岸的复杂性。当我们把人当作一个行为系统来看时，人和蚂蚁一样，其认知能力是极其单纯的。蚂蚁在海边爬行，它虽然能感知蚁巢的大致方向，但它既不能预知途中可能出现的障碍物，其视野也是很有限的。由于这种认知能力的局限性，所以每当蚂蚁遇到一块石头或什么别的障碍时，就不得不改变前进的方向。蚂蚁行为看起来的复杂性，是由于海岸的复杂性引起的。同样，人们在决策中就有点像这种海边的蚂蚁，只能根据有限信息和局部情况，依照不那么全面的主观判断来进行决策。此外，人们的技能、学识、价值观等因素也会影响到能否进行正确的决策。可以说，管理者拥有"知识"的程度，决定着他决策和行动的合理性和满意化的程度。

西蒙对待科学研究也是这种态度。在1978年获诺贝尔经济学奖的演讲中，西蒙曾说："在经验科学中，我们只想逼近真理，我们不幻想我们能找到一个单一的公式，或者甚至一个相当复杂的公式，能掌握全部真理，并且不包含其他东西。我们安心于一种逐步逼近的战略。"

## 决策的准则——满意原则

西蒙在《理性选择与环境结构》一文中提出了决策的"满意化"原则。所谓满意化原则，就是寻找能使决策者感到满意的决策方案的原则。即对于各种决策方案，决策者不是去探索能实现最优效果的决策方案，而是如果有了能满足实现目标要求的方案就确定下来，不再继续进行其他探索活动。

## 决策过程中的信息问题

西蒙认为，在信息爆炸时代重要的不是获得信息而是在于对信息的加工和分析，使之对决策有用。对信息的提供应当有一定条件的限制，不符合条件的信息不应该传输给决策者。

## 关于程序化决策与非程序化决策

西蒙把人的符合目的的行动分为两种类型：踌躇选择型和刺激反应型。前者指为了实现决策的合理性，对替换手段将会产生的结果以及对这种结果进行选择等，都要花费时间加以思考，即踌躇后再进行选择；后者指只注意情况的某些方面，毫不犹豫地做出反应。

所谓程序化决策，就是那些带有常规性、反复性的例行决策，可以制定出一套例行程序来处理的决策。比如，为普通顾客的订货单标价，办公用品的订购，有病职工的工资安排等等。而非程序化决策，则是指对那些过去尚未发生过，或其确切的性质和结构尚捉摸不定或很复杂，或其作用十分重要而需要用现裁现做的方式加以处理的决策。比如，某公司决定在以前没有经营过的国家里建立营利组织的决策，新产品的研制与发展决策，等等。但是这两类决策很难绝对分清楚，它们之间没有明显的分界线，只是像光谱一样的连续统一体。

## 决策制约着组织机构的设置

西蒙和夫人多罗西娅

西蒙认为一个企业的组织机构必须同决策过程联系起来考察，所以他反对传统管理理论提出的部门化原则。西蒙提出一个组织划分为各个单位，必须以所要做出的决策类型为依据，而评价一个机构的主要标准是它对行为的影响。决策理论学派将一个组织分为三层机构：高层机构从事非程序化决策，如组织的设计与再设计，确定组织目标与目的；中层机构一般从事程序化决策，如管理生产系统、分配系统的日常工作，但也不排除从事非程序化决策；基层机构则直接从事程序化决策，如加工原料制造产品和储存运输等日常工作。

"有限理性"不但贯穿西蒙的整个学术生涯，甚至影响着他的人生哲学。西蒙认为，作为一种有限理性的生物，他不抱完全正确、客观地去理解整个世界的幻想，但他不能忽视这个世界，而是尽其所能，通过科学和哲学的帮助去理解它，然后使个人的立场与这个世界所呈现的种种条件和约束不会过分地不协调。西蒙74岁时在《自传》中说道，自己在生活道路的迷宫中遇到许多分岔，时而右拐，时而左拐，对于献身科学、致力于理解人类如何选择的人来说，迷宫的隐喻是不可抗拒的。虽然自己把生活描绘得像迷宫一样，但他并未做过大量精心思考过的痛苦的决定，使他走上他所走过的特定道路的，是对机会和环境的明确反应，而不是经过研究的决定。

西蒙：找寻人类决策真理的圣杯，"有限理性"第一人

　　西蒙生活的又一个全新转折发生在 1955 年，可以说是他在兰德公司系统研究实验室工作以及在那里接触计算机之后意想不到的结果，他在管理学和经济学上的造诣，使他在接触到计算机后，一眼就看出了这种机器有可能带来的奇迹。他立即转向了人类问题解决的心理学研究上，特别是转到对人类用于思维过程的符号加工研究上。从此，西蒙开始了他在计算机技术领域的创新，并赢得了人工智能创始人之一的地位。在西蒙看来，经济学、组织学、心理学等学科所研究的课题，实际上都是"人的决策过程和问题求解过程"。要想真正理解经济组织内的决策过程，就必须对人及其思维过程有更深刻的了解。对"有限理性"的深入论述是在他以后对人类的认知系统的研究中逐渐完善的，这也是对"有限理性"进一步研究必然导致的结果。

　　西蒙在他的《人类的认知——思维的信息加工理论》中讲到，根据米勒等人的发现，短时记忆的容量只有 $7 \pm 2$ 项；从短时记忆向长时记忆存入一项需要 5—10 秒钟；记忆的组织是一种表列等级结构（类似于计算机的内存有限，从内存到外存的存取需要时间，以及计算机的储存组织形式）。这些是大脑加工所有任务的基本生理约束，正是这种约束，使思维过程表现为一种串行加工或搜索状态（同一时间内考虑的问题是有限的），从而也限制了人们的注意广度（选择性注意）以及知识和信息获得的速度和存量。与此相适应，注意广度和知识范围的限制又引起价值偏见和目标认同（类似于无知和某种目的意识所产生的宗教或信仰），而价值偏见和目标认同反过来又限制人们的注意广度和知识信息的获得（类似于宗教或信仰对科学和经验事实的抵制和排斥）。因而计算机对"有限理性"的人进行模拟完全成为可能，这又促使了西蒙在计算机科学和人工智能领域的探索。借助于计算机技术的发展，西蒙与其搭档纽威尔（Allen Newell）等人一起开始尝试用计算机来模拟人的思维和决策过程，对人的认知过程进行量化分析和模拟研究，力图建立一个关于人类行为的更为严

格和准确的理论模型，从而创建了认知心理学和人工智能研究新领域。他的这一认知活动的信息加工理论在心理学内部引发了一场革命，即所谓的"认知革命"。不过西蒙对人工智能的研究进展过于乐观，后来这种串行信息加工理论已经不再独占鳌头，而是被并行分布加工（PDP）理论及神经网络理论等取代，但是西蒙仍然没有放弃努力，尽力完善他的模拟科学发现的程序，并也涉猎了一些计算机无法模拟的人类创造性思维的研究。

## 多次访华，千丝万缕系神州

值得一提的是，西蒙是中美学术交流委员会的主席，1972 年中美建交以来，曾先后近 10 次来我国访问，在中国科学院、北京大学、天津大学等单位就心理学、管理学和计算机科学等学科与我国学者进行交流。除了他的祖国以外，西蒙在中国呆过的时间最长。1983 年春，应中国科学院的邀请，西蒙到中国科学院心理研究所进行关于人类短期记忆的合作研究，同时在北京大学系统地讲授了认知心理学。西蒙的夫人多罗西娅则给心理所的人员辅导英语。在历时三个月的系统讲演中，西蒙从理论上讲述了认知科学的基本观点，阐述了科学理论的层次和规律，分析了物理符号系统和行为选择的满意原则等问题，还介绍了 EPAM 程序、启发式搜索等计算机技术的实际应用问题。这次讲课内容后来整理成书正式出版，即《人类的认知——思维的信息加工理论》（1986）。1985 年，中国科学院心理研究所授予西蒙名誉研究员称号。从 1984 年到 1987 年，西蒙每年都要来中国工作 3 周，与中国学术界建立了长期合作关系，他在计算机翻译古汉语、汉字的短时记忆、问题解决和样例学习等问题上，都进行了卓有成效的研究，他还亲自指导过中国研究生。

西蒙热爱中国，他在自传中称中国为"我的中国"，称他的中国朋友为"良师益友"。从近 30 年的交往中，中科院的同志们一方面体会到西蒙严谨的治学态度和孜孜不倦的精神，另一方面也感受到他待人接物的真诚、平易近人的作风。

## 著作颇丰，后辈瞻仰垂青史

西蒙一生致力于科学研究，著作颇丰，主要有《管理行为》、《公共管理》（与斯密斯伯格合作）、《组织理论的比较》、《理性抉择的行为模型》、《理性抉择与环境结构》、《经济学与行为科学中的决策模型》、《管理决策新科学》、《求解难题过程中的事物搜索》、《思维模型》、《有限理性模型》等。

西蒙从生理学及心理学层面对"管理人"进行了科学而精细的分析，其对信息加工的有关论述具有十分重要的意义，眼光远大，见解深刻，对当代大量信息的加工提出了指导性建议。在信息时代，随着计算机网络、电话等通信技术的迅速发展，我们面临的信息危机不是由于信息匮乏，而是信息过剩的问题。在这种信息爆炸的生活环境中，意识到人的有限理性是十分重要的，它将能更好地指导我们集中精力搜寻有效、合适、满意的信息量，而不是搜寻所有相关信息，只有这样才可能有效地思考问题、解决问题，而不是一味地追求最优解。

尽管西蒙后来的研究重点已经不在管理学领域，但他对组织与管理的研究成果却使管理学产生了划时代的变化。他提出的决策理论在当代管理学中至今引领着研究潮流。借用1978年瑞典皇家科学院授予西蒙诺贝尔经济学奖时对他的学术贡献评价："组织决策理论已经被成功地用于解释和预测各方面的活动，如公司内部取得信息能力的分布和决策的制定，市场调整与有限竞争，选择证券投资和选择一个国家进行国外投资。现代企业经济学和管理研究大部分基于西蒙的思想"。在管理心理学领域，西蒙的有限理性学说、组织行为研究、决策程序研究、决策心理机制分析，都具有理论上的开创意义。可以说，管理心理学研究，在西蒙那里达到了顶峰。

# 贾尼斯："群体盲思"的探索先锋

在群体中，成员往往变得过于乐观并愿意承担额外风险，使得他们不能对提防危险的清楚忠告做出反应。

——贾尼斯

## 引　子

还记得轰动一时的好莱坞大片《泰坦尼克号》吗？还记得 Jack 和 Rose 之间那短暂却永恒的爱情吗？相信很多人都会对影片中那些浪漫的片段印象深刻，那是如此的令人动容，却也更加让我们不禁为美好生命的瞬间消逝而难过万分。

你也许不禁要问：像这样一艘可谓金碧辉煌的豪华游轮，一定花费了不菲的金钱制造，可是却如此不堪重撞，沉没速度之快，令人唏嘘。那么当时，究竟发生了什么，又是什么因素造成了这样的悲剧？近一个世纪以来，建筑师、工程学家、机械师等等社会各个领域的专家们都对此进行了调查，提出了种种的可能性，却忽略了船长——敬爱的爱德华·史密斯先生——在事故中所起到的关键性作用。

而这，就不得不引出我们这篇文章的主角——贾尼斯。

欧文·莱斯特·贾尼斯（Irving Lester Janis，1918 – 1990），美国心理学家，并名列"20 世纪 100 位最著名的心理学家"之中。在他72 年不平凡的光辉生涯中，取得了众多的专业荣誉，其中包括 1967年获得美国科学促进会颁发的社会心理学奖，1981 年获美国心理学会颁发的杰出科学贡献奖，并获得美国实验心理学协会 1991 年度杰出科学家奖。他终身致力于政策制定的心理学分析、危机管理等方面的研究，在心理学、管理心理学、社会学等许多领域都取得了骄人的成绩，并得到了学术界的尊敬和认可。

## 崭露头角

1918 年，贾尼斯出生在美国纽约州小镇布法罗（Buffalo），自幼学习努力、成绩优秀并表现出聪明天赋及深入思考的潜力。1934年，他考入芝加哥大学并于 1939 年获得了理学士学位，也正是在这一年，他开始了心理学理论的研究工作。贾尼斯并没有满足于现状，在接下来的一年，他进入哥伦比亚大学攻读博士学位。可以说正是这一决定改变了贾尼斯的人生，为他日后的成功迈出了坚实的第一步。

在哥伦比亚大学读书期间，一次偶然的机会，贾尼斯经介绍与柯林贝格（Otto Klineberg，他致力于种族关系、国际关系和跨文化心理学的研究）相识，并于后者一起举办社会心理学研讨会。这些活动及研究工作逐渐培养了他卓越的研究能力，也为他找到自己理论的方向与雏形埋下了种子。

在第二次世界大战期间，贾尼斯怀着对祖国的热爱和支持，响应政府的号召，成为美国陆军司法部特别战争政策小组的高级社会科学分析家。最重要的是，在这段时间，他有机会与社会学家斯托佛（Samuel Stouffer）和卡尔·霍夫兰（Carl Hovland）共事，对军队士气的决定性的影响因素进行研究，并与同事们培养了亲密的情谊。而后来发表在《美国士兵》（The American Soldier）上的研究结果被大众广泛接受，并被推崇为能恰当说明行为和社会科学理论是如何被应用于实际生活领域中的一个经典论述。

战争结束后，贾尼斯回到了哥伦比亚大学校园，继续他未完成的博士论文，而他的论文内容是有关对精神病患者实施电休克治疗所造成的认知和情绪影响。在这个时候，贾尼斯似乎还是中规中矩地走着学者的路线，并没有找到自己真正的学术生涯方向。但他仍以优秀的成绩于 1948 年获得了哥伦比亚大学博士学位。

而在此之前，贾尼斯的能力已经被耶鲁大学所看中，并于 1947年的秋天，聘请他任心理系的教师。于是，贾尼斯开始了他的教学和研究生涯。令人兴奋的是，在耶鲁开始的最初几年，并不像我们想象中那样需要克服许多困难适应环境和学术氛围，因为之前读书的近10 年间，贾尼斯广结同好，周围的同事很多都是早已熟识的之前一起合作过的朋友，更不要提他那从小就培养出的超强的学习、生活和人际交往能力，所有这一切无疑帮助贾尼斯在短时间内就融入了耶鲁的学术圈。与霍夫兰及其研究小组的广泛接触与合作便是一大范例，于是他顺理成章地开始参与到霍夫兰的一系列"态度改变（attitude change）"计划的早期实验中去。千万不要小瞧这个计划，它基本上决定了此后近 30 年间大多数心理学家的研究领域和进程，包括很多当时还是创造性的先锋研究工作，如恐怖唤起的劝诱效果、说服能力的个体性格关联，以及主观内化态度的角色影响（当我们欺骗自己相信一个谎言后，我们是怎样、在什么时候真的就承认了这个说法，并且坚信不疑。这也就是人们常常说的那句谚语："谎话说了一百遍就成了真理！"在著名电影《死亡实验》中，狱警和囚犯的角色扮演就真实显现出了态度对行为的影响）。

# 走出自己的一片天

贾尼斯在 50 年代中期也找到了自己的研究方向，开始建立自己的学术地位。他开始着迷于心理压力的研究，特别是他对于心理紧张状态的处理方式的研究计划在当时相当有影响，也为后人的继续研究提供了大量珍贵资料。1951 年，贾尼斯出版了《空战与精神紧张》一书，1953 年与霍夫兰和凯利合著《交往与说明》。但他在这一领域主要的著作却一直到 1958 年才出版，那就是《心理紧张》一书。这本书主要关注于探究在外科手术前病患特殊的反应和行为。在写作这书的过程中，贾尼斯又一次发挥了他的个人魅力，通过与患者的访谈交流进行个案研究，再加上准确的统计数据，最终他开创性地提出了病人在手术前存在的焦虑反应和术后其情绪表现的理论，并用曲线表示出来。随后在临床得到了广泛应用。因为病人对手术成功与否的担心会演变为焦虑和恐惧情绪，从而引起血压升高、心率加快，而这些反应水平在手术结束后都有所下降。其中有价值的发现是，在手术中各项指标水平却显著降低，这种心理应激反应水平反映了手术在不同阶段对患者心理产生的不同影响。但是贾尼斯并没有把眼光仅仅停留在这里，他发展了一系列说明性的概念，尤其是压力预防和焦虑性的工作，用来确定通过在恰当的时刻提供适当信息来预防不适应行为的方法。

大约就是从这个时候开始，贾尼斯渐渐开始把自己的研究集中到与管理心理学有关的领域之中，主要涉及人在压力下的选择以及人们在现实生活中对于戒烟和减肥等等决策的研究。1959 年，贾尼斯与他人共同出版了《人格与可说服性》一书。根据书中的"贾尼斯 – 费埃拉本德假设"，当你与别人争论并希望他赞成你时，只要你先提出赞成的观点，你说服他的胜算将更大；而另一实验发现，很容易被说服的人通常自尊心都很低，一般也受到更严重的社会压制与束缚；他还发现怀有适度敌意的人更不易被说服。贾尼斯一直持续着这项有关个体决策的研究几乎达 20 年之久，并终于在 1977 将其主要的研究结果总结出版，即他与莱昂·曼（Leon Mann）合著的《决策》（*Decision Making*）。这本书最伟大的贡献就是提出了决策的斗争模型，也就是描述人们是如何在压力下做出选择。这个模型将人们在理性或者警惕的应对状态下对威胁的反应与人们在非理性的满足、感情冷漠、绝望、僵化刻板以及恐慌发生时的状况加以区分。

# 影响世界的理论

## 以"小"见"大"

现在让我们回到开始时的问题，究竟贾尼斯同泰坦尼克的沉没有什么关系呢？原来，这就是他对管理心理学及群体动力学最著名的贡献："群体盲思"（Groupthink）。

贾尼斯在后期对于决策的研究，开始涉猎到个体水平之外的领域。有一天，当他读到施莱辛格（Arthur Schlesinger）的一篇文章中所描述的关于肯尼迪政府是如何决定袭击猪猡湾（Bay of Pigs Invasion）的内容时，第一次萌发了关于存在着群体盲思这一概念的念头。众所周知，1961 年，当时刚当选的肯尼迪总统和他的顾问幕僚们兴高采烈地组成了一个富有团队精神的队伍，在做了相当"充分"的研究讨论后决定用 1400 名 CIA（Central Intelligence Agency，中情局，美国最大的情报机构）训练过的古巴流放者来袭击古巴，以此达到推翻卡斯特罗政权的目的。在讨论中，对这次计划十分关键的观点都被压制或是排除了，而总统本人也很快就对这次袭击表示了认同。但结果却让人大跌眼镜，几乎所有的袭击者都被杀或俘获，这让美国好一段时间在国际上都没有颜面。更糟糕的是，这一行动竟加深了古巴和苏联的团结一致。这也难怪当肯尼迪听到失败的结果后，气得直跺脚："我们怎么会做出如此愚蠢的决定呢？"可当时虽然人们都觉得这不可思议，但并没有人细细捉摸其中的缘由。美国政府为了掩盖自己的失误也得过且过。殊不知，若干年后，贾尼斯对这一事件燃起了极大的兴趣。刚开始的时候，他还有些困惑：作为一国核心，肯尼迪的顾问团一定是相当聪明善辩，况且肯尼迪也不是等闲之辈。但这样的人，怎么会卷入这由 CIA 拼凑出来漏洞百出的愚蠢计划中呢？借由他极其敏锐的专业研究素养，贾尼斯猜想，这里面是不是有一些心理学的因素——例如社会心理学中的从众心理，或他之前在小型的团结群体中所观察到的"寻求一致"现象——起了影响作用呢？

但在这时，研究遇到了瓶颈，贾尼斯怎么也想不通这其中的道理。幸运的是，有一天，贾尼斯无意间看到了他女儿夏洛特高中时的一篇论文，才恍然大悟，得到了启发。于是他立马展开了进一步的研究，对于此类相关的问题进行追踪，分析了美国历史上其他著名的外交决策失误，他出乎意料地发现，在这些过程中，都存在着一些不利的群体决策过程，这让贾尼斯有充分的理由相信，在这些事件中，一定有什么微妙的群体过程影响了决策的产生，阻碍了群体评估风险和讨论问题。

1972 年，贾尼斯出版了后来被广泛引用为例证的书——《群体盲思的受害者》（*Victims of Groupthink*），书中展现了一连串在外交上由于政策决定失误造成不利局面的详细研究。同年，他在《群体盲思：政策决定及失败的心理学研究》（*Groupthink: Psychological Studies of Policy Decisions and Fiascoes*）中首次提出了群体盲思理论。他认为酿成这些大错的原因是由于在群体决策中人们为了维护群体和睦而压制异议。在群体工作中，同伴的友情可以提高人们生产积极性和能力，而良好亲密的群体精神可以鼓舞士气。但在决策时，紧密团结的群体可能反而不利。贾尼斯认为友善的、凝聚力强的群体，对异议的相对排斥，以及从自己的喜好出发作决策的支配型领导，都恰好是培养群体盲思的温床。

正是这一理论，奠定了他在心理学历史上不可磨灭的影响和地位。

## 群体盲思模型

贾尼斯将群体盲思定义为"在一个较有团队精神的群体内，其成员为了维护群体的凝聚力，追求群体的和谐和共识，忽略了最初的决策目的，因而不能确实地进行周详评估的思维模式"，是群体凝聚力导致的负面结果。贾尼斯注意到，群体中每个成员的能力很少能够呈现为群体整体的能力。当群体中的成员有很强的团队精神，高度凝聚在一起，他们就不想要改变这种向心力，而正是这种压力导致人们不愿意探究真相，较草率地作出价值判断。一旦群体中的成员倾向于使自己的观点和集体的趋势保持一致，在决策时就很难做出真正适合的判断，并选择客观可行的方法。而且，由于害怕自己的意见不符合众人要求，减少了很多创新的机会和有创意的观念。没有"头脑风暴"，大家都泛泛而谈，进步就很难产生。而在更多的情况下，就算有人提出异议，也很可能被忽视，最后只能无奈顺从。所以群体组织做出错误决定也就不奇怪了。在我们日常生活中这样的例子相当常见，比如在开会时大多数人都沉默不语，一旦会议结束后却怨声连天、意见多多。你大概也曾因为不想让决策过程因为自己变得麻烦而吞下自己的意见，遵从光荣的"集体主义精神"吧！其实之所以造成这种结果很可能就是因为我们把关注焦点偏移到其他的一切，却忽略了决策时最重要的实事求是，这也是为什么很多权大官重的群体更容易做出近乎毁灭性决定的原因。

1977年，贾尼斯再次探究了美国入侵猪猡湾、日本偷袭珍珠港、韩战、越战、古巴导弹危机、马歇尔计划的发展、水门事件等美国政府历年外交决策事件，参照各个事件的环境、决策过程、决策结果，归纳出群体盲思的模型。

群体盲思模型包括 8 项诱发的前置因素、8 项表现形式，以及 7 项对群体决策过程及结果的影响：

★ 八项诱发群体盲思的前置因素

· 群体间高度的凝聚力；

· 群体拒绝了外界信息与分析；

· 存在一种命令式的领导；

· 缺乏有程序的决策规范；

· 成员的社会背景和价值观相似；

· 来自外部威胁以及时间限制的压力；

· 群体没有信心得到比领导所提的更好的方案；

· 成员较低的自尊心。

★ 八项群体盲思的表现形式

· 无懈可击的错觉：过分自信导致看不到危险信号。贾尼斯用一句话总结了这一态度："什么都是对的，我们是与众不同的团队。"

· 集体合理化：用来减少外来的挑战，但同时也减少了发现问题的审视机会。

· 坚信群体道义：忽视道德和伦理上的挑战。

· 对对手的刻板印象：认为任何对手都是弱小或难以沟通的。

· 从众压力：对提出异议的人给予嘲讽，多数人在面对这种嘲弄时会改变立场。

· 自我审查压力：成员有异议时仍会因为某种愧疚感而保持沉默，认为自己没有权力质疑多数人的智慧。

· 全体一致同意错觉：不破坏一致性的压力造成群体统一

的错觉。

· 心理防御：为保护群体不受异议的干扰，有意地扣留或
  者隐藏意见。

★ 七项群体盲思对群体决策过程及结果的影响：

· 对替代方案研究不全面。

· 对目标研究不全面。

· 缺乏对既定选择风险的检查。

· 信息搜集不足。

· 信息选择过程存在偏见。

· 不重新评估最初放弃的选择。

· 未考虑突发状况下的备用计划。


贾尼斯通过限定可做考虑选项的范围、所存在信息的分析偏见，以及过于单纯化和自以为是来识别群体做决策时出现的紧张一致性压力。在晚年时，他继续展开这方面的研究，并确定人格、组织和政治等因素能够约束或防止群体盲思的出现。这一概念在今天仍被广泛认为是社会心理学的经典，并经常在相关入门课程里作为特色理论来讲授。

那么现在你大概能猜到泰坦尼克号沉没的原因了吧。据资料记载，当时有四条信息都显示出可能有冰山在前面，也有一名守望人员提出要用望远镜察看，但爱德华·史密斯船长（他应该是一个严格的支配型领导）仍然固执地坚持让船在夜晚全速前进，这就是无懈可击的错觉，这时，其他船员由于从众的巨大压力，对异议置之不理，甚至斥责他不能用肉眼观察。同样，2004 年，美国参议院情报委员会发表的伊拉克情报失误报告，严厉批评美国情报部门在伊拉克战争前，夸大伊拉克大规模杀伤性武器的威胁。美国情报部门的过失，也是归咎于群体盲思。这些都是群体盲思的恶果。

但大家千万不要因此就拒绝群体。穆勒（John Stuart Mill）说过：

人们"自由"地进行讨论时，并不一定能正确地解决问题。但只要在自由的氛围内，群体中个体可以彼此间进行批判性的讨论，就不会滋生群体盲思。试想一下，我们不是也常常和好朋友为了一个问题争得面红脖子粗嘛！

## 永不止步

虽然已经取得了巨大的成就，但贾尼斯却从未放弃其理论的临床研究，他清楚知道自己最想要做的是什么。1981 年，他出版了一本关于展现治疗者在压力决定下的社会影响的书。这本书报告了 23 个控制现场试验的结果，阐明了什么时候、怎样以及为什么人们能在对困难决定的坚持中获得成功（例如为减肥获健康而节食）。并且，强调了"治疗者—病患"关系的重要性。结果说明当治疗者被支持并提供了明确的行为建议，警告患者将有可能面对的困难时会产生最好的治疗效果。这著作强而有力地表现了贾尼斯希望能通过使用心理学理论来促进人类的幸福快乐的许诺。

# 成功背后的幸福生活

贾尼斯一直都很看重家庭关系在自己生活中的地位，他的研究工作也一直得到了家人的全力支持。妻子玛约丽（Marjorie）不仅是他的生活伴侣，也在工作上给了他很多帮助。两个女儿在他的教育下也都很优秀。他不仅是一个伟大的学者，更是一个好丈夫、好爸爸。也正是这种优秀的个人品质，使得他始终怀着对人类和社会的感恩之情，并希望能为人类作出自己的贡献，这个愿望在一定程度上支撑了贾尼斯的研究工作，使他终生都保持着一颗一如既往年轻的心，并始终拥有拼搏创新的精神。他的亲切和平易近人也使他赢得了众多的友谊和尊敬。

除了在专业领域，贾尼斯还是艺术的狂热追求者和爱好者。他相

**接受采访的贾尼斯总是微笑以对**

信一个真正有追求的人能够在工作之余找到自己的梦想和兴趣，这反过来也能够影响这个人的成功与否。此外，贾尼斯热衷于旅游，他一生去过世界上多个国家，领略了许多美好的风景和名胜古迹。谁能说这些身心愉悦对他的成功是没有影响的呢？

贾尼斯 1985 年从耶鲁大学退休后担任了耶鲁大学名誉教授及加利福尼亚大学柏克利分校心理学兼职教授。随后不久他就和妻子搬到了圣罗莎（Santa Rosa）以便和在当地工作的女儿夏洛特（Charlotte）以及孙子们一起生活，在功成名就之后他愿意和家人一起享受天伦之乐。但贾尼斯并没有因此停止他的工作，在研究和写作等方面继续活跃着，这已经如同吃饭睡觉一样自然地成为他生命中的一部分。1989年贾尼斯出版了他最后的一本书《至关重要的决定》（*Crucial Decisions*）。而在他去世前一个礼拜，他与妻子刚刚合作完成了一本书《享受艺术：从心理上接近古今名家并得到快乐》（*Enjoying Art：A psychological approach to gaining pleasure from old and modern masters*，暂定名）。

他的去世是其家庭和朋友们的巨大损失，同时更是其专业及科学界的遗憾。他是那么的谦虚，就算直到 1990 年去世之前，都在对自己的理论进行测试和修改，也从来不避讳不介意其他人对他的批评和修正。因为他真正地领悟了在科学领域内探索真理的方法，也庆幸自己是在为全人类作贡献。他是一颗科学界的闪耀明星，一生中在社会、政治和健康心理学等领域都有巨大的影响。他是一个有才气的研究者，一个在压力、态度改变以及决策研究中有重大影响的有思想的人。

# 费斯汀格：“认知失调”——改变态度与行为的有效方法

> 失调，导致了减少失调的行动，犹如饥饿导致了减少饥饿的行动一样。
>
> ——费斯汀格

1954 年 9 月的一天，明尼苏达的一名妇女收到上帝的信，被告知 12 月 21 日是将会是“世界末日”，届时将会洪水暴发，淹没整个地球。她把这个消息告诉了其他信徒，他们都深信不疑，静静地等待着末日的到来，悄悄地为此做着准备。但是没有不透风的墙，这个消息被当时在明尼苏达教书的费斯汀格听到了。他和他的助手们伪装成信徒混进了这群人当中，也在等待着“末日”的到来。费斯汀格说：“如果你真的相信，现存的世界即将灭亡，第二个世界即将出现的话，那么你就不会正常地生活下去了。对于你来说，物质财产已经没有意义，工作也没有意义。你只为第二个世界的到来做准备。"正如他所说，这些信徒放弃了工作，抛弃了财产，等待末日之时将会有太空船来营救他们。

21 日如期而至，一切都是那么的平常，太阳升起，海波依旧，没有洪水，更不是末日。他们的预言没有实现，但是惨烈的事实摆在他们面前：他们已经没有了工作，没有了财产。为了给自己的这些行为找到更合理的解释，他们声称，是因为信徒们的善良和虔诚创造了奇迹，上帝决定收回这场灾难，让世界重归安宁。并且这一次他们开始大肆宣传，要使得更多的人相信，并希望能够跟他们站到同一条战线上。

这一情景引发了费斯汀格的深入思考，并验证了他的认知失调理论。

他针对这一现象解释说：一旦信徒坚定的信念与现实不符的时候，他们就会改变信仰，因为他们已经无计可施，只能采取这种方式来防卫自己。这也就是说，当他们的认知产生了冲突、不协调的时候，他们没有办法改变自己一直以来所持的态度，也无法改变已经丢弃了工作和家产这一事实，因此他们只好寻找新的认知——信徒的虔诚打动了上帝，收回成命——来缓解这种不协调。

莱昂·费斯汀格（Leon Festinger，1919－1989）是美国著名的社会心理学家。出生于 1919 年 5 月 8 日，父母都是俄罗斯人，父亲为刺绣工厂厂主。费斯汀格先是在 1939 年获纽约市立大学心理学学士学位，后前往艾奥瓦大学（State University of Iowa），师从于著名的格式塔心理学家卡特·勒温。1940 年获艾奥瓦大学硕士学位，1942 年获艾奥瓦大学心理学哲学博士学位，并应聘为该校副研究员。

1943—1945 年的战争年代，费斯汀格在罗彻斯特大学的飞机驾驶员甄选训练中心担任统计专员。1945 年跟随勒温转赴麻省理工学院，参与勒温在该校建立的"团体动力学研究中心"的研究工作。

勒温去世后，他于 1948 年担任了密歇根大学团体动力学研究中心的计划主任。1951 年任明尼苏达大学心理学教授，1955 年到斯坦福大学任心理学教授。1942 年与钢琴家玛丽结婚，共有三个孩子，后来离婚。1969 年同布拉德利结婚。1968 年起转任位于纽约市的美国社会研究新学院的心理学教授，在那里工作了 21 年，直至 1989 年 2 月 11 日因癌症逝世。

费斯汀格是继勒温之后将格式塔学派的思想融入社会心理学研究当中的著名学者。他主要研究人的期望、抱负和决策，并用实验方法研究偏见、社会影响等社会心理学问题，他的理论也被广泛运用于管理心理学中的个体态度的研究中。费斯汀格于 1959 年获美国心理学会颁发的杰出科学贡献奖，1972 年当选为国家科学院院士。

# 师从勒温

费斯汀格在艾奥华大学学习的时候师从于勒温。与勒温的其他弟子相比，费斯汀格是与勒温走得最近的一个，可以说是他的"嫡传"弟子。

勒温被誉为"社会心理学之父"，"场论"的创始人，以研究人类动机和团体动力学而著名。勒温的场论受到当时占主导地位的格式塔心理学的影响，后者的主要代表人物韦特海默、考夫卡和柯勒三人都和勒温一样是斯顿夫的学生，20 年代也都在柏林大学心理实验室工作。因此，费斯汀格受到了格式塔学派的非同一般的影响。但是，虽然勒温与格式塔学派的"三驾马车"同出一门，并且受到他们的很大影响，但他却摆脱了正统格式塔心理学主要研究"人的知觉"的约束，而着重研究人的需要、动机和意志。正是这一点，深深地影响了费斯汀格。

费斯汀格于 1957 年发表最为人知的著作《认知失调理论》，系统地提出了他的认知不协调思想。它来源于两个方面：一是格式塔心理学；二是勒温的场论。因此，著名的社会心理学家阿龙森说："认知失调理论是从深深植根于勒温的思想方法中产生出来的。"

在艾奥瓦大学尚未获得硕士学位的时候，费斯汀格就已展露出他非凡的才华，当时的他就已经可以运用很多方法解释勒温的理论。之后，虽然勒温的兴趣转向了社会心理学——被他自己叫做"团体动力学"的时候，费斯汀格却一直坚持在勒温以前的研究课题上，并且充分地发挥自己的数学才能，解决了很多统计学上的问题，还发展了早期的"非参数检验"方法。

# 怎样做智者——学会运用认知失调的方法

当一个人的所做、所感、所想出现了两个或更多相互矛盾的时候，就会产生一种不舒服的感觉。比如说，我觉得我自己是一个道德高尚的人，可是我今天在路上拾到 100 元钱自己收起来了。这个时候，你对自己的这两种认知便产生了矛盾，这就是费斯汀格所说的"认知失调"的状态。这种状态会使人产生一种不愉快或紧张的感觉，个体会想方设法解除这种不舒服的状态，使其达到一种"协调"。

按照认知失调理论，个体通常会采取三种方法去解除或者减轻认知失调：首先，改变行为，使行为与观念保持一致。比如，我喜欢抽烟，但是我知道抽烟有害健康，这种冲突下，我可以改变抽烟这一行为去适应我的观念，这样，我不吸烟和吸烟有害健康这二者就协调了。其次，改变态度，使态度符合行为。比如，我认为我自己很聪明，但是考试却没有及格，这时可以改变态度，转向"我的学习比较吃力"，这与考试不及格便协调了。还有，引进新的认知因素。比如，认为自己很聪明，但考试没有及格，就可以说是因为考试题目太难或者考试前夜没有睡好等，从而减轻不协调感。

从我们的日常琐事到企业管理，很多时候都会出现认知失调。如果我们可以正确地利用这样一种心理机制，就能更好地管理我们的生活。

## 有智慧的老人

有一位老人有午休的习惯，一直保持得很好。但是最近有一段时间总有一些孩子在他午休的时候跑到他家前面的空地上踢球，每天中午都吵得他无法休息。他决定想办法把这些孩子支开。

有一天中午那些孩子又来了，他出去跟那些孩子说："谢谢你们每天中午都过来在这里玩耍，看着你们玩得开心，我也很高兴，这样我也不会孤单，所以我决定每天给你们每人5元钱来答谢你们。"拿到钱，孩子们高高兴兴回去了。这样持续了两天。第四天中午他们又来了，这时老人说："我也没有多少钱，每天给你们这些，我自己剩下的也不多了，所以现在给你们每个人1元钱。"孩子们虽然心里不愿意，比起5元钱少了很多，但是看到有钱还是接受了，给他踢了一会儿球就走了。再过了两天，为了1元钱来的孩子少了很多，这一天他跟那些孩子说，"这些天谢谢你们在这里踢球，给我带来了不少的快乐，可是我再也没有钱给你们了。不过还是希望你们能够天天过来踢球，能够看到你们玩耍我非常高兴。"但是习惯了拿钱的孩子们说："中午这么热，我们过来踢球让你开心，你又不给我们钱，我们不来了！"这样，这些孩子们不再来他家门前踢球了。老人达到了目的，中午可以安静地休息了。

我们可以说，这个老人非常巧妙地运用了认知失调理论。因为他改变了这些孩子的动机：最初他们来这里踢球是让自己娱乐开心，但是到后来被老人转化成为每天的奖赏而来踢球。当这些奖赏日益减少的时候，慢慢增强了这些孩子的认知失调：每天来这里踢球，是为了能够拿到钱，而拿到的却是自己辛苦劳动换来的钱。所以当这位老人减少奖赏的时候，他们也就改变了行动——不来踢球叫喊玩耍了，以此来符合他们已经改变了的态度。有智慧的老人非常聪明地运用认知失调的方法解决了这一问题。

## 如何改变员工的行为——釜底抽薪，改变态度

1959 年的一天，斯坦福大学的心理学实验室正在进行一项有趣的实验。一些自愿来参加实验的大学生在实验室里做了一个小时枯燥、单调的重复性工作——将托盘中的胶片卷轴一一拿出，再一一放回去，反复操作。之后当他们要离开实验室的时候，要对下一批等在门口做实验的学生撒谎说，这个实验非常有趣而且有意义。这些撒谎者被分为两种情况：一半的人得到 1 美元的奖赏（低奖赏组），另一半的人得到 20 美元的奖赏（高奖赏组）。当然还有一个控制组，这一组人没有被要求撒谎，只是跟这些学生一样最后做了一项喜爱这项工作程序的等级量表，并要求表明多大程度上愿意再参加这个实验。

结果发现，控制组和高奖赏组的学生明显倾向于认为这项工作枯燥无趣，不愿再参加实验；而低奖赏组的被试则倾向于认为这项工作有趣、有意义。也就是低奖赏组的学生的态度发生了改变。原因是因为高、低奖赏两组的被试被要求撒谎，于是出现了认知失调，为减少这种失调的不适感，高奖赏组的学生可以从"得到一笔可观的奖赏，撒个小谎也是值得的"这个想法中得到辩解性理由，但是低奖赏组的人无法找到这种外在的理由，因为不值得为 1 美元撒谎，于是只能改变其内在的态度，即这个实验真的非常有趣、有意义。

现代管理心理学，尤其是在个体态度的管理中，费斯汀格的认知失调理论占据着非常重要的地位。费斯汀格认为，任何形式的不和谐都会导致个体心理上的不适感，这种不适感会促使他去试图减少这种不协调和不舒服，换句话说，个体将寻找使不协调减至最少的稳定状态。费斯汀格的思想有助于预测员工的态度和行为改变的倾向性，即

在什么情况下员工会有改变自己态度或行为的压力，认知失调的程度越深，压力就越大，想消除这种不平衡的动力就越强。个体减少失调的愿望有多强烈取决于：导致失调的因素的重要性；个体认为他对于这些因素能够施加的影响和控制程度，以及失调可能带来的后果的严重性。

管理者可以针对这一特点，去改变员工的态度，从而更好地全身心地投入到工作中去。如果导致失调的因素不重要，则改变这种失调的压力就比较小。如，当员工想要集体春游，要求休假两天，但是这样会影响公司的利润，那么可以给他们更大的，使他们觉得春游不重要，比如把春游所需的花费增加两倍直接发给他们，员工会认为利用这些钱在周末跟家里人一起去春游，而不是现在。于是他们会努力工作，放弃集体春游，缓解失调。奖赏也影响个体试图减少失调的动机。他们对认知因素能够施加的影响和控制程度，会影响到他们对失调做出反应的方式。如果他们认为这种失调是一种不可控制的结果，他们就不太可能去改变态度。如果不协调程度是老板命令的，他没有选择的余地，就不大可能改变他的态度，因为减少不协调的压力就比个人自发行为所带来的不协调要小，尽管不协调存在，但是可以被合理化，得到辩解。当高度的失调伴随着高度的奖赏时，可以减少这种失调所产生的紧张程度。这一点上薪酬制度的合理性和弹性非常重要。

认知失调理论的应用，更倾向于将现有的态度作出转变，并改变其将来的行为。如新上任的领导最棘手的问题就是原来的资格老的员工，会怕他们倚老卖老，不服从管理。对此，运用认知失调理论可以解决这个问题：在新领导的欢迎会上让这些老员工带头发言，表示对新领导的欢迎和拥护。当他们做出的这种行为与他们的原本的态度产生冲突的时候，更多的时候只能改变其态度，因为行为已经发生；既然态度已经改变，将来他们也会很少对新领导的管理提出不合理的反对。

很多企业对员工的工作只是做到宣传层面，比如一直讲：要尊重客户，客户是上帝。但是很多时候就是说说而已，没有相应的措施，即使员工想要这样做但也不知道应该怎么做，不知道是否值得做。因此，如果想让员工改变行为，就必须先改变其态度，为了改变态度，就需提供改变态度的价值和肯定。戴尔公司在让员工做到尊重客户这一信条的时候，从老板做起，然后给予承诺，告诉他们尊重客户会对公司、对自己带来很多利益，只有当他们接受这一观点以后，他们才能做出相应的行为。在管理其他方面也是如此，戴尔公司懂得如何充分地调动下属的积极性，让下属自愿做得更多，完成得更好。为了便于管理，提高组织效率，戴尔细分出不同的事业体——产品组织或功能性组织，让新分出来的组织结构更容易管理，更能把重心放在商业契机上，而员工在属于自己的事业体中更容易产生责任心。

## 后浪推前浪——费斯汀格和他的学生们

认知失调理论曾席卷美国心理学界，在当时引起的反响可想而知，它所激起的研究热潮远远超过任何一种理论。社会心理学家阿龙森说："就像暴风雨横扫一切。只有认知失调理论能够圆满解释此种令人不解的行为。这就是答案。"

虽然认知失调理论是许多心理学家共同研究的成果，但开创性的工作却是在费斯汀格的主持下进行的，后来的认知失调理论的研究者大部分都来自费斯汀格曾任过职的几所学校，即密歇根大学、明尼苏达大学和斯坦福大学。如阿龙森和米尔斯、布莱姆和库亨都是在密西根大学团体动力学研究中心获得博士学位的，他们的认知失调研究都是在费斯汀格的基础上进行的，并且发展和完善了费斯汀格的理论。

阿龙森和米尔斯的认知失调理论在后来的发展中有着非常重要的地位。他们提出了"喜欢论"，即在达到一项特定的目标的时候所花费的努力越大，所牺牲的越多，人们说服自己相信这个目标具有吸引力的倾向就越强。如，工作越繁重、令人厌倦，而在结束这项工作时，人们对这项工作的价值的估计越高，越喜欢这项工作。

布莱姆的研究在费斯汀格的研究基础上更倾向于决策的管理和决策后的心理表现上。他通过一种实验的方法——"既成事实"实验，来支持认知失调理论在决策上的运用。他发现，在个体做出一项可以导致认知失调的决策后，他倾向于过高地估计决策的选中物，甚至力图寻找各种事实为自己的决策做辩护。之后，布莱姆和库亨对自尊心的研究发现，个体对承担责任的选择多少也是影响失调的一个重要的因素：承担的责任越多，失调的程度就越大；承担的责任越少或者是被迫服从，失调的程度就越小，态度的改变也就越小。1966 年以后布莱姆开始转向心理反抗理论的研究，对管理心理学方面作出了较大的贡献。通过实验他得出，当个体的自由行为被剥夺或受威胁时，从事这种行为的欲望就会增强，就要倾向于坚持这一行为，以维护自我的自由行为；受到威胁的行为越是重要，反抗的程度及其影响就越大；受到威胁的行为比例越大，其反抗程度及其影响也就越大。

## 认知失调理论的未来

阿龙森在 1950 年代就读研究生期间受到费斯汀格的指导，他曾回忆说："费斯汀格又矮又丑，多数学生很怕他，不要他做专题指导。不过，他待人非常亲切，在我认识的人当中，就数他最聪明了。"费斯汀格的一个学生是这样描述他的：他是一个脾气暴躁并且非常有煽动性的科学家；他的课让人非常兴奋，在课堂上每个人都非常投入，积极参与，充满了乐趣；跟他一起搞研究非常有趣，他总是有很多稀奇古怪的点子，他喜欢难题，喜欢游戏，喜欢让他感到有挑战性的东西，他讨厌那些陈腐的课题研究，他让我们做的都是没有任何可测量或者可操作参考的课题。

在中国，认知失调理论的应用也非常广泛，不仅被用来解释和处理日常生活中的问题，在管理领域中也发挥着重要的作用。在保密薪酬管理中有认知失调的影子，在证券管理、广告创意中也有认知失调的作用。

心理学家费斯特曾说过："一个理论的有用与否，取决于它能整合已有的观察经验，引发新的研究的能力。"也就是说，我们在判定一个理论是否有用时，要看该理论在多大程度上整合了现有的经验知识，以及它对解决日常问题所具有的意义。正因为这一理论本身所具有的魅力，在吸引学者研究的同时，其缺点也将暴露出来。

时任美国社会研究新学院
心理学教授的费斯汀格

在 20 世纪 60 年代末，认知失调理论也同之前的"平衡理论"一样走向了低谷。对此，社会心理学大师纽卡姆（T. M. Newcomb）认为，认知失调理论逐渐发展成了过于专业化的理论，多少遮蔽了社会心理学的其他成果。还有人认为，认知失调理论虽说是一个经典的理论，但其概念的界定不是很明确，对"失调"一词并没有做出更明确的解释和判断的标准。因此，在实验过程中只能推测失调的存在，但是无法确定测量；认知失调理论过分强调了产生冲突时的认知因素，没有将个体的性格特征、价值观等其他因素考虑进去，因而使得态度转变的内在因素仍然模糊不清。近 20 年来，人们对认知失调理论的研究有了新的突破，最主要的在两个方面：一是认知失调与人格的自我评价之间的关系；另一个是认知失调感所伴随的一些神经生理状态。

我们可以借鉴哈泽姆对行为主义的描述那样，将认知失调理论比喻为：就像融化进水里的糖一样，没有主体，没有独立的存在，但是它却遍布于每一个角落。

# 卡尼曼：人类理性的沉思——不确定条件下的判断与决策

"棒球棍和球拍共计 1.1 美元，其中球棒比球贵 1 美元，请问球多少钱？"

"如果你的答案是 10 美分，那你就错了。这就是'直觉决策'的失误"，卡尼曼在接受新华社记者专访时说，"我喜欢用简单的方式解释我的理论。"

丹尼尔·卡尼曼（Daniel Kahneman，1934 - ）是 2002 年的诺贝尔经济学奖获得者。瑞典皇家科学院将卡尼曼的获奖理由简洁地概括为："将来自心理学研究领域的综合洞察力应用在经济学中，尤其是在不确定条件下的人为判断和决策方面做出了突出贡献。"

# 坎坷的童年

卡尼曼于 1934 年生于以色列的特拉维夫，其父母是立陶宛犹太人，定居于法国。卡尼曼出生时，他父母正在以色列走访亲戚，三个月之后，父母带着这个新生的婴儿返回了法国。二战之前的法国，反犹势力日渐抬头，虽然卡尼曼的父母在法国拥有稳定体面的工作和相对稳固的朋友圈，但他们总觉得自己的根不在这里，从没有感到真正的安全。6 年之后，卡尼曼刚读完小学一年级时，这种不安全感变成了现实。那一年，纳粹军队入侵法国，他们一家人像所有犹太人一样，被要求佩戴印有代表犹太人的"大卫王星"的标识并遵守晚上六点钟的宵禁。

卡尼曼作为一名心理学家对于人的心理的兴趣，用他自己的话说，最早来自于其母亲的闲谈。在他母亲和朋友的谈话中，他得知人性是复杂的，一些人比另一些人好，但永远没有完美的好人和绝对的坏人。宵禁之后的一次经历更是坚定了小卡尼曼的这一信念。那天，他在一个小朋友家玩耍，不小心耽误了时间。他只能把外衣反穿，遮去标识，匆匆走回几个街区之隔的家。走在空荡荡的马路上时，他最不愿意看到的人出现了：一个德国的士兵向他走来。他不禁紧张起来，加快了脚步，但是他发现那个德国士兵盯着他看，并且招手示意他过去。出乎意料的是，这位德国士兵一改往日凶神恶煞的模样，温柔地抱起了小卡尼曼，用德语激动地对他说着什么，还给他看皮夹子里的小男孩的照片，甚至给了他一些钱。小卡尼曼心神不定地生怕他看到了被自己遮住的标识，直到这位德国士兵把他放下。这次经历让他对人性的认识更深了一步：人永远是复杂并且有趣的。

卡尼曼一家在此之后的经历远没有如此幸运了。他的父亲，一家化工厂的首席研究员，在第一次大规模犹太人的搜捕过程中被拘留，好在他就职的化工厂及时解救使他得以安全释放。接下来的日子，卡尼曼一家在不断地逃亡与躲藏中度过。就在他们获得自由的前夕，卡尼曼的父亲因为糖尿病未得到有效医治而离他们而去。两年后，12岁的卡尼曼和姐妹终于跟随母亲回到了巴勒斯坦，回到了温暖的大家庭的怀抱中。也许是经历了重重劫难，回到正常生活中的卡尼曼感到了超乎寻常的快乐和激动。卡尼曼回忆道，这些快乐源自他伟大的老师和志趣相投的同龄人们，以及不再被排斥、被融入集体的感觉。

和许多心理学家一样，卡尼曼最初的兴趣在于哲学。他想知道生命的意义何在，想弄清楚上帝是否真的存在，以及什么是善与世隔绝恶。但是很快他发现，自己真正感兴趣的不是上帝是否存在，而是什么让人们觉得上帝存在；不是善恶伦理，而是为何人们要如此定义善恶。童年坎坷的经历，似乎已经让他对别人深信不疑的东西产生了怀疑。他于是不再直接追问事物的"本质"，而是探索人们为何会产生如此深信不疑的态度，无论是正确的还是错误的，或者是无所谓对错的。

在希伯来大学，卡尼曼主修心理学，辅修数学，20岁拿到双学士学位之后在以色列军方担任与心理学相关的工作。当时以色列军方采取的人才选拔评估体系没有任何准确性和预测性可言，以色列建国之初的人才匮乏使得21岁的卡尼曼被委以重任：为军方重新建立一个有效的面试考核系统。经过了几个月的调查奔波，卡尼曼以一套结构化访谈以及标准化的评分系统取代了原先的主观评估。这套系统是如此有效，以至于在经过了细微的调整之后，被以色列军方使用了几十年。

服完兵役之后，卡尼曼于1958年赴美国加利福尼亚大学伯克利分校攻读博士学位，学习统计和视知觉，三年后即完成关于形容词的语义区别的统计和实验分析的博士论文。其中复杂的统计模型以及电脑程序使他的论文晦涩难懂，而他仅仅花了八天的时间写就这篇大作。这次的写作，在卡尼曼看来，是"最后一次"没有丝毫痛苦的、一气呵成的写作经验。

# 遇见学术生涯中的"另一半"

博士毕业后的卡尼曼回到了希伯来大学心理学系担任教席。最初几年的研究成果，在卡尼曼看来是相当平淡的，但也正是在这些琐碎的研究中，卡尼曼开始蜕变成一个受过良好训练的、成熟的心理学研究者。

1969 年，卡尼曼邀请同在希伯来大学心理系教书的同事特沃斯基（Amos Tversky）向他班级的学生们介绍其"决策与判断"的最新成果。特沃斯基在他的讲座中宣称，一个普通人，尽管有些缺陷，但是在评估风险和机会上还是相对理性的。在一旁听讲的卡尼曼却并不认同这一观点，甚至认为这是有悖于常理的。他们甚至相约一起吃午饭，继续"争论"这个问题。这顿午饭可以视之为他俩合作的开端——之后的十年里，他们设计了一系列实验用来证实这顿午餐中提出的假设。这两位希伯来大学心理系的年轻教师也因为对方的出现，使各自的生命旅程有所不同。

卡尼曼和特沃斯基在其他人眼中是一对奇怪的学术伙伴。特沃斯基是一位专而精的数学奇才，而卡尼曼却有着广博的兴趣和本能的直觉。特沃斯基工作桌上空无一物，只有一支钢笔和一张稿纸，他能随时从记忆中提取公式；而卡尼曼的桌上总是一团糟，永远找不到他想要的东西。对于他们两个的合作，他的学生回忆道，"他们一起工作时充满了激情、容光焕发。很难想象这样严肃的工作可以如此有趣"。

卡尼曼本人用"神奇"一词来形容他和特沃斯基的合作经历。

在卡尼曼的眼中，特沃斯基是一个聪明无比又非常有趣的人，甚至他的幽默可以感染到周围的人，使枯燥的工作沉静在快乐愉悦的气氛中。卡尼曼甚至说，他一生中一半以上的笑声都是和特沃斯基一起分享的！

他们的合作不仅仅有笑声，更是成果卓著。卡尼曼和特沃斯基各方面的互补，为他们的合作创造了天然的优势，成为学术上天造地设的一对合作者。特沃斯基习惯晚睡、卡尼曼习惯在早起，于是他们一起吃午餐，花一下午的时间共同研究，同时又不至于没有各自独立的研究空间。他们在午后的阳光中徜徉，毫无顾忌地谈论任何事情。正所谓心有灵犀一点通，他们只需听对方的上半句就可以猜到下半句，任何酝酿中的不成熟的想法都不会遭到嘲笑。互相的信任和毫不设防的心态使任何评价都不带有恶意。甚至任何第三人的介入，都不会破坏这种和睦高效的合作关系，使两人变得具有竞争性和不那么友好。

像许多卓越的科学家一样，卡尼曼和特沃斯基一开始并没有预期到研究成果的影响力，更没有考虑过可能因之而来的荣誉。他们一开始甚至并没有第一作者的概念，以至于需要用抛硬币来决定第一作者，然后在下一篇发表的论文中调换作者的顺序。他俩的合作可以说成就了一个奇迹和一段佳话，其合作期间的成果比两人各自研究的任何时期的作品都更有影响力，也正是这一时期的成果使得卡尼曼被授予诺贝尔经济学奖。可惜特沃斯基身患癌症于 1996 年去世，无法获此殊荣。

## 对于人类理性的质问

传统经济学假设人是完全"理性"和"自利"的。这样的"经济人"，能合理地利用所收集到的信息，预测未来不同结果的各种可能性，最后实现自身利益的最大化。但是，这样的假设与现实生活中人们的经济行为相差甚远。试想一想，你在日常生活中面临选择时，会去运用数学、统计方法来计算各种备选方案的预期效益，并完全根据统计结果，并在所得出的结果中选择一个利益最大化的方案吗？事实上，人们的决策不可能只取决于经济效益；决策个体的独特性格、决策时所处的环境、决策对象的性质以及一些其他无关的因素实际上都影响着最终的决策。虽然越来越多的人开始意识到完全理性假设有失偏颇，但仍然缺少理论与实证研究为人们

卡尼曼在演讲

偏离理性的行为作出合理的解释。而卡尼曼与特沃斯基填补了这一空白。

## 启发式与偏差

人们在面临决策时经常依赖于捷径和经验法则来节省精力和简化决策程序，这种决策的策略，卡尼曼和特沃斯基称之为"启发式"。他们观察到在不确定条件下人们常用的三种启发式：代表性启发式（representative heuristic）、可得性启发式（availability heuristic）和锚定与调整启发式（anchoring and adjustment heuristic）。

想看一看你自己在决策中是否足够理性，那么不妨跟着我们的脚步，做几道小题目，看一下卡尼曼和特沃斯基设计的题目有没有把你难倒呢。

### "代表性启发式"

"代表性启发式"是指人们倾向于把当前事物的特征与经验过的这一类事物的代表性特征相比较，以其相似程度作为依据进行判断。

代表性越高的事物其判断的概率也越高。代表性启发式是我们常常会采用的一种决策的捷径。想知道你自己是否也会采用这种启发式，那么不妨用下面的测试题测一测：

1. 杰克是从一个 100 人的样本中随机抽取出来的，这 100 人中 30 人是工程师，70 人是律师。下面一段话是对杰克个人特征的描述，请你根据该描述判断他是工程师还是律师。"杰克是 45 岁的男性，已婚并有 4 个孩子；他一般显得保守、谨慎、有事业心；对政治和社会问题不感兴趣，绝大部分业余时间都花在家庭木工、驾帆船和数学游戏上。"请问你觉得他是工程师还是律师呢？

在卡尼曼和特沃斯基所做的实验中，给其中一组人做如上的题目，另一组人则被告知 100 人中 70 人是工程师，30 人是律师，也就是变换了工程师和律师的先验概率。结果发现无论是哪一组人，都判定杰克是工程师的概率为 0.9。也就是说，人们只是依据有关判断对象的描述和工程师的"代表性"的相似程度来判断该对象的职业，而忽略了对象所在总体中工程师和律师的比例。这种只按照代表性的特点所做的决策很可能因为忽略先验概率而产生偏差，导致错误。那么请问，你在做决策时是否考虑到了工程师在样本中的比率呢？你是否也只按照人物的代表性特征来判断他的职业呢？

2. 一位女性，31 岁，单身，坦诚，非常聪明，专业为哲学，在学生时代积极关心歧视问题和社会公平问题，同时参加了反核示威。请你试着对以下描述按照其准确性大小排序。
   该女性是：①医生，平时爱玩扑克
   ②建筑师
   ③银行职员

④记者

⑤参与女权运动的银行职员

⑥会计，平时喜欢演奏爵士乐

当特沃斯基和卡尼曼让 86 人回答以上这个问题时，超过 90% 的人都认为，该女性是一个女权主义的银行职员，而不仅仅是一个银行职员。你是否也把选项⑤排在了选项③前面了呢？这样的答案违反了概率的基本原则。即两个独立的事件，银行职员和女权主义者，同时发生的概率不可能高于单个事件发生的概率，如银行职员。回想一下，你是否考虑过了，只要该女性是女权主义的银行职员，那么她肯定符合了"她是银行职员"的推断，所以无论如何选项③的可能性都大于等于选项⑤呢？特沃斯基和卡尼曼称这种错误为"合取谬误"（conjunction fallacy）。发生这种现象的原因是，女权运动者的特征更符合题目中的叙述，这个代表性的特征常常是我们判断的主要依据，从而忽视了理性的概率原则。

3. 投掷一枚硬币，连续 5 次正面朝上，请问第六次结果那一面可能性更大？

如果你的答案是反面的可能性更大，那么你就中了"小数定律"的圈套了。在统计学中，一条很重要的规律就是"大数定律"，即随机变量在大量重复实验中呈现出几乎必然的规律，样本越大，则对样本期望值的偏离就越小。也就是说，如果你投硬币的次数越多，那么正面和反面的出现的概率越接近 0.5。但是人们却经常把这样的随机概率运用到偶然时间上。比如连续投了 5 次硬币正面朝上，那么就认为第六次反面出现的可能性就应该更大，因为人们认为即使是投 10 次，那么这个非常小的序列也应该符合随机概率，而实际上，第六次乃至任何一次，硬币正面出现的概率都是 0.5。这就是特沃斯基和卡尼曼所谓的"小数定律",这个定律的另一种例子就是"赌徒谬误"。赌徒在赌博时,尤其是输钱时,停不下来的一个心理因素就是认为既然已经输了那么多钱,那么接下来运气一定会好的。他们往往中了"小数定律"的圈套,认为好运气和坏运气一定是交替出现的。

## 可得性启发式

4. 字母 K 在英文单词里是常出现在第一个字母位置还是第三个字母位置?

"可得性启发式"是指,人们往往会根据一些容易想起来的事例来判断一种类别出现的频率或事情发生的概率。卡尼曼和特沃斯基拿以上问题问了 152 名被试者。其中,有 105 名被试者认为以 K 为首的单词要更多。但事实上,以 K 为第三个字母的单词数远远比以 K 为首字母的单词要来得多。这种现象的原因是,人们更容易想到的是以 K 为首字母的单词,而不是以 K 为第三个字母的单词。显然,人们判断单词的多少时依据的是单词的可得性。在可得性与判断要求不符时,可得性启发式就很可能会导致偏差。

5. 在美国,下面那一种情况更容易导致死亡:
   ①被飞机上掉下来的零件砸死。
   ②被鲨鱼咬死。

绝大多数被访者都认为被鲨鱼咬死的可能性更大,而事实上,在美国,被飞机上掉下来的零件砸死的事件是被鲨鱼咬死的 30 倍。之所以人们都会选择后者,是因为电影或者媒体更容易对鲨鱼吃人这样的事件大肆渲染,使我们更容易在记忆中提取鲜活的画面,从而高估了这些事件的发生概率。现实生活中可得性启发式也会对我们的决策造成偏差。比如,我们可能会根据某人的一些记忆中的典型行为来判断一个人，从而忽略了全面的考察，造成了不公正的评估。

## 锚定与调整启发式

"锚定与调整启发式"是指，人们以最初的信息为锚定点，在锚定点上下进行调整的一种倾向。一旦设定了锚定点，人们只能在锚定点上下的有限范围内调整信息。

6. 请在 5 秒内估算下面的题目：
$1 \times 2 \times 3 \times 4 \times 5 \times 6 \times 7 \times 8 = ?$

你的答案是多少？在如此短暂的时间内，大多数人都不可能给出正确的答案。但就是估算的结果也非常有意思。卡尼曼和特沃斯基要求一组高中生估算以上题目时，所得到的估算值的平均是 512。另一组高中生的估算题目是：$8 \times 7 \times 6 \times 5 \times 4 \times 3 \times 2 \times 1 = ?$ 所得到的平均数是 2250。而正确答案是 40320。比起前一组，后一组学生的估算答案显然更接近于正确值。出现这两组的不同，是因为前一组的学生往往算出了 $1 \times 2 \times 3$，然后以这个数字作为锚定点，在这个数字周围作出调整，而后一组学生，开始算的是 $8 \times 7 \times 6$，因为这个数字较大，所以最后的结果比前一组更大。

在现实生活中，我们的决策不可避免地受到锚定与调整启发式的影响，所以合理利用这种启发式可以使我们占据一定优势。比如，在谈判时，应争取主动出价，且越极端越好，虽然这可能引起对方的反感甚至激怒对方。作为补救，你也可以在出价前先提醒对方自己所开之价是荒唐的，是有还价的余地的。虽然对方知道你的价格是没有道理的，但是他不自觉会受到这个荒唐的价位的影响，给出符合你心意的价格。当然如果你想防止这种现象在自己的身上出现，则应该在一个对方给出的极端的价格之下，设想一个处在另端点的价格作为锚定点。

# 新一代决策模型——"前景理论"

在前景理论提出之前,在不确定性决策领域,长期占统治地位的是"期望效用理论"。期望效用理论假设,决策者对过程中每一个备选方案的结果及其概率都拥有完整的信息,并且能预算出每个备选方案的后果,从而作出一个效用最大化的方案。但是显而易见的是,决策者并不总是这么行事的,还会受到复杂的心理因素的影响。卡尼曼和特沃斯基通过一系列的实验,发现人们的实际行为系统地偏离了期望效用理论的预测。他们于 1979 年提出"前景理论"(prospect theory),为传统的经济学理论注入了心理学新鲜的血液。

7. 你有两个选择,你会选择哪个?

A. 100% 赢 1000 元

B. 50% 可能性赢 2000 元,50% 什么都得不到

8. 同样你有两个选择,你会选择哪个?

A. 100% 损失 1000 元

B. 50% 损失 2000 元,50% 什么都不损失

你的选择是怎样的呢?大多数人在获得条件下会选择 A 选项,即肯定赢得 1000 元,但是损失条件下,会选择 B,即放手一搏,说不定什么也不损失呢。两道题目除了获得和损失两个条件不同之外,实际上其他条件都是一样的。所以卡尼曼和特沃斯基得出结论:人们倾向于在得到的时候,小心翼翼,不愿冒风险;而在面对损失时,却是风险偏好的。

9. 我们每个人生活在这个世界上,都面临着很多风险。如果你现在得了一种奇怪的病,虽然没有任何症状,但是却有万分

之一的可能性让你在五年内死亡。现在有一种药，能消除这万分之一的可能，你愿意花多少钱买这种药呢？

10. 假设现在，某研究机构研究出了一种新药，想找人测试这种药的安全性。你被告知，这种药没有任何其他的副作用，也不会给你带来什么好处，但是一旦服用了这种新药，你在五年内有万分之一的几率会死亡。那么给你多少钱，你愿意使用这种新药呢？

　　看一下，这两道题目，你给的数目一样吗？这是塞勒教授（Richard Thaler）做的一个实验，很好地证明了前景理论，即我们对损失和获得的敏感度是不同的，丢失100元的心痛，远远比得到100元的快乐的程度来得深。所以在以上两道题目中，很多人会说愿意出几百块钱来买药，但是即使研究机构花几万块钱，他们也不愿参加试药实验。在前一道题目中，失去金钱、买回健康是"得"，所以压的砝码较少；而后一题中，自己的健康被剥夺了，所以是"失"，于是给我们造成的心理冲击远远大过得到健康时的状态。但是，两道题目都是5年中有万分之一的死亡可能性和金钱的衡量，可见我们对"失去"与"获得"的心理尺度不同。但是失去和获得，都是相对于某个参照点而言的，那么改变参照点，会影响我们的决策吗？下面，请你不妨继续做一道测试题：

11. 由于公司经营不善，如果不采取措施，公司的三个制造厂都将倒闭，所有6000名雇员将失业。现有以下两个备选方案：
   A. 执行该方案可以保存一个工厂，保留2000名雇员。
   B. 执行该方案有1/3的概率可以保全全部的三家工厂和6000名雇员，但是2/3的概率是全部工厂倒闭，6000名雇员全部失业。

12. 由于公司经营不善，如果不采取措施，公司的三个制造厂都

　　将倒闭，所有 6000 名雇员将失业。现有以下两个备选方案：

A. 执行该方案必定损失两个工厂，损失 4000 名雇员。

B. 执行该方案 2/3 的概率是损失全部三家工厂和 6000 名雇员，但仍有 1/3 的概率没有任何厂倒闭，也没有任何雇员失业。

　　在卡尼曼和特沃斯基的实验中，绝大多数人在 11 题中选择了方案 A，而在 12 题中选择了方案 B。你是否也是这样选择的呢？请你再仔细思考一下这两道题的选项，这两题的 A 和 B 选项实际上是完全一样的，只不过表达方式发生了变化。在 11 题中，A 方案采取的是"得"的叙述方式，即保存一个工厂，保留 2000 名雇员，而在 12 题中，采取的是"失"的表达方式。在前一种情况下，人们觉得这是获得，而在后一种情况下，人们觉得是在失去，所以理所当然地选择了前者。这就是移动了参照点，利用了人们的损失规避的心理，操纵了人们的决策。卡尼曼和特沃斯基称这种现象为"框架效应"（framing effect）。

　　在企业管理中，框架效应也非常有用。管理者可以根据参照点的设置，来影响下属对风险的偏好。低标准往往让员工保守和风险规避，而高标准则让员工更加敢于冒险、寻求风险。

　　前景理论还能解释这样一个有趣的现象：我们往往在拥有某种东西时感觉不到它的珍贵，一旦失去之后，就无限惋惜。所以我们产生了这样的错觉，失去的东西总是那么美好。卡尼曼和特沃斯基为证明这一现象设计了这样的实验。在第一组情景中，老师拿了一些杯子，问在场的同学是否愿意花钱来买，得到的价格的平均值是 3.12 美元。在第二组情景中，老师先送给每个同学一个杯子，然后又折回来，说需要收回这些杯子，问同学们愿意以多少钱卖回给老师，结果得到的价格的平均值是 7.2 美元。同样的杯子，因为属于自己了，对它的估价就会比正常高很多。如何用前景理论解释这一现象呢？在买杯子

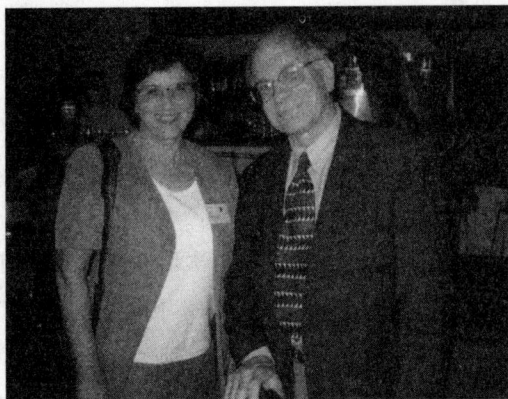

**卡尼曼和妻子特雷斯曼**

时，我们觉得得到一样东西，而卖掉杯子时，我们觉得是在失去一样东西。回想上文所说的，得到和失去同样价值的物品时，我们的心理的敏感度是不同的。所以，在失去一样东西时，我们感受到的痛苦要大于得到同样东西时的快乐，所以，我们会索要更高的价钱作为赔偿。

让我们再来回顾一下前景理论的主要内容。首先，人们在面临收益时，是风险回避的。在面临损失时，是风险寻求的。其次，人们对同样价值的收益和损失的心理感受是不同的，对于损失的心理感受，要比对于同等价值的收益的心理感受更强烈一些。最后，收益和损失都是相对于某个参照点而言的，移动参照点的位置，会改变人们的决策。

现在来回顾一下这些题目你做得如何，你是否中了卡尼曼设的"圈套"呢？其实卡尼曼并不是有意为难你，也不是向人类理性提出挑战。他只是想让你看到，我们并不是像我们自己想象的那样理性。我们在运用直觉或启发式时，也是会犯一些错误的。如果认识到了一些可能会犯的错误，我们就可以更理性地作出决策了。卡尼曼更像是一位人类理性的沉思者，用睿智的眼光观察人类的行为，为我们提出忠告；而非人类理性的挑战者，嘲笑人类自以为是所犯的错误。后者，如他自己所称，从来都不是他的目的。

虽然卡尼曼一贯宣称自己是心理学家而非经济学家，甚至戏称自己一生中从未上过经济学课。但得知自己获得了 2002 年诺贝尔经济学奖后，这位科学家还是乐得忘乎所以，出门时竟然忘了带钥匙，将自己锁到了屋外。似乎他用实际行动再次证明了人类的有限理性。

卡尼曼目前把他的研究中心转向了幸福心理学，主要是"幸福感"的研究。什么能带给我们幸福呢？卡尼曼会告诉你，人们从没有在习以为常的东西中获得更多的幸福，比如鲜花、盛宴和假期。对于想过得更快乐的人们，他的建议是尝试着把钱花在你不曾厌倦或者习以为常的事情上。

卡尼曼的夫人，特雷斯曼（Treisman）本身也是一位非常有名的认知心理学家。卡尼曼曾在提到他年轻时第一次听说特雷斯曼时，用了"明星心理学家（star psychologist）"来形容他这位未来的夫人，不知这个"明星"是形容个人魅力还是学术威望，或者两者兼有。12 年后，这两位认知心理学家走到了一起。如今，这对幸福的学术伉俪一同在普林斯顿大学供职，过着幸福的生活。

用卡尼曼的话说，他现在的生活是"用黄昏时光追求'幸福'"。

# 权变管理学派大师

# 菲德勒:"权变管理的创始人"

> 领导情境就像是一个让领导
> 者自己和组织目标都得到满足的
> 舞台。
>
> ——菲德勒

他是一位幽默和蔼的老先生,

他是一位治学严谨、孜孜不倦的学者,

他是一位潜心于管理和心理研究的教授,

他被西方管理学界称为"权变管理的创始人",他就是弗雷德·菲德勒(Fred E. Fiedler, 1922 – )。

# 他是管理心理学的大师

当代美国著名的管理心理学家弗雷德·菲德勒，早年就读于芝加哥大学，并在那里获得了他的博士学位，毕业后留校任教。1938 年从澳大利亚移居美国，1951 年移居伊利诺伊州，担任伊利诺伊大学心理学教授和群体效能研究实验室主任，直至 1969 年前往华盛顿。现在他是美国西雅图华盛顿大学心理学与管理学名誉教授，兼任荷兰阿姆斯特丹大学和比利时鲁汶大学客座教授。

从 1951 年起，菲德勒从管理心理学和实证环境分析两个方面来研究领导学。1964 年他首次在《实验社会心理学前瞻》一书中提出了"领导效能的权变模式"（Contingency Model of Leadership Effectiveness）概念，这个概念的背后是菲德勒长达 12 年的研究积累。1974 他又在《领导与有效管理》中拓展了权变模式领导的理论。他所提出的"权变模式领导理论"，开创了西方领导学的一个新阶段，使以往盛行的领导形态学研究转向了领导动态学研究的新轨道，对后来的领导学和管理心理学的发展都产生了极其重要的影响。

菲德勒的其他著作还有《一种领导效能理论》（1967）、《让工作适应管理者》（1965）、《权变模型——领导效用的新方向》（1974），以及《领导游戏：人与环境的匹配》等。

# 他引领当时的管理心理学思想

菲德勒比其他人更早意识到人为地改变环境可以对领导行为产生影响。当其他人的研究还停留在领导发生学和领导形态学的范畴时，当人们的注意力还集中在采取哪种领导风格更为有效时，菲德勒就已经把自己的研究方向转移到更前沿的问题上：民主和专制这两种领导风格分别适用于什么样的环境。菲德勒认为，一个组织的成功与失败在很大程度上取决于它的领导。好的领导可以整合团队，甚至帮助团队在逆境中生存和发展，一个糟糕的领导却有可能使一个好的团队止步不前。所以，如何寻求最佳的管理人员即领导者就成为一个十分重要的问题；但是当管理人员已经被选择好了以后，更现实、更重要的问题就变成了：如何更好地发挥现有管理人员的才能。

在传统上，企业中的领导职务要求担任它的人们具有极强的适应性，来适合不同情境和氛围下的领导工作。企业依靠招聘和培训来选拔好的管理者，但是一些财务专家、高级科研人员等，因为他们的职业技能方面的特殊性和优秀才干，不能够随便替换，而同时他们又承担着领导责任，那么，当这些人的领导风格与工作环境产生矛盾时，恐怕企业也只能想办法通过改变工作环境来适合他们的领导方式吧。菲德勒由是指出，如果仅仅依靠招聘、选拔、培训等手段使领导者适合管理工作的要求，那么成功的可能性是比较低的。相反，如果改变组织的环境，即领导者所处的工作环境中的各种因素，要远比仅仅改变人的性格特征容易得多。在任何一种环境中，我们都有可能改变那些与领导者固有风格相抵触的客观因素和条件，我们应当尝试着使工作环境适合不同人的风格，而不是勉强让人的性格特征去适合工作环境的要求。

## 他架起了管理的理论与实践的桥梁

"权变"（contingency）一词有"随具体情境而变"或"依具体情况而定"的意思。领导权变理论主要研究与领导行为有关的情境因素对领导效力的潜在影响。该理论认为，在不同的情境中，不同的领导行为有不同的效果，所以又被称为"领导情境理论"。

菲德勒从 1951 年开始，首先从组织绩效与领导态度之间的关系着手进行研究，经过长达 12 年的调查试验，最终提出了"有效领导的权变模式"，即"菲德勒模型"。他认为，适用于任何环境的"独

一无二"的最佳领导风格是不存在的，某种领导
风格只是在一定的环境中才可能获得最好的效
果；任何领导形式均可能有效，其有效性完全取
决于是否与所处的环境相适应。比如，专制型的
领导在篮球队、勘探队、平炉车间以及企业管理
人员的群体中工作得很出色；在决策集体和各种
创造性的工作群体中，只要领导者能和下属维持
友好关系，则民主型的领导更容易做出成绩；在某种环境中能取得成
效的领导者（或一种领导风格），在另一种环境中就可能不那么
有效。

　　因此，必须研究各种环境的特点，而组织环境的分类又取决于多
种环境因素。任何形态的领导方式都可能有效，关键在于领导风格与
具体组织情境的匹配程度。领导效果的好与坏通常由三个维度的条件
所决定：（1）领导者与被领导者的关系（指下属对一位领导者的信
任爱戴和拥护程度，以及领导者对下属的关心、爱护程度）；（2）任
务结构（指工作任务的明确程度和有关人员对工作任务的职责明确
程度）；（3）职位权力（指与领导者职位相关联的正式职权和从上级
以及整个组织各个方面所得到的支持程度，这一职位权力由领导者对
下属所拥有的实有权力所决定）。如果三个维度上的条件都好的话，
情境对领导是有利的。即如果领导者被追随者接受和尊敬（第一个
维度），并且每件事情都可以描述和有程式化的运作方式（第二个维
度），还有领导者的职位权力和权威非常正式化且稳固（第三个维
度），那么这个情境对领导者就非常有利。相反，如果三个维度都
低，那么该情境对领导者非常不利。菲德勒通过他的研究证明，情境
有利加领导风格共同决定了领导有效性。总的看来，在非常有利和非
常不利的情境下，任务导向或者独裁型的领导者是最有效的；当情境
只是适度有利时，人性取向或民主型的领导者是最有效的。情境变量
和领导形态之间有着复杂的关系。

上文已经表明，依靠招聘、选拔和培训管理者来适合工作环境并不是个好办法。现在很多企业都在设法吸引那些经过良好训练而且有丰富经验的人充当领导，但是企业是不能只依靠这些技术专家的。而把人培训成具备一定风格的管理者也很困难，而且耗时耗财。与之相比，按照经理人员自己固有的领导风格，分配他们担任适当的工作，要比让他们改变自己的作风以适应工作要来得容易得多。当一个企业的最高层领导者明白这种可能性，他便可以为他的中层管理者们设计出适合他们各自风格的工作环境，级级效仿，从而提高领导效率。菲德勒的权变领导思想远远超越了传统的选拔和培训领导人员的观念。它所强调的是，组织变革（即改变组织环境）有可能成为一种非常有用的工具，使得管理阶层的领导潜能得以更充分的利用和发挥。

菲德勒的思想的主要作用是，将管理理论有效地指导管理实践，在管理的理论与实践之间成功地架起了一座桥梁。它反对寻求万能模式的"教条管理主义"，而是强调要针对不同的具体条件，采用不同的组织结构、领导模式以及其管理技术。

## 他设计了著名的"LPC 问卷"

菲德勒花费了很多时间，对 1200 个团体进行了调查分析，最后概括出两种领导风格：一种是"以任务为中心"的任务导向型领导风格，领导的注意力集中在得到别人的支持和尊重；另一种是"以人为中心"的人性取向型领导风格，领导的注意力主要集中在完成任务的方面。过去，人们很少去研究这两种类型的领导风格。菲德勒是第一个对此有贡献的人。为了确定每一位领导者的领导风格和倾向，他开发了一种名为"最难共事者量表（least-preferred-coworker scale, LPC）"的工具。LPC 量表上具有"双极的"语义差别标度，可以请领导者回想曾经与他共同工作过的人，并对其中最难相处的人加以描述，从而进行评分。通过测定领导者的 LPC 分值，可以识别出领导者的激励层次。低 LPC 领导者主要受到任务的激励，这意味着这些领导者主要从完成任务中获得满足感，但如果任务以可以接受的方式完成了，那么低 LPC 领导者就会移向第二个激励层次，即建立和保持密切的人际关系来获得满足。相反，高 LPC 领导者则先建立良好的人际关系，再移向完成任务的层次。

菲德勒所设计的最难共事者调查问卷由 16 组对应的形容词构成。作答者先要回想一下自己共过事的所有同事，并找出一个最不喜欢的同事，在 16 组形容词中按 1—8 等级对他进行评估。如果以相对积极的词汇来描述最不喜欢的同事（LPC 得分高），则作答者很乐于与同事形成良好的人际关系，属"关系取向型"。相反，如果对最不喜欢的同事看法很消极，则说明作答者可能更关注生产，就属"任务取向型"。菲德勒运用 LPC 问卷，将绝大多数作答者划分为两种领导风格，也有一小部分处于两者之间，很难勾勒。"菲德勒模型"表明，当个体的 LPC 分数与三项权变因素的评估分数相匹配时，则会达到最佳的领导效果。他研究了 1200 个工作群体，对八种"情境类型"中的每一种，均对关系取向和任务取向这两种领导风格作了对比。

菲德勒的 LPC 问卷：

- 快　乐——8 7 6 5 4 3 2 1——不快乐
- 友　善——8 7 6 5 4 3 2 1——不友善
- 拒　绝——1 2 3 4 5 6 7 8——接　纳
- 有　益——8 7 6 5 4 3 2 1——无　益
- 不热情——1 2 3 4 5 6 7 8——热　情
- 紧　张——1 2 3 4 5 6 7 8——轻　松
- 疏　远——1 2 3 4 5 6 7 8——亲　密
- 冷　漠——1 2 3 4 5 6 7 8——热　心
- 合　作——8 7 6 5 4 3 2 1——不合作
- 助　人——8 7 6 5 4 3 2 1——敌　意

- 无　聊——1 2 3 4 5 6 7 8——有　趣
- 好　争——1 2 3 4 5 6 7 8——融　洽
- 自　信——8 7 6 5 4 3 2 1——犹　豫
- 高　效——8 7 6 5 4 3 2 1——低　效
- 郁　闷——1 2 3 4 5 6 7 8——开　朗
- 开　放——8 7 6 5 4 3 2 1——防　备

　　他得出结论：任务取向的领导者在非常有利的情境和非常不利的情境下工作得更好。也就是说，当面对Ⅰ、Ⅱ、Ⅲ、Ⅶ、Ⅷ类型的情境时，任务取向的领导者干得更好；而关系取向的领导者则在中度有利的情境，即Ⅳ、Ⅴ、Ⅵ类型的情境中干得更好。见下图：

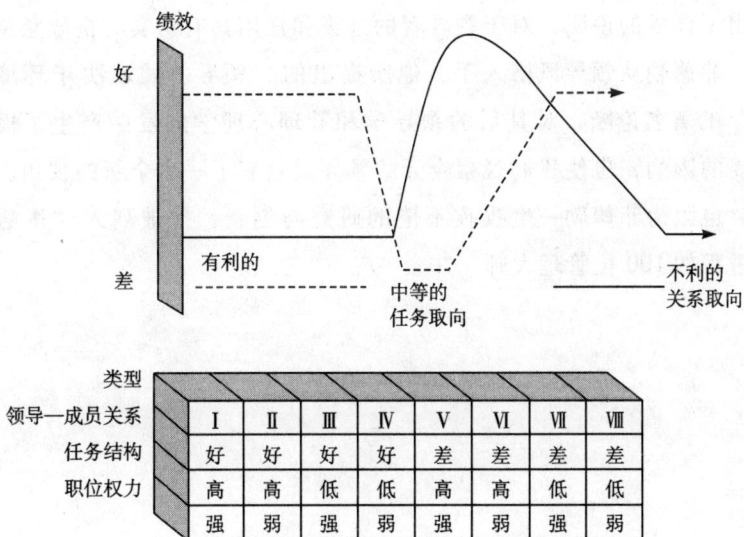

| 类型 | Ⅰ | Ⅱ | Ⅲ | Ⅳ | Ⅴ | Ⅵ | Ⅶ | Ⅷ |
|---|---|---|---|---|---|---|---|---|
| 领导—成员关系 | | | | | | | | |
| 任务结构 | 好 | 好 | 好 | 好 | 差 | 差 | 差 | 差 |
| 职位权力 | 高 | 高 | 低 | 低 | 高 | 高 | 低 | 低 |
| | 强 | 弱 | 强 | 弱 | 强 | 弱 | 强 | 弱 |

**"菲德勒模型"的图示**

　　菲德勒认为，领导风格是与生俱来的——你不可能改变你的风格去适应变化的情境。因此提高领导者的有效性实际上只有两条途径：

（1）你可以替换领导者以适应环境；（2）改变情境以适应领导者。菲德勒提出了一些改善"领导者—成员关系"的职位权力和任务结构的建议。领导者与下属之间的关系，可以通过改组下属的构成加以改善，使下属的经历、技术专长和文化水平更为合适；任务结构可以通过详细布置工作内容而使其更加定型化，也可以对工作只做一般性指示而使其非程序化；领导的职位权力可以通过变更职位充分授权，或明确宣布职权而增加其权威性。

　　菲德勒模型的效用已经得到大量研究的验证，虽然在模型的应用方面仍存在一些问题，比如 LPC 量表的分数不稳定，权变变量的确定比较困难等，但它吸收了以往理论的优势，又引入了情境变量，并尝试在两者间建立关系，这对解释领导行为的多样性和有效性具有重要意义。该模型的操作性强，对于何种情境适合何种类型的领导方式给出了详尽的说明，对于领导者的选拔和任用具有切实的指导意义。

　　菲德勒从领导风格入手，他所提出的"领导方式取决于环境条件"的著名论断，对其后的领导学和管理心理学的发展产生了极为重要的影响，也使我们观察今天的领导成效有了一个全新的视角。同时，也因为菲德勒一生孜孜不倦的研究与创新，他被列入"影响世界进程的 100 位管理大师"中。

# 赫塞："情境领导之父"

*我行动，所以我有影响力!*

*——赫塞*

保罗·赫塞（Paul Hersey，1930 - ），组织行为学和管理心理学大师、"领导力"研究大师。在他 39 岁的时候，率先提出了"情境领导模式"理论，从而奠定了他在情境领导领域的卓越地位。1969年，他出版了经典之作——《组织行为学》，全面阐述了著名的情境领导模式，第一个提出"执行力"问题就是"领导力"问题！之后，他又编著了《情境领导》教科书，该书被翻译成 14 种文字，全球销量超过 100 万册。赫塞又组织建立了"领导力研究中心"（Center For Leadership Studies），不断深入研究并完善该理论。目前，"情境领导"作为欧美经典领导行为理论，在过去 20 年里已经得到了全球职业经理人的普遍认同，成为 GE、摩托罗拉、IBM、微软、通用汽车等大公司的常年必选课程。全球已有 1000 多万经理人接受并运用了他的领导模型！赫塞曾两度来到中国。2002 年 3 月，他应深圳买肯特公司之邀首度来华授课。2005 年，全球领导力大师论坛在北京举行，赫塞再次来到中国并领衔出席了这次论坛。

## 梦想开始的地方……

赫塞 1930 年出生于美国。在塞顿霍尔（Seton Hall）大学拿到学士学位，在芝加哥大学和阿肯色大学拿到 MBA 学位，从马萨诸塞大学阿默斯特（Amherst）分校得到博士学位。像其他青年人一样，赫塞在读大学时，也有过彷徨和失望，并不是一下子就钟情于管理。由于绘画方面的天赋，在亚利桑那读大学的第一年里，赫塞决定投身商业美术事业。但是，这个看似不错的选择却没有坚持多久，因为他发现自己很难达到别人的要求，一份商业美术的工作并不适合他。很快，他意识到，能力并不是成功的唯一要素，你还需要有动力，有承诺，以及除了技能之外对你所追求的事业的热情！就是从这点出发，他改变了自己的职业计划，而这个决定改变了赫塞的一生。

中国有句古话，"师者，所以传道授业解惑也"。年轻时的赫塞也曾遇到过一位对他影响深远的教授。这位教过他的教授从这个年轻热情的学生身上看到了什么东西，所以给了赫塞一个机会以发挥他在教育上的热情和天然本能。这位教授在他自己不能上课时让赫塞代他上了很多课，而且当他辞职去芝加哥大学的"工业关系中心"工作时，还给了赫塞一份助理研究员的合同。

当赫塞在芝加哥大学完成学业后，便开始在工业关系中心从事全职工作并成了一名项目经理。但是他想成为一名大学教授的愿望从来没有远去，反而越来越清晰。于是赫塞不断地增加自己的社会实践经历，以匹配自己的学

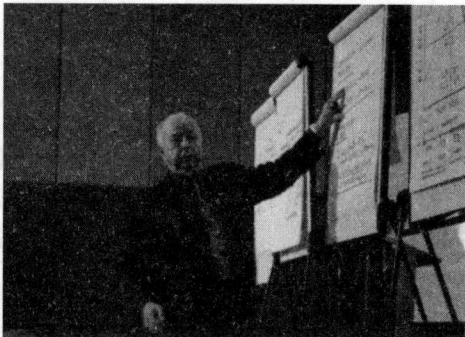

讲台上的赫塞博士

历，早日实现梦想。在研读《财富》杂志的时候，美国恺撒铝业公司将要在西弗吉利亚的一个小镇上建立世界最大的铝锭制造厂这个消息引起了赫塞的注意。赫塞向恺撒公司推荐了自己，并顺利地被聘为培训经理。他参与了工厂的启动运营，并在这里度过了三年的时光，给工人们做了各种培训，收获了宝贵的经验。梦想还在远方，赫塞不会停下追逐的脚步，他准备开始迎接新的挑战。离开凯撒铝业公司后，他又到几家今天被称为高科技企业的公司应聘，最后为位于阿尔伯克基市的桑迪亚公司工作了四年，负责技术定位和管理培训。

这时的赫塞已经拥有10年的实践经验，尽管当时正处于经济困难时期，但赫塞还是义无反顾地离开了工业界，谋得一份副教授的工作，虽然工资还不到以前的四分之一。10年前定下的目标，让他愿意放弃一切，追逐教书的感觉。现在，赫塞博士是新西南大学一位杰出的领导力教授。他之前在北伊利诺伊大学、美国加利福尼亚州奇科学院、阿肯色大学和俄亥俄州立大学任教。

他一直认为，有机会丰富学生们的学术生涯，甚至成为他们转变的催化剂真是非常特别的体验。这种特别的体验持续了40年！即使是40年后的今天，赫塞教授仍然能收到学生们寄来的信。当他的学生们告诉他，是赫塞教授改变了他们的生活时，他仍然可以体验到那种改变学生的生活和思想的乐趣！

# 情境领导的产生和推广

20世纪50年代，当赫塞在美国恺撒铝业公司工作时，一件深刻的有关学习的事件发生在他的身上。一天晚上，已经下班很长时间了，赫塞还在打一些培训材料。这时他的上司走进来，看见他坐在打字机旁，他非常生气，说："下次我再看到你待在打字机旁边，我就会付给你秘书的薪水。我付钱给你不是让你来做这种工作的。"就是这句话成了赫塞人生的转折点，他开始意识到自己应该做自己擅长的事情，而且要把其他工作交给擅长做它的人。比如，找人帮忙修下水道，可以归结为充分利用一个人的能力。赫塞悟到了一个道理，你可以通过帮助别人找到他们的长处来走得更远，每个人都会有闪光的地方，他们需要得到机会去燃烧。后来，他在一个很大的研究实验室工作中，发现身边同样非常优秀的工程师，却有不同的工作效率，他为这种现象所着迷，并开始投入研究。

1966年，科曼（A. K. Korman）以俄亥俄州立大学的管理行为"四分图"理论为依据提出了领导的生命周期理论。这个理论引起了赫塞的注意，在科曼的基础上，赫塞和他的助手布兰查德（K. Blanchard）设计出了生命周期理论模式曲线图，并对该模式做出以下定义：工作行为表示领导者单程沟通的方式，向下属人员说明应该干什么，如何完成任务；关系行为表示领导者用双程沟通的方式，用心理的、培养社会情感的措施指导下属，并照顾职工的福利；有效的领导方式表示领导的方式能适应规定的环境，对于各种特定情境，能做出正确的决定；无效的领导方式表示领导方式不能适应既定的环境，对于特定的情境不能提供正确的领导。

随后，赫塞与布兰查德在生命周期模型的基础上，进一步发展出"情境领导模型"（Situational Leadership Model）。这个理论的诞生，开启了赫塞研究领导力的大门。在此后的40年里，赫塞一直都致力于研究和推广领导情境理论，并取得了巨大的成功。就是这一理论模型，服务了千百万领导人以及他们的公司。赫塞是怎样不断地完善其理论并让他的理论推广得如此神速呢？这就得益于他的另一伟大举措——开创领导力研究中心！赫塞喜欢学术领域的工作，并且认为如果自己能与那些聪明、天赋极佳的年轻人一起工作，投入到商业培训中，将能影响更多的人。在这个想法的驱使下，1975 年赫塞创建了美国领导力研究中心，并正式注册了"情境领导"（Situational Leadership R）这一商标。通过这个研究中心，情境领导以及培训项目，每年都经由教科书、培训班和录像带接触数百万人。

下面就让我们了解一下让赫塞着迷一生的情境领导模型。

## 细说情境领导模型

情境领导模型一直被管理心理学家们归属为权变领导力理论中的一种。赫塞和布兰查德的情景领导模型解释了如何把领导风格与团队成员的准备程度（发展成熟水平）相匹配。之所以选择"模型"而不是"理论"，是因为情境领导模型并不尝试解释为什么事情会发生，相反，情境领导模型提供了一些可重复的程序。任何模型，都会简化现实世界。正如歌德的名言：理论是灰色的，生活之树长青。情境领导模型也是如此，它把影响领导行为有效性的因素简化为三个：一是员工的准备度，二是领导人的工作行为，三是领导人的关系行为。

情景领导模型中的领导风格是根据领导的任务和关系行为的相对量进行分类的。两者的区别类似于结构化的开始和考虑阶段。任务行为是领导清楚地说明个体或一个团队的义务和责任的程度。它包括指定方向和设定目标。关系行为是领导加入到双方或多方沟通中的程度。包括倾听、给予鼓励、指导等活动。正如图中所示，情境领导模型把任务和关系行为结合成四个象限。每个象限代表一种不同的领导

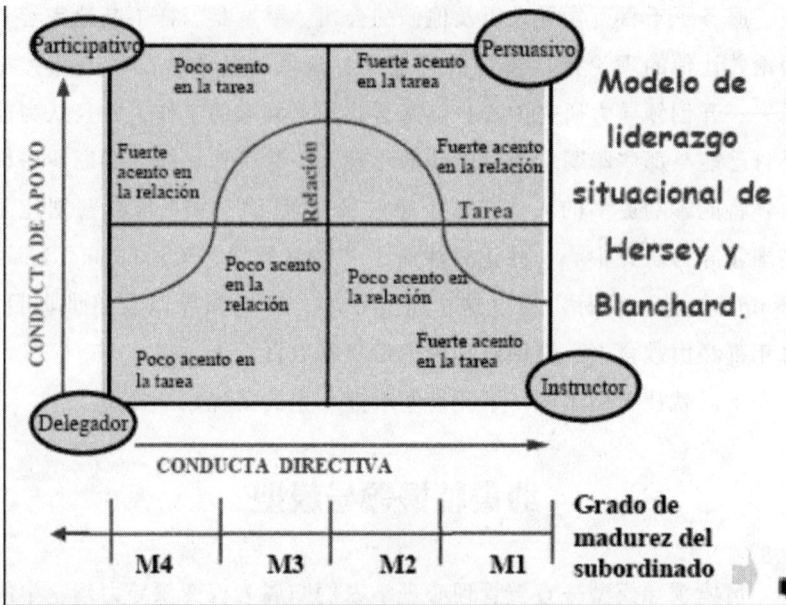

**情境领导模型图**

风格。

　　情境领导模型认为，不存在一个影响团队成员的最佳方法。最有效的领导风格依赖于成员的准备程度。情境领导中的准备程度被定义为一个团队成员完成一项特定任务的能力水平、意愿或者信心的程度。因此，准备程度这个概念不是一个特征、特质或者动机——它与具体任务有关。

　　准备程度有两个组成部分——能力和意愿。能力是指个体或者团队带到特定任务或活动中的知识、经验和技能。意愿是指个体或者团队对于完成一项特定任务所拥有的信心、承诺和动机。

　　情境领导模型的关键点在于当团队成员的准备程度提高了，一个领导者应当更依赖于关系行为而较少依赖任务行为。当一个团队成员变得非常有准备，领导者需要做出最少的任务和关系行为。根据上图，对领导者的指导可归纳成下述内容：

情境 R1——低准备性。当下属能力不强、意愿不高或者犹豫时，领导者应该加强任务行为，高度指导和独裁，采用委派风格 S1。

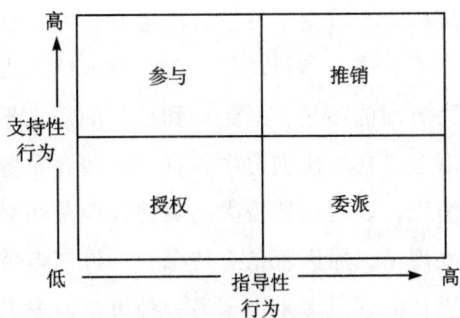

情境 R2——中等程度的准备性。当团队成员能力不强，但意愿高或者自信时，领导应当关注关系取向，采用推销风格 S2。

情境 R3——中高程度的准备性。当团队成员有能力，但意愿不强或者犹豫时，领导者需要做出高度的关系行为，而只要做较少任务行为，采用参与风格 S3。

情境 R4——高准备性。当下属能力强，意愿高或者自信时，他们是自信而能干的。于是领导者能够给予他们相当程度的自治，采用授权风格 S4。

那么，什么是赫塞所说的领导力呢？领导力实际上是一种影响他人的一种尝试。只要说你是在帮助别人的前提下，根据别人要完成他的绩效目标的这个需求，来行使你的这个影响的行为，那就是一个领导力，也就是领导所做的。将员工的工作状态和领导类型两相对照，就是一个完整的情境领导模式了。四种领导形态没有优劣之分，一切依情境而定，唯有领导者的领导形态能与员工的发展阶段相配合之时，他的领导才能够有效。简单概括地说，情境领导模型就是我们常说的因材施教！

前段时间的热播剧《士兵突击》中主人公许三多与班长史今的关系，就可以用情境领导力模型来解释。许三多刚刚从红三连五班转入钢七连时，业绩差，加上自我怀疑沦为三班的拖累，引起三班战友甚至连长的不满。属于无能力、无意愿的 R1 型下属，班长史今对其采用委派风格：详细的指导，近距离监督，加量训练，最后一个腹部绕杠333改变了许三多的信心程度，让其成为R2型下属。在这种状态下，许三多行动快，对于融入团队表现出极大的热情，但是由于能力方面的不足，对组织和任务的需求不太了解，以至于成事不足败事有余。在一次演习中，许三多缠着布置隐蔽场所的史今和伍六一找事情做，表现出他极大的热情，但是在突击检查中，他们的隐蔽场所被发现了，原因就是有热源——许三多带给班长史今的鸡蛋。史今对于现在的许三多采用了另一种策略，安慰、鼓励许三多，采用奖励的方法让许三多成长。许三多果然成长了，他做了优秀个人，射击单项甚至得到了师部的奖状。这是许三多也由R2转入了R3型——有能力，无信心。这种状态的被领导者，他们需要倾听、反馈和鼓励，他们对领导往往有惯性的依赖感，属于"我不知道我知道"的阶段。班长的复原让许三多很惶恐。但是班长还是走了，这时许三多彻底成熟了，转为R4状态：有能力，有意愿。他主持马小帅的入连仪式，听到连队改编的消息并且也知道那是真实的情况下仍在战友面前表现出冷静的一面，甚至在连队最终改编只剩下一人的时候，仍然坚持……这时，对于他的领导方式已经是授权式的了。

由此可以看出，合理地运用情境领导模型，可以让下属更好地成长，并且达到最好的效率。

## 情境领导模型中的心理学原理

在一次采访中，赫塞这样总结自己对生活的感悟：

"如果让我总结我对生活的感悟，我会引用牛顿爵士的一句话：'如果说我看得比别人远些，那是因为我站在巨人的肩膀上'，站在那些像罗杰斯、麦格雷戈或马斯洛等各学术领域内的巨人的肩膀上，我就有了越过地平线看得更远的能力。我只是希望我能影响到以布兰佳和戈德史密斯等人为代表的年轻一代。谁还能想到比这更好的呢？"

第一位是提出 X 理论和 Y 理论的麦格雷戈，第二位是提出需要层次理论的马斯洛，第三位是人本主义心理学家罗杰斯，这三位均是心理学界的泰斗，他们是怎样影响赫塞以及他的情境领导理论的？让我们一起来看看贯穿于情境领导模型中的心理学原理。

第一种消极的学习者 R1（工作水平低，工作意愿也低）：这种学习者，绩效低，工作主动性差，如果给他很多的关系行为或者和他的关系非常好，用行为主义的思想来考虑，就相当于

正在激情演说的赫塞

你给予低绩效者某种程度上的奖励，就会强化他的这种行为，所以要采用低关系的领导风格。R2（工作能力差，工作意愿强）阶段，这种情况的人可能迫切希望满足某种物质需求，如工资奖金，所以对工作表现出极大的热情，但本身的能力却又不强。这种情况下，好的领导应该采用奖励的手段保持其工作热情，同时给予一定的指导，增强其工作能力。R3（工作能力强，工作意愿低）这种状态的被领导者，他们的自信心比较低，需要倾听、反馈和鼓励，需要导师一样的领导，他们有被尊重和爱的需要，对领导往往有惯性的依赖感，属于"我不知道我知道"的阶段。这时候一个好的领导应该满足其关系需要，采用高关系性领导风格。对于 R4（能力强，有信心）型，这里的人有足够的知识、经验、技能，他们有意愿、有动力，我们无需过多指导，也无需过多支持。他们这时候的需要是自我实现的愿望。领导只需要在适当的时候给予适当的反馈，让他们知道有人在关注他们，使得他们在积极的反馈下信心更足，做得更好；在消极反馈下，改正缺点，更加完美。

我们发现，在 R1 到 R4 的领导风格中，情境领导模型不断地取

消支持性的行为。根据马斯洛的需要层次理论，这样人们才能负起更多的职责，他们才能在心理上成熟，才能更好地发展。有一些人准备度非常高，他们不希望老板一直指手画脚，所以我们在这儿是使用激励的操作，人们不到平均水准的时候，他们需要不断的反馈，不断地激励。到这儿之后他们不需要及时的反馈了，他们所需要的行为，并不比得上他们现在的自主性的需求。所以他们现在对于知识性的需求并不重要了，他们需要更多的自主权，自主权成了对他们的回报。看来贯穿在赫塞的情境领导模型中的，不仅有管理的思想，更有心理学的经典理论。

从理论角度来看，赫塞的研究也许没有超出其他行为学家，但是在实践应用上，他有独特的不可磨灭的贡献。尤其是在对员工的重视程度上，超过了其他所有管理心理学家。赫塞一生，都在为普及管理知识做努力。在演讲、咨询等工作中，赫塞曾自豪地宣称，他在领导力这个领域已经工作了 50 多年，飞行过 1400 万英里，到过全球 137 个国家和地区。可以说，赫塞的一生，是管理心理学的一生，是领导力的一生！

# 布兰查德："一分钟打造成功"

当你成功地建立了一个充满人性的组织的时候，所有的管理问题都会迎刃而解！

——布兰查德

如果你曾经有过感冒的经历，你一定对速效感冒胶囊寄予过厚望，期望它能迅速地带你脱离疾病的苦海，还你健康的体魄。但你曾经设想过吗，世界上有一种方法也能够如速效药一般让你在一分钟内踏上成功之路，省去徘徊迷茫的迂回。你是在摇头吗？说这是奢望，说不可能，不可能。那么可否请你停一停，听听管理心理大师肯尼斯·布兰查德（Kenneth Blanchard, 1939 - ）为你讲述这个神奇的故事。

# 大师的成长

每每提到布兰查德，熟悉管理心理学的人们一定会联想到诸多盛名美誉——美国成功的商业领袖、管理寓言的开山鼻祖、情景领导理论的创始人之一、杰出的演说家、荣获国际管理顾问麦克·菲利奖的著名企业顾问、闻名遐迩的国际畅销书作家、北美"最有智慧"的管理大师，等等。最可贵的是他不仅拥有一身武艺，更兼有侠骨柔情，被誉为最富有洞察力和同情心的学者。他的理论将目光指向组织中的"人性"建设，也在改善人际工作环境上做出了大量的努力。当然，所有的这些光环还都不足以囊括他的天赋，仅以此抛砖引玉，让我们一同走进他传奇般的人生。

布兰查德，出生于1939年，毕业于康奈尔大学政治学与哲学专业，后在该校获得了行政管理和工商管理专业博士学位。20世纪80年代初，他在马萨诸塞州立大学担任领导学和组织行为学教授。他是一个这样的人，一个愿意低下头来仔细阅读《谁动了我的奶酪》这样一个通俗的管理学故事，并深深为之震撼和感动的人——"我是如此地相信'谁动了我的奶酪'这个故事所具有的影响力和震撼力，以至于我把这个故事成书之前的一个版本，送给每一位同我们公司有合作关系的人。我为什么这样做呢？因为，一个公司的经营，不能只停留在求生存的阶段，而必须始终保持一种竞争的状态。我们布兰查德培训公司就是在不断地改变着，有人不断地拿走我们的'奶酪'。过去，传统的公司喜欢忠诚刻板的员工；而今天，我们更需要的是迅捷灵活的人，而不是那种习惯于'按部就班'工作的雇员"。

而在学术活动方面，他的著作和研究领域十分广泛，主要涉及领导学、激励和变革的管理问题。著有《一分钟经理人》、《一分钟授权》、《道德管理的力量》、《情境领导》、《缩小差距》和《领导者的智慧》等。他与保罗·赫塞的合著《组织行为的管理：人力资源的利用》已出版了第七版，成为一本经典教材。而使他闻名于世的著作，则是 1982 年他与斯宾塞·约翰逊合著的《一分钟经理人》。这本著作在出版之时不仅高居《纽约时报》和《商业周刊》畅销书排行榜，销量突破 1500 万册，成为美国 20 年来最畅销的管理学作品，并且被译为 27 种语言在全世界范围内发行，被誉为"有史以来最成功的商业管理著作之一"。时至今日，"一分钟管理法"已经完全渗透进了美国文化，它不仅催生了包括情景管理、目标管理等在内的一大批管理观念，而且在很大程度上塑造了经理人员的管理习惯，并成为各种组织的领导者必备的图书之一。

## 给我一分钟，还你一片天空

《一分钟经理人》主要描述一位年轻的经理四处寻求一位有抱负、有能力的新手，这位新手充满好奇心又能脚踏实地地工作，具有严谨的科学思维又具备完善的人际关系能力，最终能够按照自己的思想风格和行动成为一名富于效率的经理。在该书的叙述中，管理成效颇为理想的一些领导者往往很难得到员工的拥护；而另外一些管理者，在下属真正愿意提供支持的前提下，所得到的结果却相对来讲也不是很理想。然而，这不完美的结局远不是故事的终结，不久，我们的英雄就物色到了一位真正的经理，他竟然不费吹灰之力，便轻轻松松地收到了极为理想的成效，而使他出奇制胜的唯一法宝便是——"一分钟经理法"。

这个故事与陪伴我们长大的童话故事——《豌豆公主》有着异曲同工之

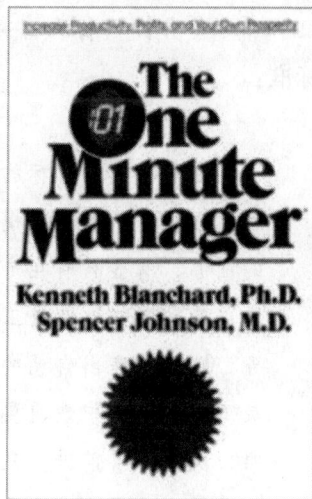

《一分钟经理人》英文版封面

妙：国王久经周折通过千百次的测试比较，终于找到了肌肤柔嫩到容不得一粒豌豆般硬度的"真正"公主。当然《一分钟经理人》这本书的意义也并不仅限于此。它不急于铺天盖地地灌输管理学理论，也不忙着死板地罗列各项条款，但却真正以小故事大道理的形式，深入浅出的将管理学的奥妙玄机娓娓道来，这在管理学史上也不失为一个全新的突破。那么这本相当于"葵花宝典"的秘笈到底有怎样的精华呢？一分钟经理人给我们带来了风驰电掣般迅捷而有效的主观体验，它究竟赢在哪里呢？下面让我们一起试着走进并分享管理心理学的简单美！

## 《一分钟经理人》的三大法宝——目标与奖惩

《一分钟经理人》提出了这样一个哲学命题："有效管理不用花费太多时间。"这个命题基于这两个认识：（1）要有效利用时间；（2）人们可以自行管理。利用这两个认识，一分钟经理在促使生产率、利润和满足程度提高的过程中，酝酿出下面三个简单的秘诀：一分钟确定目标、一分钟表扬、一分钟惩罚。

• "一分钟目标"——用于划分职责和确立评价工作绩效的标准：

在没有明确目标的情况下，大多数员工对于自身能把工作做到什么程度的概念很模糊，而且有些人无法弄清楚需要优先完成的任务，有些只有在走了弯路之后才恍然大悟。一分钟经理不仅要求管理者能够使员工明确任务的步骤——接下来该完成什么任务，以及传递出自己的希望——采取哪种行为和表现，并且要求员工把他们心中最重要的目标写下来，以便不断的同这一目标对照、反思，再前进。从心理学的视角出发，这种措施相当于及时给予员工外界"期望"和内在自我"反馈"，在反复校正过程中，员工对未来方向的把握就会逐渐明晰起来，从而由负责执行的"海员"晋升为定位方向的"掌舵手"。

- "一分钟奖励"——对员工进行正强化和自我管理的激励：

奖励分为三个步骤：1. 看到下属良好行为及时表扬，具有针对性；2. 奖励要具体，而不是蜻蜓点水一般的概括；3. 分享感受，告诉员工你对他们已经完成的任务的感受。

- "一分钟处罚"——控制和指导员工的行为：

处罚的目的是使人改正错误，但也容易让人体验到消极的情绪，从而影响员工的工作和生活态度。作为一个经理人，要直接、具体、分享他人的感受，指出错误的同时奖惩结合，让处罚的员工能够同时体会到自己是多么的优秀，错误不是万劫不复而是可以改正的，从而消除消极的反馈方式。

这三个简单实用的一分钟秘诀浓缩了管理心理学的精髓和基本原则：目标明确具体，奖惩及时到位。它将心理学中的行为主义原理淋漓尽致地发挥出来，奖励对应于正强化，使得员工产生积极的前进动力，而惩罚则是消退，使之在尽可能降低消极情绪的情况下逐渐改正错误。而目标则充分激发了员工的主观能动性，这又充分印证了马斯洛的人本主义观念——人都有自我实现的愿望，这个愿望会不停地驱动人，在实现目标的道路上发挥主观能动性，竭尽全力散发热量。这种管理方式的运行有助于员工"自治"，营造一种和谐的氛围，大家各尽所能各取所需，组织实现了利益，员工亦实现了自我。

## 《一分钟经理人》的中心思想——你的赞扬迟到了吗？

《一分钟经理人》精炼地概括了布兰查德理论的中心思想："人

人皆可激励"（Everyone can be motivated）。一分钟经理坚信，没有人是不能激励的。是的，不论哪种人，总有某种"催化剂"可激起他的斗志和欲望，驱使他们全情投入，竭尽全力达到目标。这也充分体现了行为主义中操作性条件作用的强化观念——行为后的积极反馈可增加该行为出现的频率。同时它也是"普雷马克原理"在管理中的有力应用——用高频行为（喜欢的行为，如赞扬等）作为低频行为（规避的行为，如繁重的工作）的有效强化物，从而使低频的、倾向于规避的行为逐渐转化成高频的、喜欢的行为。寻求赞扬和肯定是人的一种天性，因而一定时间的及时反馈则可使行为者形成条件作用，并主动自发地表现出优秀的一面。当然，这样的管理方式并不只是简单地将"操作"应用到员工的身上。在感情层面上，外部的赞扬也可以逐渐内化成员工内部世界的自我肯定，从而培养其自信心，促使他们发挥出自身的主观能动性。这无论对于组织的绩效还是员工的发展都是一件不可多得的好事。一分钟经理指出，即使某个员工在职场中以懒惰闻名，也不能一概而论明示他对什么都倦怠，总有某些东西是可以激发起他的斗志的，问题就在于管理人能不能找出这一点。一般情况下，赢得某些东西总会是一种激励因素，而有效的经理则应该激发员工追求胜利或赢得某些东西的企图心。

## 经典案例

在某企业中，有一个难以管理的员工在工作时非常懒惰，对任何任务都提不起精神，这令管理者十分头疼。但同样是这个人，到保龄球场上却可以全情投入，并在投射全中时欢呼跳跃，极具活力。

为什么会这样？一分钟经理解释说，因为该员工在保龄球场上见到了切实的目标，而达成该目标则激发起他想赢的企图心！就是这企图心驱使他全力以赴，让他为取得优异的成绩而努力。那么，如何使员工在职场中也能如保龄球场一般，能见到目标并激发他努力的热情？这是经理人在管理工作中成败的关键。这个激发源就是员工认识到他所要争取胜利的目标。一分钟经理举例指出，投保龄球的人如果看不见所要击中的球，就会逐渐丧失投球的兴趣。假如保龄球球馆订立这样一个新的游戏规则，在每个滑道的上方架一块板，遮蔽投球人的视线，使他无法看见滑道末端的球瓶。在每次投球后，投球人所得到的回馈只是听到击中球瓶的声音，却无法直观地看到所击中的球瓶的数量。这样的游戏规则在短期内的效果，可能仅会对打保龄球的人造成一些困扰，但长此以往，他对这个游戏的兴趣就会大大被削弱。最后，如果另有其他选择的话，他一定会放弃这种游戏。

这说明，在职场里，如果员工不清楚工作目标，在工作后无法见到其成效，他们便难以得到适合的催化剂来激励自己竭尽全力为企业服务。这种情况如果持续下去，员工很容易逐渐丧失兴趣而另谋高就。而那些既无法改变现状又没有足够能力的员工，就会在感情上作出消极的抵制，工作便与混日子画上了等号。一分钟经理解释说，目标的重要性在于它能给人以方向感和回馈效应，鼓励员工努力地工作下去。因此优秀的领导者都要学会一个观念——绩效回馈，即经理人应该经常对员工取得的阶段性成果和贡献予以肯定和赞赏，使他们对现状和未来都有一个明晰的蓝图。

# 思想延伸

## 伦理反思

布兰查德对"管理伦理"问题有独到的研究。管理的伦理化是指建构组织的价值模式和个体行为的价值逻辑，力图寻求使管理获得一种价值行动的意义。现今已出现管理与伦理相结合的势头，例如，从以"所有者"为中心到"利益相关者"为中心。在与诺曼·皮尔合著的《道德管理的力量》一书中，布兰查德指出"伦理反思"

（Ethics check）是管理者有可能遇到的三个伦理难题。他将伦理反思以三个问题的形式高度概括出来："行为合法吗？""行为公正吗？"以及"行为如何影响自我认识？"他还提出了"道德力量5Ps"，即目标（Purpose）、自豪（Pride）、耐心（Patience）、专一（Persistence）和洞察力（Perspective）。他认为这是道德行为的基本原则和个人成功的要素。他还针对伦理道德决策提出了三阶段法：第一阶段是广泛的收集信息——管理者广泛涉猎并搜集解决问题所需的信息。第二阶段是达成一致意见——管理者对尚未解决的问题提出寻求一致的看法，找出最佳方案。第三阶段是在组织内部群策群力，充分调动集体智慧，从而达到精益求精。

## "领导生命周期理论"

领导的生命周期理论是领导权变理论之一种。"权变"的意思是"随具体情境而变"或"依具体情况而定"。领导权变理论致力于研究与领导行为有关的情境因素对领导效力的潜在影响。该理论认为，在不同的情境中，不同的领导行为具有不同的效果，所以又被称为"领导情境理论"。

领导生命周期理论由科曼率先提出，后由布兰查德和保罗·赫塞予以发展。在领导的生命周期理论中，包含了两个重要的概念：个体成熟度和领导风格。

"个体成熟度"是指，个体对自己的直接行为负责任的能力和意愿。它包括两项要素：工作成熟度与心理成熟度。前者指一个人所具有的知识和技能。工作成熟度高的个体拥有足够的知识、能力和经验来完成工作任务，且不需要他人的指导；后者指的是一个人工作的意愿和动机。心理成熟度高的个体靠内部动机来激励，不需要太多的外部激励。综合起来，个体成熟度的发展包括四个阶段：

第一阶段：员工对于执行某项任务既无能力又不情愿。他们既不能胜任工作又不能被信任。

第二阶段：员工缺乏能力，但愿意执行必要的工作任务。他们有积极性，但缺乏足够的技能。

第三阶段：员工有能力，却不愿意执行领导者分配的工作。

第四阶段：员工既有能力，又愿意执行领导者分配的工作。

领导的生命周期理论使用两个领导维度：工作行为和关系行为。布兰查德和赫塞按照每个维度的高低归纳出如下四种领导风格：

1. "命令型"领导方式（高工作——低关系）：

领导者定义工作角色，直接告知下属任务的内容、任务的时间和地点以及如何实施。

2. "说服型"领导方式（高工作——高关系）：

领导者对下属同时提供指导与支持行为。

3. "参与型"领导方式（低工作——高关系）

领导者与下属共同决策，在此过程中负责提供完成任务的便利条件并沟通协调。

4. "授权型"领导方式（低工作——低关系）

领导者将权力赋予下属，提供极少的指导或支持。

综合上述两个概念，布兰查德和赫塞提出了"有效领导方式"的选择法：

·当下属的成熟程度为第一阶段时，常常是入行的新手，可选择命令型领导方式。

·当下属的成熟程度为第二阶段时，常常是新入行，但对组织已经产生了一定的认同感。可选择说服型领导方式。

·当下属的成熟程度为第三阶段时，常常能够较好地应对任务，但不敢主动面对更加复杂的局面。可选择参与型领导方式。

·当下属的成熟程度为第四阶段时，常常能够较好地应对任务并处理各种关系。可选择授权型领导方式。

这样的领导方式真正印证了中国的古话"对症下药"。在组织层面上，这样才能避免不合适的方式带来的恶性循环，摆脱"大锅饭"

中吃得杂、吃不好的恶果。布兰查德重视下属在领导效果中的作用，是因为下属可以接纳或拒绝领导者的命令；领导者的领导效果经常取决于下属的行为。

布兰查德描绘的领导生命周期曲线模型，概括了情景领导模型的各项要素。当下属的成熟水平不断提高时，领导者可以逐渐减少对下属行为的控制和相应的关系行为。具体来说，在第一阶段（M1），由于工作熟悉度和心理成熟度都较低，员工需要得到具体而明晰的指导；在第二阶段（M2）中，领导者需要采取高工作——高关系行为：高工作行为的作用在于弥补下属能力的欠缺；高关系行为则可以通过联系使下属知晓领导者的意图；在第三阶段（M3）中，领导者可运用支持性、非领导性的参与风格很好地解决激励方面的问题。最后，在第四阶段（M4）中，领导者已可以"功成身退"，处在这一阶段的下属其能力上和意愿上都可以承担起责任了。以下是"领导生命周期曲线"的图示：

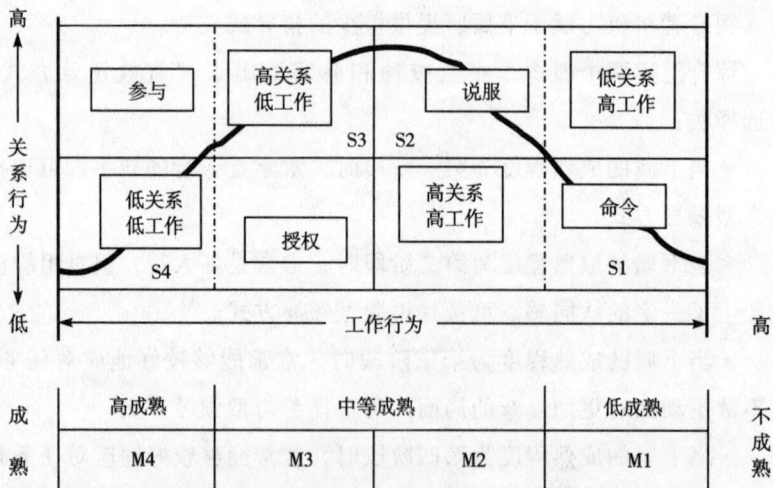

"领导生命周期曲线"图

# 大家眼中的布兰查德

布兰查德在管理心理学理论的道路上披荆斩棘，并对诸多已存理论进行了延伸和扩展。从一分钟经理人到管理伦理哲学，再到领导风格的阐述，一句句精湛的评论，一个个精悍的故事，都以一个全新的视角向世界展示了管理心理学的魅力，让一直被束之高阁的管理艺术伸展开拳脚，逐渐被大众理解和接受。而他本人的地位，一方面应该确立在人际关系学派和授权思想的推崇者行列，另一方面，也应该归属于包括卡内基和汤姆·彼得斯在内的自助学派之列。

在布兰查德之前，对于那些精明而讲求实际的管理者而言，管理一直是被冗长的学术论文所包围尘封的一个枯燥乏味的主题，而那时大部分管理心理学著作的重点是为了确立人际关系学派的观点，并解决庞大的官僚机构问题。可以说，管理心理学著作并不怎么流行，管理这门艺术宛若一个蒙着神秘面纱的仙女，人们无法窥探其面目的一二。后来，彼得斯和沃特曼的《追求卓越》彻底改变了这种局面，但布兰查德的贡献也同样具有十分重大的影响。虽然对于《一分钟经理人》，有学者批评它"不严谨的风格"和"迎合大众口味的庸俗化"，但是，在管理心理学思想更易被人消化、更具可读性和更接近大众方面，它所作出的贡献比以往任何著作都要大。翻看管理心理学历史，把理论讲得头头是道的专家不乏其人，把故事讲得引人入胜的作家也数不胜数，但能把这两者巧妙地融合起来的大师却寥若晨星。布兰查德就是其中的一位，他非常善于将枯燥深奥的管理心理学原理生活化，并以故事的形式创作了很多管理方法简单却十分有效的管理类畅销书，无论在管理学界还是实战管理中都受到热烈的推崇。在这种意义上可以说，布兰查德是一个管理心理学思想的布道者。

## 权变管理学派大师

　　《一分钟经理人》以及布兰查德的其他诸多著作，以其短小精悍和实际效用受到了全世界从业经理人的真诚接受，而在今后的管理心理学道路上，我们相信，它们还会继续散发无穷的魅力，呈现在世界管理的盛宴上，带领越来越多的企业走向成功！

# 弗鲁姆：平凡的大师，
# 伟大的期望理论

当弗鲁姆不在全球各地的俱乐部演奏萨克斯时，他就一定在进行他的管理培训，并为他庞大的数据库增添更多的案例。

——《哈佛商业评论》

维克托·弗鲁姆（Victor H. Vroom，1932 - ）——一个响彻管理心理学界的名字，伟大的"期望理论"的创立者，作为管理心理学史上一颗璀璨的明珠，他的光辉永远闪耀！

1932 年，弗鲁姆出生在加拿大的一个极其普通的家庭。他的父亲曾是一名海军军官，退役以后，在一家公司作了职员，他的母亲是来自南非的移民。弗鲁姆有两个哥哥，家里三个孩子中，他年龄最小。没有显赫的家世，没有富裕的父母，生活在平凡家庭中的弗鲁姆在童年时代和其他平凡的孩子一样,拥有自己的梦想,享受自己的生活。童年的他一定没有料到,自己会成为一位享誉世界的大师。你一定迫不及待地想要知道,弗鲁姆是如何由一个平凡的小男孩走上管理心理学的道路,并最终成为伟大的管理心理学大师的。

# 多才多艺的管理心理学大师

当提到弗鲁姆这个名字的时候,人们大多马上会想到伟大的管理心理学家之类的形容,或是他的著名的激励理论,或是他的著作《工作与激励》。然而罕为人知的是,作为一位成就卓著的学者,弗鲁姆并不像大多数学者那样,严肃、古板和无趣。相反,他爱好甚多,兴趣广泛,可以说是一位多才多艺的大师。

## 萨克斯——亲密的伙伴

对于弗鲁姆来说,音乐是其生命中不可或缺的一部分。作为一个管理心理学家,他对于音乐的狂热激情和执著追求一定会让你深感震撼。

年少时的弗鲁姆非常喜欢音乐,常常梦想着将自己的一切献给伟大的音乐事业,那时的弗鲁姆对学习的热情远不及对音乐的热爱。他天真地为自己未来的音乐事业设计着美好的蓝图,并且产生了去美国发展的梦想。

也许那个时候弗鲁姆是真的下定决心从事音乐了,他花费大把的时间在音乐上。15岁的时候,甚至参加了一支舞队,这支舞队的名字叫做"蓝骑士"。弗鲁姆在这支舞队待了三年,三年里频繁地随舞队演出,每周都有两三个晚上出现在歌厅。可是这时的弗鲁姆还是一个高中生呢!幸运的是,这并未影响他的学业,弗鲁姆顺利的高中毕业了。这也说明了弗鲁姆确实是个比较聪明的孩子,在忙于音乐的同时,还没有落下功课。

高中毕业后的弗鲁姆并未遵照父母的意愿进入大学继续学习。尽管两个哥哥一个是大学毕业，另一个还是化学博士，但是这并未激发弗鲁姆的求学欲望，痴迷音乐的弗鲁姆也从未想过要以哥哥们为榜样，甚至在学业上超越他们。他固执地认为自己没有学习的天赋，自己的将来只能是音乐。在以后的时间里，弗鲁姆一直在为自己的音乐事业打拼，但是他的努力并没有换得多少回报，弗鲁姆没有如愿成为一位成功的音乐人。

1949年，他的父亲再也无法容忍弗鲁姆不切实际的音乐梦想，强硬地要求他或者工作，或者上大学。他的父亲为他找了一份银行的工作，弗鲁姆非常不喜欢这份工作，只好选择了一所学费便宜的大学读书。然而这却完全是为了逃避工作的无奈之举。但是进入大学却可以说是弗鲁姆人生的重要转折点。

在追求音乐梦想的时候，弗鲁姆学习了吹奏萨克斯风，并且在他勤奋的练习之下，达到了很好的演奏水平。而这一爱好直到他进入大学甚至后来从事管理心理学研究工作也没有被放弃。在宾州大学执教时，他就曾做过兼职的音乐老师。然而，这一爱好却被他的系主任认为是不务正业，迫于压力，弗鲁姆曾一度停止了吹奏萨克斯。但是，灵魂深处对音乐的追求最终促使弗鲁姆又重拾起久违的萨克斯。

除了萨克斯，弗鲁姆演奏单簧管也很专业。《哈佛商业评论》杂志曾经这样写过："当弗鲁姆不在全球各地的俱乐部演奏萨克斯时，他就一定在进行他的管理培训，并为他庞大的数据库增添更多的案例。"反过来说，弗鲁姆工作之余大多时间都花在演奏上。

### 航海——拥抱自然

作为一名海军军官的儿子，弗鲁姆从小就对大海充满了兴趣，也从父亲那里了解到许多航海的知识。大海的宽广与神秘着实给了幼年的弗鲁姆的好奇心以不小的冲击，这使得弗鲁姆自小就对航海有着无比的向往。但是幼年的弗鲁姆没有多少机会满足自己的渴望，真正的乘船到海上航行。

成年以后的弗鲁姆依旧没有忘记自己曾经的梦想。功成名就以后，弗鲁姆有了足够的条件满足自己多年来一直没有实现而又一直没有忘记的梦想。他为自己买的第一艘船是28英尺的单桅帆船，之后又买了一艘39英尺的帆船。闲暇之余，他常带着两个儿子一起出海，还有比这更幸福的画面吗？乘着帆船置身茫茫无边的蔚蓝海面，头顶着蔚蓝的天空，任徐徐的海风掠起衣角、轻抚头发，看着明媚的阳光洒在海面上闪动粼粼波光。我们不得不说，弗鲁姆是一位非常懂得享受生活的人，他为自己找到了一方净土，一个可以避开尘嚣，拥抱自然的好地方。

# 翱翔在学术的天空

## 初识心理学

弗鲁姆在进入大学之前，一直为音乐而疯狂，那时的他对心理学几乎一无所知，从未有过关心和涉猎。而在进入大学后，弗鲁姆又迅速被大学里的课程所深深吸引。当弗鲁姆发现学术的世界是如此的丰富多彩、引人入胜，甚至较之音乐更甚的时候，他的兴趣转移到了大学课程的学习中。

一年后，他转学到加拿大麦吉尔大学（mcgill university），并从那时起开始专攻心理学。他将大量的时间和精力投入到心理学的钻研中，就像曾经对音乐的投入一样，但是不同的是，他对心理学的投入获得了丰厚的回报。1953年，弗鲁姆在麦吉尔大学获得了心理学学士学位；1955年又在该校获得心理学硕士学位；而后又到美国密歇根大学（university of michigan）继续深造，并于1958年，在那里获得组织心理学博士学位。弗鲁姆总算找到了适合自己的人生道路而且一成不变地走了下去。

## 多彩的从业经历

弗鲁姆在其工作生涯中主要从事教学，但他所从事过的职业却不仅限于教学。完成学业以后，弗鲁姆开始在社会科学研究机构工作，之后才进入大学开始从教。他最先到的大学是宾州大学，而后又辗转到卡内基－梅隆大学任教。1972 年，弗罗姆来到耶鲁大学并担任管理科学系主任和政策研究所副主任。1976 年耶鲁管理学院成立，他同时成为永久执行理事。在此之后，他还担任了耶鲁的管理科学"约翰·塞尔"讲座教授兼心理学教授。此后，弗鲁姆一直在耶鲁大学任教。

在各大学执教的同时，弗鲁姆一直没有停止过学术研究。他将自己对于管理之道独到的见解整理成新的理论，取得了丰硕的成果，也为他在管理学界赢得令人羡慕的荣誉与地位，使他成为与众多管理学巨擘齐名的管理学大师。

弗鲁姆还担任过许多公司和政府部门的顾问，为其提供管理方面的咨询。其中很多公司都是世界知名的大企业，包括通用电气、联邦快递、辉瑞公司、贝尔实验室、瑞士联合银行等等，弗鲁姆在管理界的地位由此可见一斑。

## 硕果·殊荣

作为管理心理学界响当当的大师，弗鲁姆虽算不上多产，却也可以说是著作甚丰了。他出版的著作有十余本，发表的学术论文有六十多篇，内容涉及诸多领域。其中 1964 年出版的《工作与激励》及 1973 年出版的《领导与决策》（与耶顿合著）分别提出了他的期望理论模型和领导理论的规范模型。这两个模型可

以说是弗鲁姆最伟大最重要的理论贡献，也将他推上了他学术生涯的顶峰。

弗鲁姆多年来呕心沥血，对心理学和管理学作出了突出贡献，也得到了世界的认可。1970 年，美国心理学学会授予弗鲁姆"卡特尔奖"；1998 年，他又荣获工业及组织心理协会颁发的杰出科学贡献奖；2004 年，他荣获由管理学学会颁发的杰出学术贡献奖。

# 毕生的心血，完美的结晶

弗鲁姆毕生为学术研究而勤奋工作，对心理学、行为科学以及管理学等领域都作出了巨大而深远的贡献。他对管理心理学思想发展的重大贡献主要有两个方面：其一是深入研究组织中个人的激励和动机，率先提出了形态比较完备的期望理论模式；其二是从分析领导者与下属分享决策权的角度，将决策方式或领导风格划分为三类五种，设计出根据主客观条件特别是环境因素，按照一系列基本法则，经过7 个层次来确定应当采用何种决策方式的"树状结构判断选择模型"。这两项重要的成果是弗鲁姆耗费毕生的心血铸就的完美结晶。翻阅相关的书籍，凡是论及激励或领导的相关理论的，无一不会提到弗鲁姆和这两项成果。

## "期望理论"

随着《工作与激励》的出版，弗鲁姆期望理论正式被提出。期望理论是基于对人性的深刻理解的基础上提出的，这得益于他丰富的心理学知识。他相信这样一个事实：人之所以能够从事某项工作并达成组织目标，是因为这些工作和组织目标会帮助他们达成自己的目标，满足自己某方面的需要。也正是在这样一个基础之上，弗鲁姆提出了自己对于激励的认识和独特的激励方式，形成一套新的理论。

弗鲁姆认为，人们采取某项行动的动力或激励力，取决于其对行动结果的价值评价和预期达成该结果的可能性的估计。换言之，激励力的大小，取决于该行动所能达成目标并能导致某种结果的全部预期价值，乘以达成该目标并得到某种结果的期望概率。弗鲁姆将这一抽象复杂的理论形象化为一个极为简明的公式，公式中只有三个字母，而且只有一项简单的乘法。这一公式表示如下：

$$M = V \times E$$

公式中每个字母代表一个量，其中 M 指的是激励力（量），V 表示目标效价，E 是指期望值。

这里的"激励力（量）"就是直接推动或使人们采取某一行动的内驱力。这是指调动一个人的积极性，激发出人的潜力的强度；也是一切激励理论和方法致力于提高的数据，提高这一数据是激励的根本目的。

"目标效价"则是指达成目标对于满足个人需要的价值的大小，它反映个人对某一成果或奖酬的重视与渴望程度。比如说考一个高的分数对于热爱学习、重视成绩的同学来说就有较高的目标效价，而对于一个不关心学习只沉迷于踢球的同学来说就具有较低的目标效价。

"期望值"是指根据以往的经验进行的主观判断，达成目标并能导致某种结果的概率，是个人对某一行为导致特定成果的可能性或概率的估计与判断。比如一个小学生参加中学生的考试，拿到试卷后看了一眼觉得很难，于是就想自己不可能考及格，这就可以说这个小学生对这次考试有较低的期望值。而相反一个大学生去做中学生的试卷，一看就说："这太容易了！我一定考高分。"这名大学生就具有高期望值。

从这个公式可以很明显地看出，只有当人们对某一行动结果的效价和期望值同时处于较高水平时，才有可能产生强大的激励力。弗鲁姆认为在进行激励时要处理好三方面的关系，这些也是调动人们工作积极性的三个条件。第一，努力与绩效的关系。人们总是希望通过一定的努力达到预期的目标，如果个人主观认为达到目标的概率很高，就会有信心，并激发出很强的工作力量；反之如果他认为目标太高，通过努力也不会有很好绩效时，就失去了内在的动力，导致工作消极；第二，绩效与奖励的关系。人总是希望取得成绩后能够得到奖励，当然这个奖励也是综合的，既包括物质上的，也包括精神上的。如果他认为取得绩效后能得到合理的奖励，就可能产生工作热情，否则就可能没有积极性；第三，奖励与满足个人需要的关系。人总是希望自己所获得的奖励能满足自己某方面的需要。然而由于人们在年龄、性别、资历、社会地位和经济条件等方面都存在着差异，他们对各种需要要求得到满足的程度也不同。

弗鲁姆的期望理论告诉我们，对于不同的人，采用同一种奖励办法能满足的需要程度不同，能激发出的工作动力也就不同。对期望理论的应用主要体现在激励方面，这启示管理者不要泛泛地采用一般的激励措施，而应当采用多数组织成员认为效价最大的激励措施，而且在设置某一激励目标时应尽可能加大其效价的综合值，加大组织期望行为与非期望行为之间的效价差值。在激励过程中，还要适当控制期望概率和实际概率，加强期望心理的疏导。期望概率过大，容易产生挫折，期望概率过小，又会减少激励力量；而实际概率应使大多数人受益，最好实际概率大于平均的个人期望概率，并与效价相适应。

### "领导者参与模型"

领导者参与模型，又称"领导规范模型"，英文名称为 Leader-participation model，是弗鲁姆和菲利普·耶顿（Phillip Yetton）提出的一种较新的领导权变理论。该模型之所以不同于过去的许多领导理论，是因为它将领导方式即决策方式同员工的参与决策联系起来，首次提出根据员工参与决策的程度的不同，将领导风格（决策方式）分为三类五种。

弗鲁姆和耶顿的模型是"规范化"的——它提供了根据不同的情境类型而遵循的一系列的规则，以确定参与决策的类型和程度。这一复杂的"决策树模型"包含 7 项权变因素（可通过"是"或"否"选项进行判定）和 5 种可供选择的领导风格。弗鲁姆和亚瑟·加哥（Arthur Jago）后来又对该模型进行了修订。新模型包括了与过去相同的 5 种可供选择的领导风格，但将权变因素扩展为 12 个。可将 5 种领导风格描述如下：

独裁 I（AI）：你使用自己手头现有的资料独立解决问题或作出决策。

独裁 II（AII）：你从下属那里获得必要的信息，然后独自作出决策。在从下属那里获得信息时，你可以告诉或不告诉他们你的问题。在决策中下属的任务是向你提供必要信息而不是提出或评估可行性解决方案。

磋商 I（CI）：你与有关的下属进行个别讨论，获得他们的意见和建议。你所作出的决策可能受到或不受下属的影响。

磋商 II（CII）：你与下属们集体讨论有关问题，收集他们的意见和建议，然后你所作出的决策可能受到或不受到他们的影响。

群体决策 II（GII）：你与下属们集体讨论问题，你们一起提出和评估可行性方案，并试图获得一致的解决办法。

弗鲁姆认为，各种类型的决策最终的有效性，取决于决策者对决策质量、决策的可接受性以及决策耗时等因素的重视程度，因为不同的决策方式在决策质量、决策的可接受性和决策耗时上都各不相同。不存在对任何环境都适用的领导（决策）方式，在不同的情境中，不同的决策方式有不同的效果，不能完全否定或肯定某一种方法。管理者在进行决策时，都应当将精力集中在对环境特征的性质的熟悉上，以便更好地针对环境要求选择领导方式和制定决策。

为进一步将构成规范模型的基本环境和问题的特征弄清楚，使领导者能够根据自己的条件熟悉所处的环境特性，有效地使用规范模型选择决策方式，弗鲁姆将对决策环境的描述用两类七个问题加以概括。这两类问题分别与决策质量和决策者把握的决策所需信息有关。

决策者通过对这七个问题逐个作出"是"或"否"的回答,用"决策树"的方法,按照选择法则的逻辑程序,筛选出一个或若干个可行的决策方式。

| A 决策有质量要求吗?是否某种决策方式比另一种更合理 | B 为作出更高质量的决策,我掌握了充分的信息吗 | C 是不是结构性的决策才能有效地执行 | D 是不是下级接受的决策才能有效地执行 | E 如果我自行决策,是否肯定能为下级所接受 | F 下属是否将解决工作问题所达到的组织目标视为自己的目标 | G 下级问对于何种方案最佳是否可能出现分歧意见 |
|---|---|---|---|---|---|---|

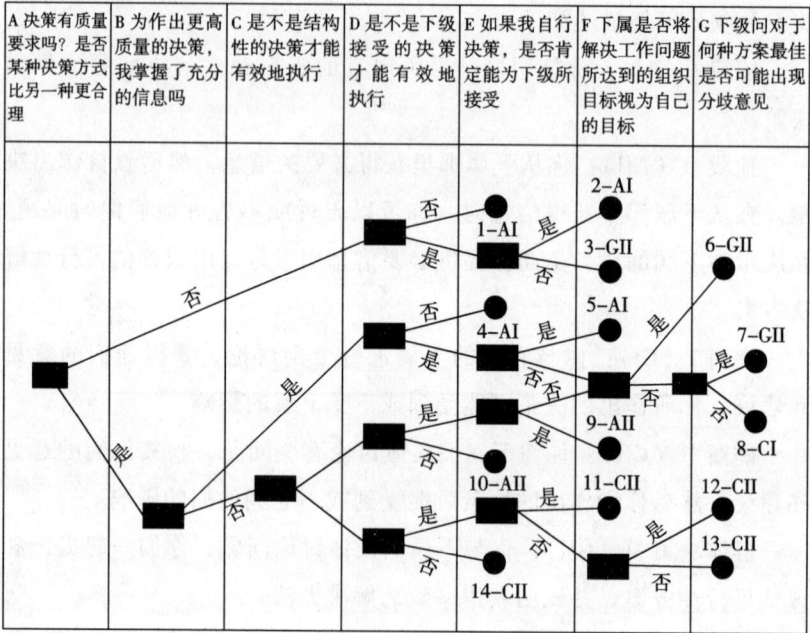

**"决策树模型"**

在规范模型中,弗鲁姆还提出了"七项基本法则"来保证决策质量和决策的可接受性。这七项法则是:

1. 信息法则:假如决策的质量很重要,而你又没有足够的信息或单独解决问题的专门知识,就不要采用 AI 方式。

2. 目标合适法则:假如决策的质量很重要,而下属又不将组织目标当作大家的共同目标,就不要采用 GII 方式。

3. 非结构性工作问题法则:假如决策的质量是重要的,但你却缺乏足够的信息和专门知识独立地解决问题,而工作问题又是非结构性的，就排除采用 AI、AII、CI 这三种方式。

4. 接受性法则：假如下属对决策的接受是有效执行决策的要害，而由领导者单独做出的决策不一定能得到下属接受的话，就不要采取 AI、AII 方式。

5. 冲突法则：假如决策的可接受性很重要，而领导者的个人决策不一定被下属接受，下属对于何种方案更适合可能抱有互相冲突的看法。这时不要采取 AI、AII、CI 方式。

6. 公平合理法则：决策的质量并不重要，而决策的可接受性却是要害，这种情况下最好采用 GII 方式。

7. 可接受性优先法则：假如决策的可接受性是要害，专制决策又保证不了可接受性，而假如下属是值得信赖的，应采用 GII 方式。

这七项法则中，前三项保证决策质量，后四项保证决策的可接受性。对某一个特定的工作问题，决策者可以应用这些基本法则进行选择，最终得到一组可行的决策方式。而这正是弗鲁姆的规范理论与其他领导理论相比的优势所在：更简单易行，接近实际，更具有实用价值。该模型在任何决策环境中，均能满足决策者的要求，具有令人满意的实用效果。

弗鲁姆的领导规范模型具有许多创新之处。首先，弗鲁姆以下属员工参与决策的程度作为领导风格和决策方式的分类标准，这在学术界尚属首次；其次，弗鲁姆运用决策树建立决策模型，为决策者提供了一个简便易行而又准确地筛选决策方式的手段；另外，弗鲁姆把社会学的研究方法运用于管理活动，为管理培训开辟了广阔的前景。

然而，这一模型也并非完美无缺，对弗鲁姆的领导规范模型的批评的声音是存在的。有人就批评弗鲁姆的理论忽视了人的主体性和能动性，是建立在"理性人"的假设的基础之上的。也有人认为，弗罗姆的领导规范模型，会限制缺乏经验的领导者使用，而且不能涵盖全部环境的复杂性。然而根据著名的"哥德尔不完备定理"，我们可以知道：任何一个理论体系必定是不完备的，任何理论都包含了不能证明为真也不能证明为假的命题。因此没有一个理论是没有缺陷的，我们固然应该看到弗鲁姆领导规范模型的尚不完善的地方，但是对它的要求却也不用过于苛刻。

　　作为一位众人敬仰的管理心理学大师，弗鲁姆走过了一条与众不同的人生道路。他有着和其他学术巨匠所不同的童年，也拥有特殊的求学历程，还有着特殊的业余爱好，享受着特殊的人生乐趣。同样他在其学术思想上也独树一帜，功绩卓著，对学术界贡献非凡。在不断探求管理的真谛，寻找激励与领导的方法的同时，却从不忘记自己深爱的音乐和航海，从来没有让自己迷失在学术的汪洋大海之中。工作时，他是造诣非凡的一代巨匠；休闲时，他又像超脱世俗的无为隐士。

# 战略过程学派大师

# 亨德森：管理"心"世界

美国产业界曾经拥有过轻松的时光。那时我们为世界其他国家确定前进的步伐，我们不曾受到真正的竞争威胁，我们中的很多企业受到管制同时也受到保护。然而，这一切都已成为过去。今天的领先者必须再造自己和自己的经营方式，以便保持自己的竞争力和领先地位。

——亨德森

"在 20 世纪下半叶，很少有人能像这位波士顿顾问公司的创始人那样，对国际企业界产生如此深远的影响。"这是布鲁斯·亨德森先生 1992 年 7 月 20 日去世后，《金融时报》对其思想遗产的描述。亨德森对这样一句墓志铭一定深感满意：影响世界是亨德森先生毕生的追求。

# 大江东去，浪淘尽，千古风流人物

## 金色童年 飞翔的梦

1915 年 4 月 30 日，布鲁斯·亨德森（Bruce D. Henderson，1915—1992）在美国田纳西州的一个农场里呱呱坠地。或许就在这一刻，老亨德森感受到了他儿子的与众不同，为之取名"布鲁斯（Bruce）"。"Bruce"在南非语里是"不同"的意思，象征着困难、热情、相反和独树一帜，正是这见证了亨德森一路走向成功，对国际企业界产生了深远的影响。

亨德森早年就显现出了与众不同的才华，他很早就开始标新立异，把陈规陋习抛诸脑后，不断追求创新。起初，他在父亲的出版社里担任一名《圣经》的推销员，就此开始了他的商业生涯，并且开局良好。这块"抛砖引玉"的"砖"将亨德森的商业才能晾到了阳光之下，使之为世人所见。当然年轻的亨德森不会为他的一点成绩沾沾自喜，他选择用知识武装自己。他进入范德比尔特大学（Vanderbilt）学习工程学，取得工程学学士学位，成为一名训练有素的工程师。在担任工程师期间，他总是不厌其烦地引用阿基米得（Archimedes，约公元前 287—前 212）的话来鼓励胸怀大志的员工："给我一根杠杆和一个支点，我就能撬动地球。"

## 小荷才露尖尖角

一匹千里马不会安于在一个马场供人赏玩，它要去寻找它的伯乐。亨德森就是这样一匹充满斗志充满野心的千里马，他当然不会安于终身做一名工程师，因此，他又进入哈佛商学院继续求学深造。然而 1941 年他又选择离开学校，加入西屋公司（Westinghouse Corporation），此时离他毕业仅剩 90 天。若没有超乎常人的坚定信念和不断推陈出新的思想是绝不可能做出这样毅然决然的决定的，然而亨德森做到了，他明确地知道自己要的是什么，更重要的是知道怎么才能得到想要的。正是这个看似疯狂的举动，使亨德森向他"影响世界"的目标迈出了坚实的第一步。在西屋公司，他成为公司历史上最年轻的副总裁之一。

或许对很多人来说这已经是一生所求了，但现在面对的是亨德森，一个与众"不同"的亨德森。这才是他人生路上攻下的第一个堡垒，后面还有千千万万个堡垒在等着他一个个去攻克。1953 年，艾森豪威尔总统挑选他参加"五人小组"，负责评估马歇尔计划下的外国对德援助项目；1959 年，他离开西屋公司，前往主持阿瑟·D. 立特尔（Arthur D. Little）的管理服务社 Arthur D. Little（简称 ADL）公司；1963 年，他从波士顿平安储蓄信托公司（Boston Safe Deposit and Trust Company）的首席执行官那里接受了一项难以想象的挑战：着手建立一支为银行业提供咨询的队伍，这就是波士顿咨询公司（The Boston Consulting Group，BCG）的前身。

## 功成名就：是时候大展身手了

亨德森及其领导下的波士顿咨询公司胸怀大志，有志于改变企业界思考竞争的方式，他运用的工具就是公司战略。一些在军事已经取得很好验证与发展的基本原则尽管已经广为人们所接受，但令人惊讶的是当 1963 年亨德森创立波士顿咨询公司的时候，这些原则在企业思维中还是一片空白。亨德森敏锐的触觉捕捉到了这一点，他用阐述公司战略原则的方法为自己在企业的神殿中赢得了一席之地，同时也推动波士顿咨询公司从一个一人经营的公司发展到如今拥有 3000 名专业人员的世界性企业组织。

波士顿创始人
布鲁斯·亨德森

亨德森热情洋溢、求知欲旺盛，而且喜好争辩，对各种实践和思想都有着如饥似渴的欲望。他能力超群，善于博采众长，归纳和综合原本相互独立的概念，然后将其应用于企业经营管理实践中，使之完善成为适用于企业经营的原理。亨德森并不满足于对某个观念有自己的见解，他喜欢把各种观念发展到逻辑的极限，从中获得巨大的活力并因此感到无比兴奋。亨德森活在永无止境的追求卓越、追求创新中，仿佛那就是他血管里奔流不息的新鲜血液，不断给跳动的心脏以营养补给。他喜欢引用杰伊·佛瑞斯特（Jay Forrester）的话："大部分人都只能理解第一阶效应，只有少数人会很好地考虑第二阶和第三阶效应。然而不幸的是，实际上企业真正有趣的事情，都存在于第四阶效应或者更高层次的效应。"他曾把《管理新视野》作为传播其思想的媒介。他给客户不断邮寄《管理新视野》的短文，甚至以公开信的形式给尼克松总统和卡特总统邮寄过他的《管理新视野》。虽然这可能并没有引起总统们的注意，但是却引起了美国企业界的关注，也为他日后的辉煌奠定了基础。

亨德森的成功还归功于其独到的预见能力。他早就预言到日本企业带来的挑战，但直到他人生的最后十年，美国工业才开始意识到这一点。

# 王者的较量：波士顿 vs 麦肯锡

## 锐利的武器——战略观点

要较量，先亮出武器来瞧瞧。亨德森的"武器"源自生物学、经济学和军事战略等方面，并首次勾勒出我们今天看到的战略的基本轮廓。他推翻了财务实践中看似神圣不可侵犯的惯例，比如填写损益表和资金回报表，其中亨德森认为资金回报表不仅有误导之嫌，而且还很危险。亨德森80%的战略都可以进行如下概括：

- 竞争性合作是战略的核心。
- 如果你不能成为行业第一或第二，那就请转行或者关门大吉吧。
- 市场份额的价值无限，却容易被低估。企业能否改变自身的市场份额，那主要取决于竞争对手的立场和决心。
- 一般来说，只有在市场还不成熟或迅速发展时，企业才是最容易走在前面，所得到的回报也最大，但还要看前面的企业是不是愚蠢之至甘愿放弃这个有利位置的程度。
- 成本取决于累计产量。累计产量（市场份额）最大，企业成本自然最低。降低成本的最佳途径就是扩大市场份额。
- 企业的目标不是获取最大利润，而是扩大市场份额。经营之初，赢利可能为负值，随后，会逐渐获得利润。企业应该为顾客创造越来越大的价值（20 世纪 60 年代末期，这个变革性的观念曾让大多数经营者伤透了脑筋），并不断降低成本和价格。
- 经营业绩的唯一可靠保证是市场份额的增长与现金。现金的确比利润更重要，因为利润只是承诺将来会有多少现金（而经常无法实现）。现金管理和重新调拨才是 CEO 的首要任务。
- CEO 们和股票市场不应为短期财务状况或投资回报而感到困惑。如果美国工业仍然过于关注这些方面，其市场份额定会被日本企业夺走。因为日本企业丝毫不受这些束缚，一心想争得全球市场的头把交椅。
- 差异化竞争是获取高额回报的唯一手段。要努力使自己与众不同，寻找独特的生存空间。否则，随着竞争日趋白热化，实际回报将接近零甚至为负值。
- 政客应该远离企业，因为死板的规章制度会对市场机制和财富创造带来意想不到的毁灭性打击。
- 改进企业文化。效仿日本的做法，使劳资双方的关系由对抗走向一致和合作，变工会为公司协会，废除工作制度，缩小公司规模，员工一般控制在 500 人以内，10—25 人为一个团队。

### 当传教士遇上创新者

俗语说：思想决定行动，行动决定习惯，习惯决定性格，性格决定命运。这对一个人的发展适用，也同样适用于一个企业的发展，尤其集中体现于其经营观念与原则对经营行为的影响上面。麦肯锡和波士顿作为"贩卖思想"的咨询公司，它们的思想，它们的经营观念，在自身发展轨迹中的作用也额外突显。

波士顿咨询公司给了亨德森一个大展身手的绝佳舞台，正如他的名字所预示的那样，亨德森一生与"不同"为伴。他的行为充满反叛，喜欢唱反调，热衷于改变。20 世纪 60 年代的麦肯锡（McKinsey）正春风得意，稳稳坐在咨询业界的头把交椅上，没有任何一家咨询公司可以与之抗衡，其地位似乎是无法撼动的。但就在所有人还在对麦肯锡顶礼膜拜时，亨德森在麦肯锡的地盘上创立了波士顿。这一举动在大多数人看来无疑是以卵击石，自讨没趣，但要知道那是亨德森——不打无准备之仗。麦肯锡这个业界的老大哥一直在扮演着咨询"传教士"的角色，这与一直把公司定位为企业的智力中心，立志于改变人们对竞争的看法的波士顿形成对峙。亨德森创建的公司战略学举世闻名，这给当时只是一味扩张、一味凭经验前行的麦肯锡以沉重的一击，使得麦肯锡不得不重新审视自己，做出战略调整。所以说，虽然麦肯锡是大家公认的战略咨询领域的霸主，但事实上波士顿才是第一家真正意义上的战略咨询公司。是亨德森创造了咨询史上第二个里程碑。

### 暗流涌动促新高

波士顿与麦肯锡之间不断的相互竞争促进了管理咨询业的蒸蒸日上。

麦肯锡提出了比较著名的"价值创造理论"、"MACS 企业发展战略"、"7S 模型"、"客户经济价值分析法（EVC）"、"SCP 模型"、

"5Cs 模型"、"解决问题的七步成诗法"、"客户细分法"、"业务优先级排序法"等理论和方法。由于在此咨询方法和理论方面深受当时最流行的"科学管理之父"泰勒及其科学管理理论的影响，同时在决策过程上受管理程序学的影响也不小，追求决策过程的正规化、条理化，麦肯锡面临一个致命的缺陷，即忽略了人的因素。战略管理过程存在人的不确定性，而人当是需要管理的首要资源。当置身于不同的环境，为不同的客户服务时，麦肯锡的理论虽然在程序上完全正确，但却时不时出现一些意想不到的麻烦。比如在中国的"水土不服"，甚至引发了"麦肯锡兵败中国"的恐慌。

与此同时，波士顿也提出了一系列咨询分析工具和管理概念，如"投资或产品组合分析法"、"经验曲线"、"时效竞争法"、"针对市场细分的营销法"、"全方位品牌管理"等等，并且把商业模型带进了咨询业的主流思想之中。但波士顿的方法和理论也并非就适用于所有的环境、所有的案例，例如它最著名的波士顿矩阵就缺少对业务相关性的分析，并不能全面反映产业吸引力和企业的竞争地位。

# 理论，波士顿坚实的支柱

## 实践出真知——"波士顿经验曲线"

波士顿经验曲线又称"经验学习曲线"。经验曲线是一种表示生产单位时间与连续生产单位之间的关系曲线。学习曲线效应及与其密切相关的经验曲线效应表示着经验与效率之间的关系。当个体或组织在一项任务中习得更多的经验，他们会变得效率更高。这两个概念出自英语谚语："实践出真知。"

经验曲线效应在 1960 年由亨德森率先提出。他发现，生产成本和总累计产量之间存在着一致相关性。简单地说就是，如果一项生产任务被多次反复执行，它的生产成本将会随之降低。每一次当产量倍增的时候，代价值（包括管理、营销、分销和制造费用等）将以一个恒定的、可测的比率下降。此后，研究人员对各个行业的经验曲线效应进行了研究，发现下降的比率在10%至30%之间。

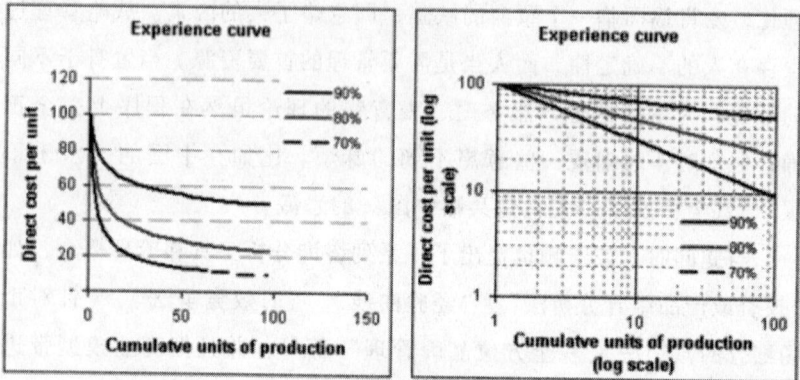

"波士顿经验曲线"图例

当生产的累积数量增加后，相对应的平均成本下降。形成经验曲线的原因一般有三个，它们分别是：

◆ 学习效果：由于重复工作所带来的学习效果。也就是练习效应。

◆ 科技进步：从事一项工作一段时间后，较容易进行生产制度和流程的改善。

◆ 产品改善：产品生产一段时间后可以清楚了解顾客偏好，经过设计改善，可以在不影响功能的前提下，使零件减少，成本降低。

## 有"舍"才有"得"——"波士顿矩阵"

"波士顿矩阵"（BCG Matrix），又称"市场增长率"——相对于市场份额矩阵、波士顿咨询集团法、四象限分析法、产品系列结构管理法等，是一种规划企业产品组合的方法。问题的关键在于要解决如何使企业的产品品种及其结构适合市场需求的变化，只有这样企业的生产才有意义。同时，如何将企业有限的资源有效地分配到合理的产品结构中去，以保证企业收益，是企业在激烈竞争中能否取胜的关键。

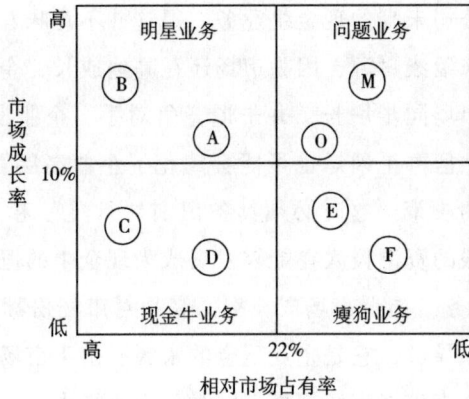

**"波士顿矩阵"图例**

上图是波士顿矩阵的图例：纵轴表示企业销售增长率，横轴表示市场占有率，各以10%和22%作为区分高、低的中点，将坐标图划分为四个象限，依次为"问题类"、"明星类"、"现金牛类"、"瘦狗类"。但图中的这些数字范围也不是绝对的，可以在实际运用中根据实际情况进行修改。图中的八个圈表示公司正面临的八个业务单位，它们的位置表示这个业务的市场成长和相对市场份额的高低；面积的大小表示各业务的销售额大小。

"问题业务"是指高市场成长率、低相对市场份额的业务。这往往是一个公司的新业务，为发展问题业务，公司必须投入大量资金建工厂，增加设备和人员，以便跟上迅速发展的市场，并超过竞争对手。公司对待这类业务的态度必须非常慎重，对于是否应该继续在这个业务上投资的问题必须思量再三。只有那些符合企业发展长远目标、企业具有资源优势、能够增强企业核心竞争能力的业务才能得到肯定的回答。一个公司可能有几项问题业务，不可能全部投资发展，一定要做出选择，集中投资。

"明星业务"是指高市场成长率、高相对市场份额的业务。这是由问题业务继续投资发展起来的，可以视为高速成长市场中的领导者，它将成为公司未来的现金牛业务。但这并不意味着明星业务一定可以给企业带来滚滚财源，因为市场还在高速成长，企业必须继续投资，以保持与市场同步增长，并击退竞争对手。企业没有明星业务，就失去了希望，但群星闪烁也可能会耀花了企业高层管理者的眼睛，导致做出错误的决策。这时必须具备识别"行星"和"恒星"的能力，将企业有限的资源投入在能够发展成为现金牛的恒星上。

"现金牛业务"指低市场成长率、高相对市场份额的业务。这是成熟市场中的领导者，它是企业现金的来源。由于市场已经成熟，企业不必大量投资来扩展市场规模，同时作为市场中的领导者，该业务享有规模经济和高边际利润的优势，因而给企业带大量财源。企业往往用现金牛业务来支付账款并支持其他三种需大量现金的业务。

"瘦狗业务"是指低市场成长率、低相对市场份额的业务。一般情况下，这类业务常常是微利甚至是亏损的。瘦狗业务存在的原因更多是由于感情上的因素，虽然一直微利经营，但就像人对养了多年的狗一样恋恋不舍而不忍放弃。其实，瘦狗业务通常要占用很多资源，如资金、管理部门的时间等，多数时候是得不偿失的。

根据波士顿矩阵的原理，亨德森还提出了四条基本的应用法则：

第一法则：成功的月牙环。在企业所从事的事业领域内各种产品的分布若显示月牙环形，就是成功企业的象征，因为赢利大的产品不止一个，而且这些产品的销售收入都比较大，还有不少明星产品。问题产品和瘦狗产品的销售量都很少。若产品结构显示的散乱分布，说明其事业内的产品结构未规划好，企业业绩必然较差。这时就应区别不同产品，采取不同策略。

第二法则：黑球失败法则。如果在第四象限内一个产品都没有，或者即使有，其销售收入也几乎近于零，可用一个大黑球表示。该种状况显示企业没有任何盈利大的产品，说明应当对现有产品结构进行撤退、缩小的战略调整，考虑向其他事业渗透，开发新的事业。

第三法则：东北方向大吉。一个企业的产品在四个象限中的分布越是集中于西北方向，则显示该企业的产品结构中明星产品越多，越有发展潜力；相反，产品的分布越是集中在东南角，说明瘦狗类产品数量大，说明该企业产品结构衰退，经营不成功。

第四法则：踊跃移动速度法则。从每个产品的发展过程及趋势看，产品的销售增长率越高，为维持其持续增长所需资金量也相对越高；而市场占有率越大，创造利润的能力也越大，持续时间也相对长一些。按正常趋势，问题产品经明星产品最后进入现金牛产品阶段，标志了该产品从纯资金耗费到为企业提供效率的发展过程，但是这一趋势移动速度的快慢也影响到其所能提供的收益的大小。

如果某一产品从问题产品（包括瘦狗产品）变成现金牛产品的移动速度太快，说明其在高投资与高利润率的明星区域里时间很短，因此对企业提供利润的可能性及持续时间都不会太长，总的贡献也不会大；但是相反，如果产品发展速度太慢，在某一象限内停留时间过长，则该产品也会很快被淘汰。

在明确了各项业务单位在公司中的不同地位后，就需要进一步明确其战略目标。通常有四种战略目标分别适用于不同的业务：

发展：继续大量投资，目的是扩大战略业务单位的市场份额。主要针对有发展前途的问题业务和明星中的恒星业务。

维持：投资维持现状，目标是保持业务单位现有的市场份额。主要针对强大稳定的现金牛业务。

收获：实质上是一种榨取，目标是在短期内尽可能地得到最大限度的现金收入。主要针对处境不佳的现金牛业务及没有发展前途的问题业务和瘦狗业务。

放弃：目标在于出售和清理某些业务，将资源转移到更有利的领域。这种目标适用于无利可图的瘦狗和问题业务。

## 四两拨千斤——"猴子—大象法则"

"猴子—大象法则"是亨德森创立的又一理论。有意思的是，亨德森将规模庞大的公司比作大象，把行动灵活的小公司比作猴子。大象体积越大，猴子的胜算就越大，大象可以踩死猴子，但猴子也可以骚扰大象，使大象遭遇挫折。他认为：任何一家公司要想成功，最重要的是在市场上竞争；要竞争，必须有市场分析和一套完整的策略。认清自己的实力和现状，以己之长，攻其之短，乃制胜的法宝。猴子—大象法则告诉人们可以以小胜大，以弱胜强。

## 黄金分割——"三四律"

"在一个稳定的竞争性市场中，有影响力的竞争者数量绝对不会超过三个。其中，最大竞争者的市场份额又不会超过最小者的四倍。这就是闻名商界的'三四律'。"亨德森在《"三四律"：要么成为局部市场的领先者，要么趁早变现退出，千万别三心二意》一文中这样阐述道。三四律模型用于分析一个成熟市场中企业的竞争地位。与前面提出的理论不同，三四律是一个通过观察得出的经验性结论，并没有经过严格的证明，但不难从经验曲线的关系中推断出来，并且非常具有现实意义。三四律可以很好地预测有效竞争的结局。在经验曲线的效应下，成本是市场份额的函数。倘若两个竞争者拥有几乎相同的市场份额，那么，谁能提高相对市场份额，谁就能同时取得在产量和成本两个方面的增长；与所付出的代价相比，得到的可能会更多。但是对市场竞争的领先者而言，可能得到的好处却反而少了。然而在任何主要竞争者的激烈争夺情况下，最有可能受到伤害的却是市场中最弱下的生存者。

三四律的运用也并非易事，它取决于相关市场的精确界定。竞争均衡要经过很多年的努力才能达到。可以肯定的一点是，三四律必然会起作用。三四律的现实提醒着我们每一个人，如果不能成为某一产品的局部市场领先者，那就赶紧收拾值钱的东西退出吧，另起炉灶或许是条不错的出路。这与亨德森"如果你不能成为行业第一或第二，那就请转行或者关门大吉吧"的战略观点达成高度一致。

## 华丽的回眸

在"影响世界进程的 100 位管理大师"中，亨德森位列 67。可见其管理理论对世界有着深远的影响。在当今中国，其理论对于中国企业的现状也有不可小视的作用。中国的企业普遍面临着观念过于陈旧，高新产业发展缓慢等等的诸多问题，要怎样才能摆脱这样的困境，在世界产业界占有一席之地呢？恐怕没有人能给出一个有百分百把握的答案。但是亨德森的理论启示着我们如何了解市场规律，把握市场动态，调整自身的战略，找到属于自身的专有领域。尤其对于盲目追随潮流的投资者，要分析项目的可行性，是现金牛还是问题，是明星还是瘦狗？盲目投资不仅会造成巨大的经济损失，对整个市场大环境的发展也有致命的损毁效应。

一生追求与众不同的亨德森最终完成了他毕生的追求：影响世界。他为管理心理学界带来新的春天。

# 安德鲁斯："企业战略之父"

简单是上乘艺术的本质。战略制定的观念就是让复杂的组织变得简单化；只有当我们了解了自己的战略以后，才能确定出合适的组织结构。

——安德鲁斯

　　他，始终对阅读有着深深的眷恋；他，竟然和孩童一般痴迷于《纽约时报》上的填字游戏；他，喜爱大自然，乐衷于户外活动——在园艺中感受美好的生活，从划船中享受激情的体验……没错，这就是肯尼斯·安德鲁斯（Kenneth R. Andrews，1916－2005）。这位早年对马克·吐温颇为着迷的文学研究专家，却被当今誉为"企业战略之父"。他与早年的哈佛商学院如今的哈佛大学结缘 40 余年；伴随着《哈佛商业评论》走向巅峰，大胆而独具创新的对商业道德加以评述……他，提出了怎样的战略领域的基本框架？以下记录的点滴印记，希冀给大家以启迪。

# 89 年的旅行历程

## 二次大战中的奇遇——文学家走进商学院

1916 年，达勒姆·新罕布什尔州，安德鲁斯出生了。从懂事起他便对文学颇有兴趣，而后一直将写作视为最令他开心的事情。正所谓兴趣是最好的老师，20 岁的安德鲁斯毕业于卫斯理大学，获得了英语专业的学士学位。而后，这位有着勤奋精神的小伙子，仅用一年的时间便修读完了研究生课程，于 1937 年获得了美国文学硕士学位。然而不久，二次大战的炮火使得美国早已开始动荡。安德鲁斯不得不中断学业，并被招募到志愿兵的行列之中。此时的安德鲁斯正处于青年时期，从心理学家埃里克森毕生发展的八个阶段来看，属于第五阶段——"认同感"对"角色混乱"的矛盾时期。这个时候的人们往往会对自己到底是谁，我到底喜欢什么，以后想要干什么产生疑问，并开始不断地循环思考。对于安德鲁斯来说也一样，这个志愿兵在报效祖国的同时，意外而幸运地发现了自己真正的研究兴趣之所在，及时而正确地建立了良好的自我认同感。想来，这当然是为他以后的成功之路铺下了第一块砖。

志愿兵团队被安排在了"美国空军统计控制学校"（Army Air Force's Statistical Control School）服役。该校的赞助者是当时的哈佛商学院，所授课程大部分就是由哈佛商学院的教授上的。或许就是缘分的注定，安德鲁斯也就是在这里开始了和哈佛的第一次亲密接触。他被哈佛教授们生动的课堂讲授所吸引着，对其优秀的教学质量留下了深刻的印象。与此同时，他的导师也记住了这位具有非凡才智的小伙子。

离开志愿兵的团队之后，安德鲁斯继续在伊利诺伊大学攻读英语博士学位，并开始以兼职做老师为生。随着战争的结束，他已经从一名默默无闻的私人教师提升成了正式教师，于 1946 年完成了关于马克·吐温的学位论文。此时，距他离开统计控制学校仅有短短几个月的时间。然而，与哈佛的第二次亲密接触意外地到来了——来自哈佛商学院的爱德蒙教授的电话。教授给安德鲁斯提供了一个机会，让他参与该校由多种学科共同组建的一个叫做"行政管理练习"的新课程。这是多么令人兴奋的事情啊！安德鲁斯喜出望外地接受了邀请。然而，或许此时的他并不是很清楚，这也注定了自己与哈佛四十年的相依相伴。

安德鲁斯于哈佛图书馆

受到哈佛大学的青睐对于他来说已然是一个很好的机会，但更令他兴奋的是，这样一来对于他的文学研究也更加是一个难得的机会——哈佛大学的图书馆里面收藏了很多马克·吐温的私人著作。此时，安德鲁斯在继续文学研究的同时，跨入了哈佛大学的校门。1950 年，他完成的博士论文如期发表了，并且深受广大读者的好评。这是一篇关于马克·吐温的经典研究著作——《隐蔽的农场：马克·吐温的哈特福德圈》（Nook Farm：Mark Twain's Hartford Circle）。

## 机遇垂青有准备的头脑——人生的又一次转折

1948 年获得博士学位以后，安德鲁斯已经留在了哈佛商学院，并于 1957 年获得了哈佛商学院的荣誉硕士学位。在此期间，他不仅给学生讲授 MBA 的课程，同时也进行着个案研究，并全权负责一项关于"大学与企业经营者的有效培训计划"的研究。没过多久，他又被邀请参加学校《企业方针》的必修课的教授团队——"通用管理小组"。在这门课程中，MBA 学员要从一个高层管理人员的角度检查整个企业的问题。这次机会可以说是安德鲁斯事业上的一个重大转折点。因为这是一门极为专业的课程，所讲授的内容往往要依赖于教授个人的经验和理解，所以只有顶尖级的教师才能够有资格讲授。正是他孜孜不倦的研究积累了丰富的经验，以过人的智慧和独特的教学方式赢得了这次成功。

经过两年多的时间，该团队将"企业战略"发展成了《企业方针》这门课程的组织观念。安德鲁斯也将他的研究重点和案例研究放在了瑞士手表工厂上。正是由于这些努力，《企业方针》课程经过了一次彻底的修订，这不仅给其他的课程发展带来了影响，也对其相关领域中具有竞争性的国家和工厂产生了影响。这项开创性的工作为把"企业战略"上升为专业的企业管理咨询，作出了重大的贡献。

## 枝繁叶茂的大树——繁忙"父亲"

作为《企业方针》课程的负责人、综合管理单位的主席，"学校先进管理项目"的委员长，安德鲁斯同时还担任了哈佛商学院和哈佛大学的多种领导职位。1967 至 1970 年担任委员长期间，安德鲁斯提交了一篇极具影响力的报告——一个扩大学校行政能力教育项目的方案。1970 年，在安德鲁斯退出委员长之位时，该项目竟然迅速扩大到了 12 个。

"安德鲁斯对于哈佛商学院的贡献是巨大的！"哈佛大学教授、战略研究专家约瑟夫·鲍尔（Joseph L. Bower）说，"他神奇而成功地提高了我们高等管理项目人员的专业素质，并将《哈佛商业评论》

推进到了能引领商业期刊观念的位置。安德鲁斯创建的一套企业方针，正是当前战略管理领域的基础。从我个人角度来讲，我认为他是一个非常有才智又非常细心的领导者！对于他能够在大卫之后成功地担任委员长令我感到特别崇敬和开心。"

1971 年，哈佛大学以及其他大学的很多大学生都躁动不安，哈佛大学校长内森·普西任命安德鲁斯为"莱弗里特之家"（Leverett House——哈佛大学的 12 个本科生宿舍之一）的首领。也就是从这个时候开始，安德鲁斯与妻子一同组成了这里的第一对夫妻首领，担任起了父母的角色，极其花费心思地管理着这里的一切。在未来的十年里，夫妻二人创造了一个大型的各民族团结融洽的大学生群体。安德鲁斯也因此受到了广大师生的深深爱戴。

## 文学与商业的结合——十年之缘

在安德鲁斯搬进"莱弗里特之家"之后，他开始了和《哈佛商业评论》的十年之缘。起初，他只是编辑部的委员。而后 1979—1985 年，他担任主编。

这段时间，安德鲁斯开始对商业中的道德和个人价值的研究越来越有兴趣。他鼓励商界人士撰写文章投稿于《哈佛商业评论》，并把此举作为行政能力教学的一部分。实际上安德鲁斯要说服企业家来讨论企业道德问题是一件很困难的事情，那时的公众已获悉工商业领导人无可置疑地违反道德准则了，但人们却听不到工商界的公开评论。有着深厚文学功底的他，在搜集了大量发表在《哈佛商业评论》中的相关文章后，编辑了"实践中的伦理学"专栏，并亲自执笔为专栏撰写"导言"。他强调，企业不能简单地被定义为寻求经济利益最大化的实体，并指出企业伦理的基本要素包括符合规定的政策、责任委员会，以及有利于形成和维持道德行为的培训。经过相当长一段时间的研究，《商业中的道德》于 1989 年在《哈佛商业评论》上发表了。"企业家、商业领袖和经理人应该拜读安德鲁斯这篇写于 18 年前的经典文章。现在，这种迫切性与它刚发表时的 1989 年并无二致。"约瑟夫·W. 韦斯——本特利学院管理学教授如是说。

正是因为安德鲁斯一直坚定企业伦理的观念，《哈佛商业评论》的声誉和影响力直步青云。到他卸任主编的时候，该杂志的全球发行量已增长到 24 万，全球同步发行 11 个国外版本。

## 不停的轮轴——硕果累累

在安德鲁斯的整个职业生涯中，他除了担任顾问、董事和信托受托人外，还与一些组织一直保持着工作关系。其中包括哈佛大学出版社、卫斯理大学出版社、约翰威立国际出版企业和施乐企业。可以说安德鲁斯是时时刻刻将工作、理论、实际生活融为了一体，并且从没有间断写作的热情。他的代表性著作有《大学管理发展计划的有效性》（1966），该书赢得了社会性管理图书奖；《经营策略：内容和案例》（1965），该书作为哈佛大学通用管理小组的教科书，被认为是最全面、最清晰地表达了战略过程设计学派的思想；《企业战略概念》（1971/1980），此书获得了麦肯锡基金会图书奖。

说到安德鲁斯的著作，不能不着重提及一下《企业战略的概念》，这标志着战略管理成为一个独立的研究领域。安德鲁斯首次提出一个战略分析的框架，即人们现在所熟知的"SWOT"分析。他把"战略"定义为企业可以做的与企业能够做的之间的匹配。"可以做"即环境所提供的机会与威胁；

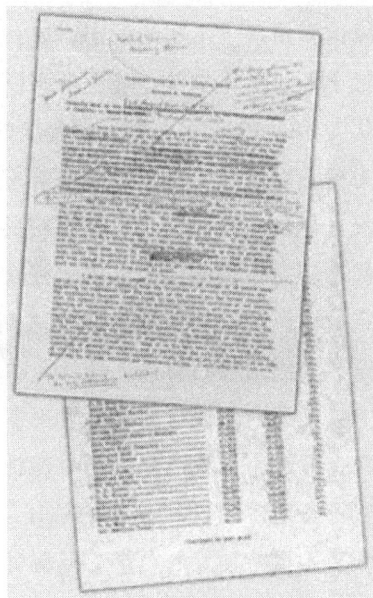

**安德鲁斯亲笔修改的手稿**

"能够做"即为企业自身的强项与弱项。他将战略划分为四个构成要素：市场机会、企业实力、个人价值观和渴望，以及社会责任。而战略不过就是这四者之间的契合。

1990 年，安德鲁斯获得了哈佛商学院颁发的杰出服务奖。其颁奖辞这样写道："正如马克·吐温从来没有做过的那样，他明白怎样能使企业达到最佳的绩效；他在著作中阐明的那些复杂问题，帮助了哈佛商学院的同事以及世界各地的经理人。"

## 辉煌的金字塔——"SWOT 战略分析"

### 塔之基底——背景概述

回顾战略管理的整个历程，变幻莫测的市场就如同一头大象，专家们用自己所摸到的那一部分阐述出自己的理论。这样，战略管理领域也就出现了不同的派别，如：设计学派、定位学派、认知学派、学习学派、文化学派、环境学派以及结构学派。现代战略理论的研究被认为始于 1971 年，以安德鲁斯的经典著作《企业战略概念》的出版为标志。近四十年来，战略研究呈百花齐放的态势，安德鲁斯的思想就好比是一粒种子，而其他的观点正是在此基础上结出的果实。以安德鲁斯为代表的设计学派，将战略看作是在企业所处的环境中能够决定其地位的机遇与限定条件之间的一种匹配。故而"建立匹配"是设计学派的核心目标。

安德鲁斯认为，战略管理最主要的作用就是将环境所创造的机会和企业的力量相匹配，同时保护企业的弱点使之不受到环境的威胁。安德鲁斯使用了"独特的胜任"概念，是指使一个企业能够在某些领域做得特别好的力量。但他对这个概念并没有给出严格的定义，仅仅是从直觉上使用的。关于战略制定的问题，安德鲁斯提出，"管理人员只有在尽可能深思熟虑地制定战略时，才会真正了解自己在做的事情"。从发展心理学的角度上看，可以将战略制定视为一项后天习得的技能，这必须通过人们正式的学习才能获得，而不是与生俱来的技巧或者直觉性的技巧。

在战略审核的过程中，安德鲁斯独到地指出了个人价值和社会道德对于战略制定的影响，这是设计学派其他作者所没有注意到的。他大胆而坚定的将道德问题摆在了众人的眼前。在他看来，这些因素对于评估内外环境的框架还是相当有影响力的。这就如同一个人的社会化的过程一样，一个人的成长是内部因素和外部环境共同作用的结果。

"SWOT 分析"后来被许多战略专家利用并加以修订，形成了"SWOT 矩阵"。其中安索夫的推广可谓功不可没。

## 塔之解密——了解和运用

SWOT 是"威胁—机会—劣势—优势矩阵"（Threats-Opportunities-Weaknesses-Strengths Matrix）的简称。SWOT 将企业所面对的外部因素（包括机会与威胁）和内部因素（优势和劣势）区分开来，使得分析更为全面和有针对性（见图 1）。它不仅在战略管理中得到广泛的运用，而且还可以运用到其他任何问题的决策上。亲爱的读者，如果现在你碰巧手头上正需要做一个决策，那么不妨先看完以下的部分，再回头看看有没有什么帮助。那么，到底什么是优势和劣势、机会和威胁呢？

●优势：指潜在的资源优势和竞争能力。也就是相对于竞争对手和企业所服务或准备服务的市场需求而言的资源优势。当它为企业在市场中提供了相对优势时，就成了企业的特殊能力。优势正是从企业可获得的资源和能力的基础上发展起来的。比如企业产品的创新能力，成本优势，强大的品牌形象，企业声誉，等等。

●劣势：指潜在的资源劣势和竞争缺陷。是相对于竞争对手而言企业存在的资源或能力上的限制或缺陷。比如含糊的战略方向、落后

```
                    ┌─────────┐
                    │  形式分析  │
                    └─────────┘
              ┌──────────┴──────────┐
         ┌────────┐            ┌────────┐
         │  内部分析  │            │  外部分析  │
         └────────┘            └────────┘
        ┌────┴────┐          ┌────┴────┐
   ┌────────┐ ┌────────┐  ┌────────┐ ┌────────┐
   │ 优势（S） │ │ 劣势（W） │  │ 机会（O） │ │ 威胁（T） │
   └────────┘ └────────┘  └────────┘ └────────┘
```

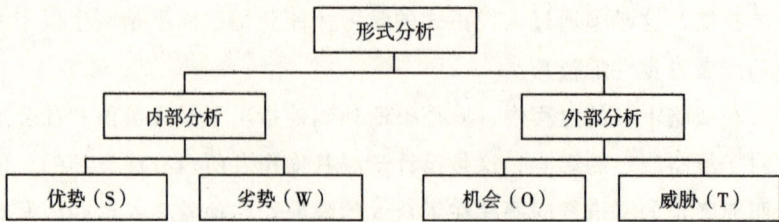

**图 1　SWOT 分析示意图**

的产品质量、研发或技术、管理深度的缺乏、智力资本不足等。大学生在进行创业计划利用 SWOT 分析时，资金来源常常被列入劣势之内。

●机会：指潜在的市场机会——这是对企业特别有利的状态。机会的来源之一是关键的发展趋势。另外，对细分市场的预测、竞争环境的变化、技术改革、与顾客或供应商关系的改善，都能给企业带来机会。比如通过因特网销售，就打破了以往面对面的销售模式，使顾客实现了足不出户就能买到自己想要的东西，大大节省了如今快节奏生活的人们的时间。

●威胁：指对企业不利的外在因素。它是妨碍企业在目前或未来的市场地位的主要因素。新竞争者的进入、市场增长的缓慢、主要客户和供应商讨价还价能力的增强、技术改变和法律法规的修订、消费者的需求和偏好从该行业产品转移到别的产品等，都会对企业的成功带来威胁。例如，留恋往返于各大品牌的女人们，是所有商家最为关注的主要顾客，殊不知她们每一次小小的善变，积聚起来便构成了对商家的威胁。

SWOT 的核心是"匹配"。将企业的内部与外部因素进行综合考虑，匹配出合适的战略方案。根据企业的机会、威胁、优势、劣势，可匹配设计出 SO、WO、ST、WT 战略（见图 2）：

|  | 优势 – S | 劣势 – W |
|---|---|---|
| 机会 – O | SO 战略（增长型） | WO 战略（转移型） |
|  | 利用：发挥优势、把握机会 | 改进：利用机会、克服弱点 |
| 威胁 – T | ST 战略（多元型） | WT 战略（防御型） |
|  | 监视：利用优势、应对威胁 | 消除：减小弱点、回避威胁 |

**SWOT 矩阵**

先来看看优势—机会（SO）战略。该战略的核心是"利用"。作为管理者，最理想而且希望实施的方案当然是这一类型了。能够利用内部的优势去把握外部趋势和事件所提供的机会，当然是求之不得的事情。然而通常来说，现实往往会给我们开玩笑，不会将事情按照我们的意愿进行安排。所以企业一般会首先采用 WO、ST 或 WT 战略，斩断挡在面前的荆棘，以便逐步达到可以采用 SO 战略的位置。当企业存在很大的劣势时，努力克服并促使其转变为优势；当企业面临很大的威胁时，努力规避威胁并充分利用机会。这是一种"增长型"战略。

比较常见的就是劣势—机会（WO）战略了。它的核心是"改进"。这是一种"转移型"战略。利用机会来克服企业的不足，或者通过补短提高自己的竞争力来把握机会。有时候外部存在着绝佳的机会，而我们自身固有的内部劣势会阻碍这些机会的利用。举一个生活中的例子，假使你是一位即将毕业的应用心理专业的研究生，有着优异的学习成绩和出色的学生工作表现，一家大企业需要一位此专业的学生前来应聘，而你也很想得到这样一份梦寐以求的工作。然而，企业的要求是在校期间必须有实习经历。此时，你应该如何做呢？

看完了机会的匹配，接下来轮到另外一组匹配了。优势—威胁（ST）战略的核心是"监视"，即利用企业的优势来应对外部的威胁。这是一种多元化的战略。例如，如今盗版的猖獗有目共睹，不管是图书、音像制品，还是服装服饰等，各种商品往往会遭受被盗版的厄运。这些看起来"相似的"产品时时刻刻威胁着企业的产品，模糊着消费者的眼睛，或者用低廉的价格打动着消费者的心房。作为该企业的管理者，你应该制定怎样的战略来应对这些威胁呢？

最后一项便是劣势—威胁（WT）战略了。"消除"是此项匹配的核心，这是一种努力弥补内部劣势并且规避外部威胁的"防御性"战略。对于一个面对大量的外部威胁和内部劣势的企业来说，必然处于动荡不安之中。这样的企业不得不面对兼并、破产或清算威胁，需要为此进行防御。

为了更好地运用 SWOT 分析，可以通过 SWOT 矩阵来反映企业的战略全景。那么，应该如何建立 SWOT 矩阵呢？以下 8 个步骤将会给你答案：

1. 列出企业的关键外部机会——填入 O 单元格

2. 列出企业的关键外部威胁——填入 T 单元格

3. 列出企业的关键内部优势——填入 S 单元格

4. 列出企业的关键内部劣势——填入 W 单元格

5. 内部优势与外部机会的匹配形成 SO 战略——将结果填入 SO 单元格

6. 内部劣势与外部机会的匹配形成 WO 战略——将结果填入 WO 单元格

7. 内部优势与外部威胁的匹配形成 ST 战略——将结果填入 ST 单元格

8. 内部劣势与外部威胁的匹配形成 WT 战略——将结果填入 WT 单元格

按这八个步骤将 SWOT 矩阵填补完整，便可以开始你自己的战略分析了。这时候你可能又有疑问了，我们到底应该如何操作呢？按照安德鲁斯在《企业商业概念》以及有关商业道德的见解，SWOT 战略分析步骤可以按下图所示来进行：

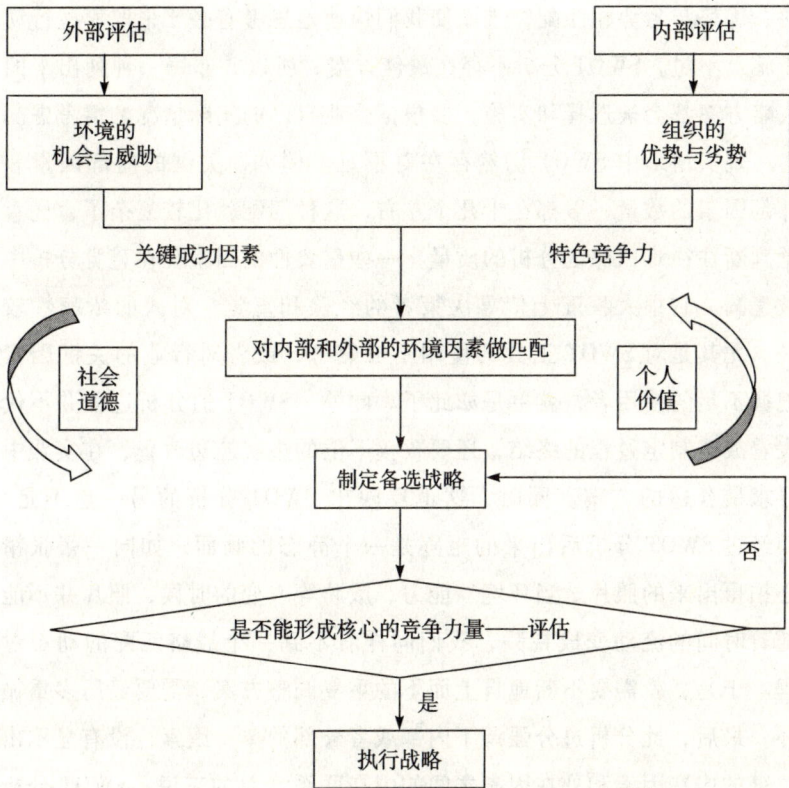

SWOT 分析程序

## 俯瞰金字塔——浅谈优与劣

"SWOT"分析由于其应用灵活、系统性和清晰的表达而具有极强的使用价值。长期以来一直是许多分析者进行战略筛选的基础，也成了企业员工培训项目中的宠儿。在生活中，这也是人们自我分析的绝妙方法。SWOT 可以根据分析者们的经验，在各种复杂的环境中匹配出细致多变的应对方案，且操作方便。它不仅仅是列出了四个列表，其真正的价值就在于：判断每一方面的列表内容反映企业或者被分析对象处于何种态势，能很好地描述战略制定的本质——机会与威胁、优势与劣势相匹配，进而使我们快速地思考有必要采取哪些行动措施。不过，SWOT 分析不存在最佳方案，所以并非每一种列出来的战略方案都会被选择和实施，要根据企业自己的实际情况酌情考虑。

现实情形中 SWOT 仍然存在着不足。例如，关键的内部因素和外部因素的数量一般都在十几个左右，这种匹配就比较复杂了，凭直觉判断往往难以保证分析的质量，一些重要性的因素会在直觉分析中被遗漏。它很大程度上依靠决策者的经验和直觉，对人的依赖性较大。尤其是对 SWOT 工具的使用不够熟练，或者对行业的关键因素把握不足的使用者，就更是如此了。此外，SWOT 的分析过程并不代表着战略制定过程的终结，还要孜孜不倦的边实施边改善，在实践中寻求最合适的方案。同时，这也反映出 SWOT 分析的另一点不足，即经过 SWOT 分析后出来的矩阵是一个静态的画面，如同一张张精心拍摄出来的照片。当环境、能力、威胁等改变的时候，照片并不能随着时间的流动变成视频，我们同样看不到一个战略匹配的动态过程。于是，就需要不断地自上而下的重复调整方案，需要经历多重循环。最后，此分析过分强调了内部或者外部的单一因素，没有显示出关键的内在因素和外在因素之间的内在联系。总的来说，SWOT 分析的使用与否，既要看企业面对的实际情况的动态性，也要看战略决策者的综合能力。如果企业管理者具备了一定的能力和基础，SWOT 分析还是值得推崇的。

# 再度回首——静静道别

2005 年，在一场短暂的疾病之后，肯尼斯·安德鲁斯，这位有着"企业战略之父"称号的伟大人物，于 9 月 7 日永远闭上了眼睛。在去世之后，他获得了"大卫·柯克·唐纳德工商管理荣誉退休教授"（School's Donald Kirk David Professor of Business Administration E-

meritus）的称号。他和伊迪丝·普拉特（Edith Platt）的婚姻从 1945
年维持到 1969 年，历经 24 年。第二年，与第二任太太卡洛琳·埃尔
斯金（Carolyn Erskine）结婚。前后两位夫人均于 2002 年去世。

安德鲁斯有一个儿子肯（Ken Jr）和一个女儿卡罗琳（Carolyn），
均在马萨诸塞州；另外有三个继子：林恩·汉吉尼亚（Lyn Hejin-
ian），现在加州的伯克利分校；道格拉斯·霍尔（Douglas Hall），现
在旧金山；以及住在达勒姆·新罕布什尔州的玛丽（Marie Katrak）。
安德鲁斯还有 6 个孙子和 9 个曾孙。

在我们一同回顾了安德鲁斯的一生之后，不禁会被他的勤奋所震
撼，被他的大胆独特而敬畏，被他的巨大贡献所打动。让我们记住他
的箴言：“简单是上乘艺术的本质。战略制定的观念就是让复杂的组
织变得简单化；只有当我们了解了自己的战略以后，才能确定出合适
的组织结构。”

# 明茨伯格：管理心理学的
# 反传统斗士

出生于加拿大的亨利·明茨伯格（Henry Mintzberg, 1939 - ）是
当今世界上最杰出的管理心理学家之一。自 20 世纪 70 年代以来，他
先后创立了在管理界影响深远的管理角色学派、战略过程学派和实践
管理教育范式。他是美国战略管理协会的创始人及前主席，国际实践
管理教育联盟的创始人及前主任。现任加拿大麦吉尔大学管理学荣誉
教授，同时担任法国知名学府欧洲工商管理学院、伦敦商学院，以及

246

卡内基－梅隆大学的客座教授。

明茨伯格是一位从管理实践出发，挑战传统管理观念的斗士。他的思想极为独特，往往难以被按常规思路的传统管理学界所接受。他时常独辟蹊径，抨击管理学界的主流观点。他的见解，颇有几分"语不惊人死不休"的气概，被人们誉为"管理领域伟大的离经叛道者"。

# 好奇顽童的崭露头角

明茨伯格1939年9月2日出生在加拿大蒙特利尔一个普通家庭。他的父亲是一家小型女装生产厂的管理者。孩提时期的明茨伯格有着强烈的好奇心，总想知道身为总经理的父亲究竟在办公室里做些什么。在一个六岁孩子的眼中，父亲的工作不过是坐在办公室里，签发信件，与人谈话，这些都是令孩子无法理解的。然而，他在1993年所写的自传中坦言，那只是一时的好奇而已，与他后来走上管理学的道路并无必然联系。

小明茨伯格在学校里是一个极其普通的孩子，他的表现并不差，但也绝对算不上出类拔萃。他后来说明，当时的自己就像普普通通的孩子们一样成长，不是个坏学生，但也从来不可能当选"最有可能成功的小孩"。然而他唯独对拆卸东西情有独钟，总想弄明白那些东西是如何运转的——不过拆开后却很少能将其复原。

高中毕业以后，因为喜欢拆东西，明茨伯格进入位于蒙特利尔的麦吉尔大学攻读机械工程学，成绩中等偏上。同时，他还积极参加了很多课余活动。他夏天大部分时间在工厂工作，从制造模具到研究工时定额。

1961年获得机械工程学学士后，他决定不为父亲工作，他想知道自己是否有办法自力更生。凭着在大学里担任《麦吉尔日报》体育专栏编辑的经历，他在加拿大国家铁路公司（Canadian National

Railways）运营研究分部得到了一份运营研究的工作，这项工作让他发现了自己的才能所在。在工作中，他逐渐对人们是如何工作的问题产生了浓厚的兴趣，这为他以后在管理学领域做出杰出的成就奠定了基础。

1962 年，明茨伯格又获得了乔治·威廉士大学文学学士学位。他对自己的人生规划是去读工业工程或运营研究的硕士学位，然后去当一名小企业的咨询顾问。然而，这时的他并没有考虑报考商学院，他认为只有"后来被叫做'直通车'的那些讨厌家伙们才会去读那种轻松的商学院"。

20 世纪 60 年代，正是 MBA 教育走红的时期。也就在那个时候，明茨伯格在叔叔杰克的鼓励下，申请哥伦比亚大学的一个工业工程项目。这里发生了一个小小的插曲。他同时还申请了麻省理工学院（MIT）的工业管理学院的科学硕士学位，尽管他承认以他的成绩根本进不去，但他仍"恶作剧式"地申请了。出乎他意料之外，麻省理工学院接收了他的申请，因此他要在哥伦比亚大学和麻省理工学院之间做一个选择。一位在哥伦比亚大学研究工业工程的德高望重的前辈给了他一个宝贵的意见："去那里（麻省理工学院）吧，他们能为你做的，我们永远做不到。"

于是他前往麻省理工学院斯隆管理学院攻读管理学，这是他人生中的一个关键时刻。在那里，他发现自己对"人们是如何工作的"比"事物是如何运转的"更感兴趣，他的人生轨迹由此而改写。

在 MIT 里他仍然异常活跃，胸中的记者情怀又一次表现了出来。几周之内他就在学生报纸上写文章抨击课程中教学资料的泛滥。他还在 11 月发表了一篇社论，驳斥任何表示"无法在 1 月份之前改变课程"的说法。他后来认为，如果他没有成为学者的话，很愿意终生从事新闻职业。看来，这种说法绝对不是空穴来风。

1965 年，他获得麻省理工学院的管理学硕士学位，同时他开始申请 MIT 的政策学研究方面的博士项目。从他的选择方向上又一次表现出了他的与众不同。因为，当时的 MIT 根本没有政策学方面的研究领域，又没有政策学研究方面的教授，也没有博士生的政策学研究方向。可他就是那种"想要从组织控制中摆脱出来的人"。刚刚接任博士委员会主席职务、并在当时开设第一门政策学课程的鲍曼（Edward Bowman）教授，决定亲自指导他。然而在这个研究方向上，其实当时教授和学生知道的一样多，或者说是一样少。明茨伯格回忆道，当时这位昵称为 Ned 的教授甚至在会面后走出大厅的时候冲他喊道："我认定政策学研究没有前途。"有趣的是，明茨伯格同样回喊道："你会改变看法的。"

他顺利地完成了综合考试，然而对于学位论文，他却一直没有找到明确的方向。正当他为此而苦恼的时候，他参加了一次在 MIT 召开的一场名为"计算机对管理的影响"的会议。其间由于缺乏一个从计算机角度考虑管理的概念性框架，会议陷入了困境。这给了他很大的启示，他决定将研究重点放在管理者们"实际上在做些什么"。

他决定以管理者作为研究对象。论文答辩很成功，博士委员会甚至在讨论论文出版的可能性。然而他把论文寄给了十多个出版商，都几乎统一地回答"不，谢谢！"这没有让明茨伯格灰心丧气。一天晚上他突然脱口而出："我知道这是一项重要的研究成果——我就是相信有一天它会广为人知。"这句话让他的妻子惊讶不已。

幸运的是，终于有一家出版公司接受了他的书稿，于 1973 年出版了《管理工作的本质》。此书的出版过程，在一定程度上就是他的思想因"出格"而不被接受的一个范例。然而，包括明茨伯格本人也没有想到，也就是这本书，使他一举成名。

## 管理心理学界的"摇滚明星"

20 世纪 70 年代前后，西方的管理实践出现了令人瞩目的变化。忙昏了头的经理，既没有功夫更没有兴趣对管理学原理进行精雕细琢的钻研，而饱读经典的管理学究，也难以针对眼花缭乱的现实提出一针见血的管理咨询和建议。理论和实践脱节，实践并不遵循理论的轨道，理论也对实践的变化束手无策。经理抱怨学者迂腐，学者抱怨经理浮躁。管理心理学向何处去成为经理们和学者们必须共同面对的挑战性问题。在这种挑战面前，以"另类"思维闻名的明茨伯格便脱颖而出。

"当你推开窗子向外望时，总会看到一个天然的美丽风景。对于每个人来说，关键是把视野放到更远的地方，不仅仅看窗外，同时也要看地面，看一看人们正在做什么。在《皇帝的新装》故事中，虽然大家都知道皇帝身上没有穿着衣服，但只有那个小男孩有勇气说出真相。这种直面现实的勇气最为重要。我认为我在整个研究过程中就是面对现实，而对大多数人来说，他们不愿意面对现实，只愿意随大流，所以他们无法与众不同。我只不过是把自己所看到的东西展示给大家。"明茨伯格在接受采访时如是说。

大师风范

对明茨伯格而言，离经叛道已经是他生命中不可缺少的一部分。在本质上，他是个反常规的斗士，而且也乐于充当这样的角色。在管理心理学的研究领域，明茨伯格将这种性格发挥得淋漓尽致。

有着工科背景的明茨伯格，与其他管理心理大师迥然不同。他对管理的研究，更多地着眼于对一个个的管理者最基本、最直接的观察和跟踪。他不是从本本出发，更不迷信任何教条——哪怕是理论上十分严谨、逻辑上无懈可击的教条。明茨伯格从最初关注"管理者实际在做什么"开始，从未停止过对管理的本质的探索。他对问题的怀疑态度和对答案的执著寻求常常令人耳目一新。

严格的学术研究、理论沉思后，他总能把自己的精彩观点宣泄式地、前卫地表达出来。明茨伯格强调，所谓"理论"只是在纸上的一些想法、一些说法而已。明茨伯格坦然承认："有的时候，我的确是有一些极端性的假设，但不是所有的时候。因为我坚信，有的时候，最极端的东西就是最正确的东西，而中庸的倒未必是正确的东西。"有人曾经质疑明茨伯格的观点，认为在他的思维里总是带有某种极端化的色彩，过于绝对地认为事物非黑即白，绝对不存在中间的灰色。实际上，明茨伯格的最大特色是黑白颠倒地唱反调。然而正是如此，他使人们看到了黑中之白和白中之黑。

他乐于充当牛虻式的角色，不遗余力对管理学进行叮咬，并对此津津乐道地抨击。从《管理工作的本质》中抨击管理职能论，到《战略计划的兴衰》中抨击战略计划论，再到《管理者，而非 MBA》中抨击 MBA 教育体系，他所面对的都是管理学领域中高速运转并且占据支配地位的庞然大物。然而他的惊人之语却均无损他在管理学界的卓绝地位。

圆滑者讥讽他是塞万提斯笔下那个敢与风车决斗的堂吉诃德，但是，明茨伯格绝不是一个只会"砸烂旧的坛坛罐罐"的莽汉，在言辞激烈的抨击后面，他大力呵护的是首创精神和合作精神。他的真正意图是创立管理学擂台上的新式功夫。他或许是个"反叛"的人，但他的"反叛"是有为而作的。因此，明茨伯格在批判管理五职能论时，提出了经理人员的十角色论；在批判战略计划论时，提出了"手艺式战略"；在批判 MBA 教育体系的同时，又提出了 IMPM（"国际实践管理教育"）)。

在思想史上，深刻和偏激往往孪生，没有偏激就会失去深刻，面面俱到，往往是平庸俗套的同义语。在他的研究中，这种自始至终的质疑让他不断抛出反叛性的观点，而这种反叛的后面紧跟着建设性思路。一般人也许善于提出具有挑战性的问题，而明茨伯格却一直在完善答案。他既是一个破坏者，更是一个建设者。

尽管人们往往对"离经叛道"心存疑惑，却无法否认明茨伯格的观点对管理学界带来的巨大震撼。"我们将不停地探索，"T. S. 艾略特写道，"而我们一切探索的终点，将是到达我们出发的地方，并且是生平第一次知道这个所在。"这是明茨伯格最喜爱的一段文字。同样，他执著地在这条批判性的道路上依旧不断探索，甚至提出了近乎苛刻的自我挑战。1998 年，他在一张纸上写下了自己的奋斗目标，并把它锁进蒙特利尔一家银行的保险柜里，说是将来某一天有可能会打开保险柜，看看自己是否实现了夙愿。他的这些奋斗目标中，人们已知其中一条就是"改变管理教育"。而正是这一条，掀起了反思、否定、改造 MBA 的浪潮。人们对他的这个纸条的兴趣与日俱增，想知道他还写了些什么。有人问他是否打开了保险柜，明茨伯格笑着回答："还没有，我也不知何时会去取。纸上的不少目标都很有野心，未必能实现。"

## 热爱运动的明茨伯格

在生活中，明茨伯格是个永远对未知世界充满好奇心的人。他喜爱体育运动，他曾坦陈，自己最富创造性的想法大多是在运动中产生的。骑自行车也好，划独木舟也好，甚至散步、远足、滑雪、登山，都能给他带来一些新奇的念头。

1987 年，明茨伯格刚完成八天的自行车行程，来到巴黎。途经爱丽舍宫时，他看见到处都是警察，正在对一条街道戒严。他很想知道这条街道究竟有什么重大活动，在强烈的好奇心驱使下，他越过重重障碍，独自一人在这条林阴道上奔驰，开始了他的自行车表演赛，要不是在路的尽头被一名警察拦住，著名的管理学教授就很有可能创造一个单人沿爱丽舍宫进行"环法自行车大赛"的吉尼斯纪录。

明茨伯格在衣着上也不规规矩矩，这在美国似乎很常见，然而在法国枫丹白露的欧洲工商管理学院（INSEAD），同僚们个个西装革履，而他依旧我行我素，穿着牛仔裤和运动衫，显得十分抢眼。

在明茨伯格的眼里，也许生活给他的事业带来了不少的惊喜，然而，他却更喜欢把生活和工作分离开来分别享受。他在他的学术自传文章《二十五年之后——虚幻的战略》中曾经说过："我对组织有浓厚的兴趣；我所有的工作都是为了理解它们。但当我游玩的时候，我会尽量离它们远远的。例如，我很喜欢在欧洲僻静的小道上骑自行车，但我从没想过参加一次有组织的自行车旅游。我对组织着迷，但必须与之保持一定距离，至少在责任上保持距离——而不是空间上，因为我喜欢走近它们，作为一名观察者或临时顾问，去感受它们的行为。"

明茨伯格的家里没有一个 MBA。妻子萨拉是电信方面的管理者，和不少 MBA 打交道，她非常理解丈夫的工作。而两个女儿苏西和莉莎从事的是心理健康和表演方面的工作。他尤其喜欢和妻子及两个女儿一起在欧洲安静的路上骑车，爬山，或在加拿大劳伦森的野外越野滑雪或划独木舟。

## 幽默诙谐的性情中人

这样一个反传统的斗士最富于特色，并不是像我们想象的那样一脸严肃地拿起剑进行战斗，反而是运用他无限的幽默细胞上演一场场黑色喜剧。

他广为流传的一句名言是："MBA 因为错误的原因用错误的方式教育错误的人。"他毫不掩饰自己对 MBA 这个头衔的态度。他曾经在他那本《管理者，而非MBA》中说过，受过MBA教育的人都应该在自己的前额文上骷髅和交叉骨头标志，下面再注明："本人不能胜任管理工作。"的确，这种"尖酸刻薄"的语言也只有明茨伯格才能说得出。

他甚至还写了一本书，书名叫《我为什么讨厌坐飞机》。在书里他对航空公司极尽嘲弄挖苦之能，他说他并不在乎坐飞机，他讨厌的是航空公司和机场，它们自诩拥有一流的管理水准，承诺保证顾客的舒适，但实际上，飞机舱是"沙丁鱼舱"，被赶进"鱼舱"的乘客在航空公司精心安排下，自甘变成"沙丁鱼人"！而飞机则是一个会飞的"罐头"而已。空中旅行是种折磨，无论是像"沙丁鱼"一般挤在经济舱还是在头等舱里"备受照顾"。

麻雀虽小，五脏俱全。这小小薄薄的一本书，每一章都写有一引子，点出章节内容的要害处，全书竟包含了关于管理各个方面的大块头主题和内容。而最有意思的是书的封底引用了这样一句话："好吧，让他们笑吧，亨利。你永远可以卷土重来！"——艾琳（Irene Mintzberg）。艾琳是谁？她是明茨伯格的妈妈。

他在一篇文章中开头就向年轻的学者们提出一个建议：认真地对待自己的工作，但绝不要拿自己太当真。或许这也是他能够一直保持清醒头脑、在管理学界立足发展的根本。然而他继续说："公开评价一下自己幸运地取得了成功的职业生涯，是有益的一件事，但也存在一个危险，那就是'评价者会被别人或他自己太当一回事'。在某个方面的研究中取得成功，并不能把他从本质上变成一个有趣的人；实际上，我发现我的一些事业有成的同事非常令人厌烦。"看来，他在一本正经忠告的同时，也不忘记黑色幽默一把。

正是因为如此，他自嘲是"不为当今营利至上的世界所容的人"，并且毫不忌讳提及自己曾经的"丑事"。

比如，他在写作《组织的结构》一书的时候，使用一种有趣的小图表，让自己乐在其中。他以各种方式对它进行修改或变形，贯穿了整本书。然而他后来对人们提到，这些让他有些得意的图表曾被人们认为是蘑菇（在中国）、他的鼻子（被伦敦商学院的学生们）、一部电话（在美国电报电话公司，AT&T）、铁轨的横断面、女性的子宫、一颗四季豆。……

他还曾经讲述了他第一次受邀为来自欧洲的高级主管们授课的经历。他回忆说，他记得那天下午自己好像飘飘忽忽地坐在天花板附近，听着自己在底下说话，还不断祈祷这个家伙别犯什么错误。幸运的是他没犯错误，他补充道。

就是这样一个喜欢质疑批判更喜欢打趣自己的管理心理学大师，让人们从叛逆的一面开始了解他，从诙谐的一面开始喜欢上他。

## 璀璨夺目的学术成就

明茨伯格头衔颇丰。他长期担任加拿大麦吉尔大学管理研究部克雷格霍恩（Cleghorn）讲座教授，同时兼任法国欧洲工商管理学院（INSEAD）、伦敦商学院、卡耐基－梅隆大学客座教授。他曾担任《战略管理》、《管理研究》、《一般管理、经济和工业民主》、《行政管理》、《企业战略》等杂志的编委，还被任命为加拿大教会与魁北克教会的官员，并拥有九所大学的荣誉学位。明茨伯格在管理领域辛勤耕耘了 30 多年，其研究涉及管理和组织的方方面面。他迄今共出版了 16 本书并发表了 140 多篇文章。

明茨伯格因 1975 发表论文《管理者的工作：传说与事实》以及 1987 年发表论文《手艺式战略》，两次荣获《哈佛商业评论》的麦肯锡年度最佳文章奖，1998 年获加拿大国家勋章和魁北克勋章，1995 年获美国管理学院乔治·泰瑞年度最佳管理图书奖。在 2000 年管理科学年会上，鉴于明茨伯格对管理学的贡献，荣获"杰出学者"奖。2001 年被《金融时报》推举为第六位全球最重要的管理思想家。2003 年获美国培训与发展协会终身成就奖。

# 睿智卓越的思想火花

明茨伯格说，他如果有一个标签，应该不是"大师"，而是"学习者"。那么什么是学习？他回答说："头脑开放，感受惊讶。"

"假设你是那个看着皇帝的小男孩，你需要走近去看什么是有趣的和不同的，你必须能让你感到惊讶。然后你往后退一步，发现这究竟意味着什么。"

"珍视反常（Cherish anomaly）。"明茨伯格强调说，"这就是学习。"

也许从这些只言片语中我们还只得到一个感性的了解，那么，明茨伯格 2006 年访华则是给了东方人深入认识这个管理战略家的机会。

2006 年 4 月 17—30 日，《IT 经理世界》杂志社邀请明茨伯格教授访华。他来到计算机世界传媒集团做客，为《IT 经理世界》杂志社广大读者题词：Learn from everyone, Copy no-one!（向所有人学习，而不要照抄照搬任何人！）

为《IT 经理世界》的
广大读者题词

18 日和 25 日，分别在上海和北京举行的主题为"管理向何处去"的"解读大师论坛"上，明茨伯格做了主题演讲。论坛汇聚了 600 多位中国有影响力企业的 CEO 及高层管理人员和商学院的著名专家学者。

我们的企业家和明茨伯格存在思想差异，相互不甚了解，有不少企业家对明茨伯格的观点提出相当激烈的质疑。

明茨伯格认为，要向所有人学习，

在"解读大师论坛"上做主题演讲

不要盲目地照抄照搬别人。而中国企业家往往更希望从大师那里得到回到企业就可以实施的具体方案。明茨伯格却说："我只想利用这个研讨的机会，开拓我们的思想。"这种现象也反映了中国管理界的一个现实：我们对于管理思考得太少，总是想得到可以一劳永逸的答案。然而，各个国家都有各自的特殊情况。明茨伯格强调说："任何一个国家都应该根据本国文化和实际情况去发现和整理自己的管理观念，复制任何其他国家的文化或者管理观念都非常危险。"

就像他在《管理者，而非 MBA》这本书的中文版的序言上所说的那样："美国是一个非常成功的国家。但是，并非她现在做的每一件事都对国家的成功有所贡献。而且，美国不是中国。我希望本书的中文版能够鼓励中国的企业和个人进行独立的思考，以他们自己的方式去把握自己真正的需求。"

中国管理将何去何从，值得中国的企业家们和管理心理学家们沉下心来认真思考。其实不仅仅是管理，其他方面也是如此。教育，同样也存在这样一个弊病。长久以来，学生们总是希望得到或者被期望提供一个明确和固定的解答。因此，学会开拓我们的思想，发散我们的思维，这不仅仅是管理学的事情。

# 哈默："企业再造之父"

现在该是停止走老路的时候了。我们不应该往过时的流程里嵌入计算机系统，而应该抛弃旧流程，重新开始。再造，不是自动化，而是推倒重来。

——哈默

你是否还在为企业中流程的过于繁杂而郁闷，但又觉得无从下手呢？你是否还在接受顾客们无休止的催促电话呢？你是否还在为企业庞大的联络费用和路费开销而愁眉不展呢？这些问题能够解决吗？答案是肯定的。怎样解决呢？就让迈克尔·哈默来告诉你。

迈克尔·哈默（Michael Hammer, 1948－2008），世界最著名的管理心理学家之一，被誉为"企业再造之父"。1992年，美国《商业周刊》把他列为20世纪90年代4位"杰出的管理思想家"之一，1996年《时代》周刊把他评选为美国"最具影响力"的25

人之一。

还犹豫什么！继续读下去，你就能找到答案。

# 从计算机博士到管理心理学家——
# 再造思想的孕育

哈默出生于 1948 年。在 1964 年，年仅 16 岁的他进入麻省理工学院攻读数学学士学位，毕业后继续攻读电器工程硕士学位、计算机科学博士学位，并留校任教。1982 年，哈默辞去教学工作，开始致力于将计算机的普及化导入日常的商业过程。本以为计算机可以在企业这片广阔的天地中大展拳脚，他却发现大多数企业中，计算机只是作为提高效率、加速流程具体步骤的手段，在其背后的，依然是陈旧的业务流程，陈旧的运作模式。而这套陈旧的制度和其背后的观念，并不是一家或几家企业所特有的，而是早期工业社会的产物。在大背景的影响下，大多数企业都在寻求技术手段上的精致化，以及运作程序的标准化，通过提高技术水平和物质奖励等，来提高生产的效率和员工的积极性，从而得到企业利润的最大化。只有少数濒临破产的公司，才能下定决心放手一搏，进行革命性的改造，但是过于偏重技术层面的改革，而没有企业观念、文化等其他方面改革措施的配合，是很难取得成功的。就在这推进计算机应用的过程中，哈默逐渐认识到，这种停留于表层的改革并非真正意义上的改革，是治标不治本的改革，并不能为企业带来根本上的转变，这促使他开始探寻真正意义上的企业改造的方法。1990年，他在《哈佛商业评论》上发表《再造：不是自动化，而是重新开始》，正式提出了企业再造的思想，这篇具有划时代意义的文章，标志着他从一个计算机天才到一位管理学心理家的转变。凭着敏锐的观察和杰出的头脑，他在世界范围内掀起了一场再造的浪潮，也使他本人跻身 20 世纪最伟大的管理学家之列。

# "企业再造"——企业管理革命的宣言

1993 年，哈默和詹姆斯·钱皮合著出版了《企业再造——企业管理革命的宣言》（Reengineering the Corporation：A manifesto for Business Revolution），这本书一经面世就引起了巨大的反响，精装本于 90 年代末在美国出版后，曾在最具影响的《纽约时报书评》非小说类畅销书名单上稳坐了 6 个月，还被译成 30 多国文字，中文版也已由上海译文出版社出版。

"企业再造"，简单地说，就是在新的世界竞争环境中，企业必须摒弃已成惯例的运营模式和工作方法，以工作流程为中心，重新设计企业的经营、管理方式。从概念中，我们可以很容易发现，企业再造的前提，是竞争环境的变化。

自从亚当·斯密 1776 年在《国富论》中首次提及劳动分工的 200 多年以来，这种思想就一直指导着企业的发展，推动了管理层对功能的分割和进程中具体环节的细化。正如斯密所说的一样：一个人抽铁丝，另一个人把它拉直，第三个人把它切断，第四个人把它的头部弄尖……像这样每个人只从事整个制造过程中的一两种操作，这十个人一天能够做 4800 枚针，产量是每个人都独立作业的几十倍甚至上百倍。这样能提高生产率的原因有三：第一，提高了每一名工人的熟练程度；第二，把从一种操作换成另一种操作的过程中通常要花费的时间节省下来；最后，发明了一大批机器，既便于操作，又节约成本，能使一个人干许多人的活。于是，在不断的发展下，生产经营过程被分到非常精细的程度，使得整个流程就类似于流水线作业的过程，控制好每一环节的精准就可以带来整条流水线的高效化。在这种思想指导下发展起来的企业，组织结构必然是多级层的，呈金字塔形。在工业时代的初期，生产规模急剧扩大、生产程序迅速复杂、信息资源分配不平均，这种运行方式无疑满足了很多企业发展需要。但当时间推进到 20 世纪 90 年代，许多美国公司发现，尽管他们花费了大量的时间进行流程合理化和自动化，他们仍然难以达到预期目标，因为分工不可能是无止境的。同时，分工过于精细的弊端也开始显现，随着操作种类的日益增多，生产一种产品或提供一种服务的总的过程日趋复杂，管理也日趋困难，组织中层的人员数目庞大，使得公司的高级管理层与公司生产的产品的用户、与提供的服务的用户之间的距离愈来愈远。这时候，旧的流程对他们来说，就变成一块巨大的"鸡肋"，用之无利，弃之可惜，在这种时候，就应该进行流程改造。

哈默将"再造"（Reengineering）定义为：针对企业业务流程的基本问题进行反思，并对它进行彻底的重新设计，以便在成本、质量、服务和速度等当前衡量企业业绩的这些重要的尺度上取得显著的进展。这个定义包含了四个关键词："基本的"（fundamental）、"彻底的"（radical）、"显著的"（dramatic）和"流程"（process）。这意味着，改革应该从最基本的问题开始，不受旧的组织机构和工作流程的限制，彻底开辟完成工作的新途径，而这种改变带来的并不是在业绩上取得点滴的改善或逐渐的提高，而是要在经营业绩上的显著的改进。同时，他强调了"流程"的概念，将其定义为一系列业务活动，其中包括将某种或多种东西投入并创造出对顾客有价值的产品。如果按照亚当·斯密的观点，把工作分解成若干极其简单的任务，那么工作的重点应该放在各种任务上，如：接受购物订单，从仓库提货等，而往往忽视把货物送到顾客手上这个根本的目标。整个流程中的各项任务固然是重要的，但如果不能把货物送到顾客的手中，那么，对顾客来说，上面的任何一项任务都是白搭。

企业再造的方法，根据企业情况的不同肯定会有很大的不同。根据以往经验的总结，可以着手从以下几个步骤进行：首先，结合市场情况的变化，对原有流程进行全面的功能和效率分析，发现其中所存在的问题；第二步，设计新的流程方案，并对其合理性和高效性进行多方面的评估，必要时可以设计不止一种的改进方案，根据客观条件和需要，选择最适合的方案；第三步，以流程改进方案为中心，制定与其配套的组织结构、业务设置等各方面的改进方案，形成一整套完整的企业再造方案；最后，用逐步推进的方式组织实施，并在实践中不断改进和完善企业再造方案，使之更加完备，并能适应新的市场环境的变化。

在他的书中，举了一个很详尽的例子：大西洋贝尔公司有一项主要业务，被称为 CAS，即提供接通通信公司的服务。本来作为一家垄断性地提供这种服务的企业，大西洋贝尔公司并不担心顾客会因为 30 天的申请时间而放弃这项服务。突然，竞争者出现了，这家公司拥有更全的覆盖网络，更快的速度，以及更加低廉的价格，最重要的是，他们处理订单的速度只有大西洋贝尔公司的四分之一。1990 年，新任命的 CAS 任务负责人认识到，渐进式的改良已经不足以挽救本公司的业务，改革，势在必行。经过调查，他们发现，如果能想办法避免流程中的 13 次转手，本来需要 15 天的过程，实际的工作时间加起来只有 10 小时。于是他们组成了专门设计流程的专家小组和专门通过实践来验证和改进流程方案的实践小组。新流程的基本观念就是像原先流程中的所有功能集中在一个小组内，置于一个共同的监督下完成。就这样，在反复的修改下，仅用了几个月的时间，该小组的工作周期就减少到以天计算了，服务质量也大大提高。最后，公司反败为胜，获得了巨大的成功。

据统计，在 1994 年，美国 3/4 的顶尖大公司都展开了再造工程，到 1995 年，有关公司再造工程的咨询业务总额高达 500 亿美元，到 1996 年底，企业再造理论的吸引力开始减弱。

## 超越再造工程——以"流程"为中心的组织如何改变着我们的生活

1997 年，哈默对再造工程的得失做了总结，又出版了《超越再造工程》（Beyond Reengineering：How the Process-centered Organization Is Changing Our Work and Our Lives）一书，承认了实践中的一些错误，并进一步为企业再造提出了方向。

首先他再次强调了"流程"的概念。流程不是简单的任务的堆叠，而是一系列为实现客户特定需要的有机结合在一起的任务组合。所以，真正的中心是客户需要，这是每一个员工都应该认识到的。只要员工意识到自己所做的工作是对客户来说有价值的，那么他就能从中获得满足感和贡献感，增强对整个流程的责任感。当工人具有了高度的责任感和自我管理能力，作业和管理之间的区分不再明显，工作的定义从"做他被告知去做的事"向"做他所承担的事"转变，这种变化并不是形式上的变化，而是本质上的变化，不论是对企业、员工，还是客户。这不光是一种工作方式的改变，更是一种观念上的改变。观念的改变是企业改变的核心，没有正确的观念，企业是没有灵魂的企业，工作是没有动力的工作，是难以实现其价值的。

其次，他具体阐述了"流程主持人"的具体含义。随着组织观念的转变，对人才的需要也发生了变化。传统意义上的经理作用在减弱，因为自治和责任是以流程为中心的工作的重要组成，取而代之的是流程主持人的概念：流程主持人不仅要有流程的设计能力，还要有流程的执行能力，并能够与在此流程上工作的整个团队融洽地配合。具体的责任包括：设计流程并对其合理性进行评估；训练相关工作人员；组织流程的实现；监控流程的实现情况等。这些工作，对流程主持人提出了很高的要求。首先，他应该是一个具有全局眼光的人，能够将流程中的众多任务从一个宏观统一的角度进行调和，使它们更好地衔接，以一个高效率高质量的流程整体来为顾客服务。其次，他应该是一个具有领袖气质的人物，能将一个团队围绕自己完美地团结在一起，让大家齐心合力为顾客需要的这个目标努力。再次，他应该有组织整个流程实现，并时时监控，及时发现问题的能力。所以，对于流程主持人来说，良好的战略眼光、组织能力、沟通能力、责任感和思维能力都是必不可少的，这对个人的要求是很高的。在这样的思想指导下，传统企业中的职能部门被改组为两类：一种是做具体工作的流程小组；另一种是以提高技术和培养人才为目的的人力培养机制。人力培养主要是为了实现以下目标：首先对公司的现状做出客观的评价，找到企业需要的专业人员的具体数量；然后针对目标提供相应的培养课程或专业指导；最后将培养好的有能力的员工安排在合适的岗位，并为他们解决流程中的问题提供帮助。这样，员工从工作中获得的不仅是满足感和自我实现感，更能真切地体会到自己能力的提升。

最后，他以一位普通父母的视角，提出了新的问题：怎样让我们的孩子在这样一个以流程为中心的世界里找到自己的出路。谁也不能否认，向以流程为中心的过渡是裁员及秩序被严重破坏的原因，但在哈默看来这些都是暂时的。他认为改革的意义并不是消除就业，而是要取消非增值的工作，当这种非增值工作消失时，企业的生产效率提高，规模扩大，就业机会就会随之出现。在这样一个世界上，成功来自于内部而不是外部；来自于整个人的素质而不是某一项具体的技能。成功并不是根据我们干什么，而是根据我们到底成为一个什么样的人。哈默认为，个人要取得成功有两项关键的素质：知识和品质，即思维的能力和正确的态度。什么是正确的思维呢？那就是打破圈子，把自己放在一个更大的视域中。怎么样获得这种思维方式呢？思维是可以靠实践训练逐渐培养的：探究一下自己的工作与其他人的工作之间有什么联系、相互有什么影响；如果这份工作需要加快一倍的时间完成，需要采取什么步骤……只要这样不断地练习，不断有意识地培养自己，正确的思维离我们并不远。什么是正确的态度？在哈默的眼中有三条基本的原则：首先，你必须完全依靠自己，没有哪个前辈会照顾你一辈子；其次，没有任何想当然的事，昨天还确定无疑的事，明天也许就成了荒谬离奇的；最后，没有人欠你什么：生活费用、工作或保障。今天，你只能取得你该得到的那份报酬，而这报酬是凭借你创造的价值挣得的。我们必须铭记《圣经》中的训谕："汗流满面，你方能吃到面包。"

# "企业行动纲领"——企业把握未来十年的九件事

2001 年，哈默又出版了一部新的力作：《企业行动纲领》（The Agenda：What Every Business Must Do to Dominate the Decade）。当今世界，经济进入了前所未有的竞争时代，形势也发生了极大的变化，如何在变幻莫测的复杂环境中继续保持领先地位，或是迎头赶上呢？这位大师提出了企业必做的九件事：

1. 要以客户为企业的经营导向——成为易于做生意的企业

首先要对客户保持始终如一的态度，这是需要不同部门协调共同完成的；其次，依据客户特征进行细分，应该保证每个客户都认为自己是受重视的，是与其他人不同的；第三点，是预测客户的要求，如果能够实现预测客户的要求，并针对此做好准备，就能在竞争中占得先机；第四是不让客户感到与你交往有陌生感，必要时可以建立专门的客户负责团队，第一时间与客户沟通；第五是发挥客户自我服务的威力，必要的时候可以让客户参与到流程当中来，参与监督工作；最后，是采取以客户为核心的考评措施，一切以顾客的感受为标准来判断。

2. 为客户提供他们真正想要的东西

企业的重点应该放在客户想要什么，而不是自己能给予什么，从客户的角度出发看问题，就会完全不同。对客户来说，他需要的是一个能够切实地解决问题的方法，或是生活中切实的改变。销售汽车并不必仅限于销售汽车，因为当从客户的角度看，有了汽车，他就需要汽油、汽车配套的零件、汽车保养等，如果能为顾客提供整个一条龙式的服务，他有什么理由不选择你呢？同样道理，从客户的角度出发，就意味着产品的定价不应该根据成本，而应该根据使用价值。对于大多数商品来说，顾客购买的目的是使用，商品到底有多好用，能为顾客带来多大的改变，决定了它应该卖什么价钱。

3. 业务流程至上，以此为中心组织企业

继续延续了在前两本书中的思想，强调流程的概念。具体包括：以客户需要为中心建立合理的流程；任命业务流程负责人，负责整个流程的运作；确保每个员工了解业务流程，明确自己的责任；围绕流程建立相应的企业文化；等等。

4. 乱中求治——使创新工作系统化

创新并不是毫无规则、任意妄为，而是系统化的、有规律的。协调和规范是成功的关键，整个流程的改革如果想井然有序地执行，就必须有一个团结协作的集体。创新是第一步，随之而来的就是怎样把新的流程规范化地付诸行动，这是需要每一位员工的努力的。

5. 重视工作绩效的测定

在经营理论领域，测定是一种很重要的管理工具。工作绩效的测定结果可以为管理者提供一些很有价值的有关公司运营情况的最新信息，管理者可以利用这些信息，在改善公司运营方面做出有效的决策。在流程进行改革之后，建立与之配套的业务模型和工作绩效的测定方法，将不断进行的绩效改善工作整合成为规范的、基于测量的过程，可以让事实的数据胜过直觉和主观臆断。

6. 无结构化管理

打破分工明确的部门之间的隔阂，将传统的经理的概念用流程负责人来取代。创建以客户为重点的团队，由它来代替原来分工明确的各个部门。这种方法被用在朝着解决客户问题的方向前进的过程中，就会在不经意间弱化事业部之间明显的界限，这样企业的运作方式就变得更加灵活，有更大的发挥余地。比如，必要的时候可以牺牲个别部门的利益，来为流程整体创造更大的价值，比如通过打较大的折扣来卖出更多的产品。

### 7. 将重点放在最终客户

打破分销渠道造成的障碍，为了最终客户的利益而分销，免去层层中间环节导致的公司对客户的不了解，同时避免了分销系统效率低所带来的不必要开支。公司必须拉近与最终客户的距离，从而能向客户提供既快捷又准确的服务，也只有这样才能消除在现有渠道上到处充斥着的大量乱开支和低效率现象，消除那些多余的工作，减少商品库存。而在创建使最终客户价值最大化同时使成本最小化的分销系统过程中，为了各自的利益，生产商及其中间商必须要协作，相互取长补短，才能获得成功。

### 8. 竭尽全力与其他公司合作

上一件大事是拆除公司内部的“墙”，下一件大事就是拆除公司外部的“墙”。作为公司，只有越过这道墙，和与公司有业务的其他公司进行良好的交流，才能缩短交易时间和额外的管理费用，从某个方面来说，这就是企业之间的流程再造，这与企业之内的流程改造过程是类似的。正确地定位不同企业，合理地处理企业之间的关系，勇敢地面对企业之间的合作和信息共享所带来的挑战，就能达到共赢的目的。

### 9. 虚拟整合，而非垂直整合

停止将企业看作自我供给的企业，而把它看作能为顾客提供价值的整个流程的一部分，这就是虚拟整合。经过虚拟整合后形成的企业不再是独自承揽创造一种产品或是提供一种服务所涉及的全部工作，而是集中精力只从事其中的某一些，即它做得最好的那些。它与其他同样集中精力于自己最擅长的工作的企业密切合作，从而向最终客户提供最好的产品与服务，从中实现企业的利益最大化。

以上就是哈默总结出的九条纲领。他承认实施的过程中是会遇到很多困难的，因为这是从思想观念到具体工作的全面转变，而不是局部的，但只要下定决心全面改革，灵活地因地制宜地按照上面的原则实施，给企业带来的定会是质的飞跃。

# 大师的离去——不朽的思想在时代中闪光

2008 年 9 月 3 日星期三，著名的管理心理思想家哈默因脑出血在波士顿去世，享年 60 岁。

目光睿智的哈默

曾和他一起共事的同事托马斯·达文波特（Thomas Davenport）写了《怀念迈克尔·哈默》，他在这篇文章中提到：我们最应该感谢迈克尔的，是他一直以来在业务流程及其彻底改善方面的不懈努力。从他那里我学到了这一点：对思想的表达，至少与思想的质量及其背后的研究工作同样重要。迈克尔或许有些怪异、傲慢、固执己见，但比起与他共事所获得的乐趣和知识，忍受这一切都是值得的。无论是一对一的讨论，还是在大型会议上，他都能带来无数的笑话、有趣的故事，以及对任何事件的独到见解。迈克尔的演讲从未乏味过，即便他几十年来都在业务流程及再造这一个领域开展研究，他总能有新的、有趣的东西可谈、可写。

事实上也正是这样，哈默不仅保持着敏锐的嗅觉，对企业改革的领域进行了深入的思考，还在实践领域做了大量的验证，这从他书上信手拈来的生动的例子就可以看出来；而在《企业再造》一书出版后，公司进行的大规模的改造带来了很多员工的失业，身为虔诚教徒的哈默倍感压力，于是他总结了经验教训，出版了《超越再造工程》，澄清了许多正在被滥用的概念，可见他是很负责任的；在他出版的所有书中，无一不是旁征博引，名人名句信手拈来，而且都从一个父母或普通员工的角度认真地思考问题，并提出合理的建议，可见他是一个知识渊博，重视家庭，有社会责任感的人；从《企业再造》到《企业行动纲领》，哈默不断努力改进和完善自己的理论，并逐渐从不同的角度考虑不同地位的人的感受，这体现了他不断追求真理的学者风范。

可见，哈默是一位真正具有社会责任感，并不断超越自己的真正的大师。大师已去，但是他的思想不会过时，他的精神硕果将随着我们一起，与时俱进，见证经济的变化，永存于时代中，放射出耀眼的光芒。

# 学习型组织学派大师

# 沙因：变革中的导航者，"企业文化之父"

*文化没有最优，也没有最正确。*

——沙因

埃德加·沙因（Edgar H. Schein，1928 - ），美国著名管理心理学家、社会心理学家，在国际上享有盛誉的实战派管理咨询专家。1947年毕业于芝加哥大学教育系，1949年在斯坦福大学获得社会心理学硕士学位，1952年在哈佛大学获得博士学位。自1956年受麦格雷戈之邀授教于麻省理工学院斯隆学院至今，目前是斯隆学院的名誉退休教授。

"企业文化"一词被公认是由沙因发明的。作为企业文化领域的开创者和奠基人，在组织文化领域中，他率先提出了关于文化的本质的新概念，对文化的构成因素、文化的形成等提出了独创的见解；在组织发展领域中，他针对组织系统所面临的变革开发出了组织咨询的概念和方法。他的《企业文化与领导》、《过程咨询》、《职业锚：发现你真正的价值》与《企业文化生存指南》等著作，自出版以来一直畅销不衰，具有极高的应用和指导价值。

每一位大师的理论都深深烙刻着他们独特的人格魅力，他们各异的人生阅历与他们的成功息息相关。让我们一同走近沙因，去寻觅他那不凡的人生轨迹吧！

## 宝贵的"跨文化"童年经历

英语和美国文化真正进入沙因的生活，继而融入他的生命打下深刻的烙印，是从他 11 岁随家人踏上美国这片充满梦想的热土开始的。而在此之前，还处在无忧无虑的童年的沙因，早已随父母辗转过 3 个国家：俄罗斯、瑞士和捷克斯洛伐克。每一次举家迁徙的劳累和新的环境，似乎都没有对沙因的适应产生多大的影响，他甚至可以在很短的时间里掌握这几个国家的语言并用之流利的沟通。虽然沙因现在已不能像儿时那样同时掌握 3 门语言，但他仍然十分感谢那段经历，为他的人格的完善烙下了深深的印记——对风格迥异的文化异常感兴趣，同时，一次次的适应过程让沙因养成了严谨细致的观察习惯，这对于他后来提出企业文化概念以及他在组织咨询时注重倾听和观察，有着十分重要的关系。

## "站在巨人的肩膀上"——与"伯乐"& "良师"麦格雷戈的合作

沙因最终成为企业文化领域的开创者和奠基人，他把自己的成功归因为，一半是与早已功成名就的道格拉斯·麦格雷戈（Douglas McGregor）的长期合作，另一半是自己对管理心理学不断的探索和独到的理解。

麦格雷戈是慧眼识"真金"的伯乐，当沙因在管理心理学界还是无名小卒时，以"X&Y理论"而闻名的麦格雷戈发觉沙因在对二战的海军将领的测试中展示出的才华，遂诚挚地向他发出邀请到麻省理工的斯隆学院来做研究，之后，沙因就再也没有离开过麻省理工。在初来的日子里，沙因经常拿自己准备的教案和研究课题征询麦格雷戈的意见，而麦格雷戈在提出独到见解的同时总是激励沙因：不要拘泥、受限于他的理论框架，要勇敢地迈出自己的脚步。也正是因为有了麦格雷戈的支持和鼓励，沙因在开拓管理心理学领域的道路上迈出了坚实的第一步！

## 沙因对麦格雷戈"X&Y理论"的阐释

沙因对"X&Y理论"的深刻阐释对他后来的学术发展奠定了稳固的基石。麦格雷戈指出，每个管理决策和管理措施的背后，都有一种"人性假设"，这些假设影响乃至决定着管理决策和措施的制定。X&Y理论的提出，在当时的学术界和企业界引起了轩然大波，在管理心理学发展史上具有里程碑式的意义。但此后在许多介绍麦格雷戈X&Y理论的书籍和文章中，对此有不少误解。有人往往把X理论支配下的"柔性管理"当作Y理论，而把命令或独裁当作X理论。

沙因在《企业的人性面》一书注释版的序言中一开始就说："X理论和Y理论问世已有45年了，但我认为，大多数人仍未能真正理解这些理论在实践中意味着什么。"他解释说，麦格雷戈主张Y理论，并不是说他认为X理论毫无用处，而是要通过分析传统的管理理论而清除X理论对人性的扭曲。沙因在解释X&Y理论的例子里，首先就举出他对海军将领的测试。按照一般人的理解，军队应该是X理论的天下，然而，沙因的测试表明，海军将领都强烈地感受到信任部下的重要性，更倾向于Y理论。

沙因在推广《企业的人性面》时，对X&Y理论作出如下阐释：

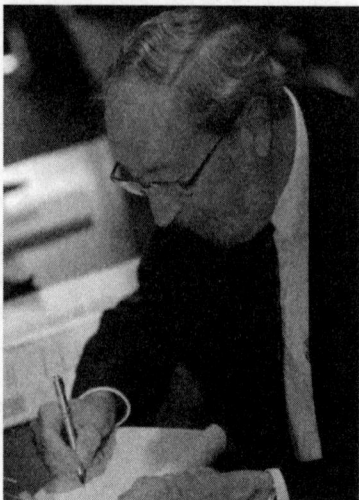

沙因正在为他的读者签名

麦格雷戈认为，根据 Y 理论的假设，我们能够对管理形成更多的思考空间，并能由它出发去寻找组织与人力资源管理的新方法。但是，X 理论和 Y 理论的差别，并不单纯是管理方法的差别，而是管理观念的差别。例如，绩效考核、薪酬管理与升迁管理、改善行政部门与业务部门的协作、管理能力的开发等等，既能归入 X 理论，又能归入 Y 理论。以参与式管理为例，如果让员工参与是为了使员工对管理者的主张心悦诚服，并由此而增强员工对组织的依赖，那么，这依然是受 X 理论的支配；如果参与管理是真正让员工发挥自主性，使员工成为企业的主人，那么，这就是受 Y 理论的支配。反过来，Y 理论并不排除命令和独裁。比如，船长对船员的命令，手术室里主刀医生对护士的命令，只要这种命令不削弱员工的自治状态，依然可以归入 Y 理论的范畴。

## 沙因的"复杂人"假设

"复杂人"（Complex Man）假设由沙因在 20 世纪 60 年代末至 70 年代初提出。该假设认为，人不只是单纯的经济人，也不是完全的社会人，更不会是纯粹自我实现人，而应该是因时因地、因各种情况采取适当反应的复杂人。

沙因指出，不仅人与人之间的性格不同，而且同一个人，在不同年龄、不同时期、不同地点也会有不同的表现。人的需要和潜力会随着年龄的增长、知识的增加和地位的改变而有所变化，不能用单一模式去生搬硬套。复杂人假设就是以这样的观点为基础，力求合理地说明人的需要与工作动机的变化规律。依据复杂人假设，1970 年莫尔斯和洛西（J. Malse & J. W. Lorsch）提出一种新的管理理论，称之为权变理论（Contingent Theory），认为人们怀着不同的需求加入到组织中来，由于需求的多样性，以 X&Y 理论为指导的管理方式都有其使用的环境，因此对于不同的企业或不同的人应采取不同的管理方式。

与功成名就的麦格雷戈的长期合作，再加上沙因自己对社会心理学独到的理解和不断的探索，他最终形成自己的"复杂人"假设，在一定程度上也是完善了恩师麦格雷戈的 X&Y 理论，并踏出了建构自己独特的管理思想体系的第一步。

如果说"复杂人"假设的提出，还是沙因在麦格雷戈的影响下对其理论进行新的阐释和完善，那么对于企业文化概念的提出则完全是沙因自己的创新。

## "企业文化"的界定和性质

### "企业文化"的定义

1992 年，沙因在他的名著《组织文化与领导》（*Organizational Culture and Leadership*）一书中，将"组织文化"定义为："一种基本的假设模型——由特定群体在处理外部适应与内部融合问题的过程中发明、发现或发展出来的，由于运作效果好而被认可，并传授给组织新成员以作为理解、思考和感受相关问题的正确方式。"

1996 年，沙因又将组织文化进一步定义为："一系列的内隐假设，有关一群人如何分享和决定他们的认知、思想、情感以及公开行为的程度。它借由组织成员的共享历史和期望，以及他们之间的社会互动的产出所形成。"

沙因第一次以自己独到的视角清楚地描述了企业文化的整个领

域。他认为，文化是组织生活中一个持续变化的力量，真正的文化是隐含在组织成员中的一种潜意识，是一个特定组织在处理外部适应和内部融合问题中所学习到的、由组织自身所发明和创造并且发展起来的一些基本的假定类型。这些基本假定类型能够发挥很好的作用，并被认为是有效的，由此被新的成员所接受。

# 企业文化的分析框架

首先让我们来看一个真实生活中的鲜活的例子：A、B两个公司试图了解企业文化的构成框架。同样是高科技公司，发展前景都十分广阔，但两公司从表面看来风格是那么的迥异：A公司的员工衣着随便，大大咧咧；在B公司，员工衣着庄重，小心谨慎。但两个公司的员工都以同样认真和负责的态度来开展工作，这是为什么呢？

沙因认为，把文化说成是"做事的方式"、"公司的仪式和礼仪"、"公司的氛围"、"基本价值观"与"薪酬体系"等这种过于简单化的方式，是我们在理解企业文化时"最大的危险"，进而，沙因提出要从层次性的角度来理解深邃而又无所不在的企业文化：

## 第一层 人工制品

人工制品即那些外显的文化产品，能够看得见、听得见、摸得着（如"工作服"等）。当你走进任何一个组织，最容易观察到的是其表面现象。而且，在不同的组织里，你会发现人们做事的方式往往是不一样的。表象层的文化是"非常清晰"的，最容易"触摸"，有较强的情绪感染力。但是，你并不知道为什么组织成员会表现出这种行为，以及为什么同样是美国人或中国人，在不同的公司里会表现出这样大的差异。因此，你必须要和公司内部的人员进行深入交谈，就你观察和感受到的东西进行询问。只有这样，你才能进入到企业文化的下一个层次。

## 第二层　信仰与价值

隐潜于人工制品之下的便是组织的"信仰与价值"，它们是组织的战略、目标和哲学，是指公司用相对规范的语言或文字公开表达出来的企业文化，如企业的价值观、经营观念、用人的哲学、目标与使命等。它们主要在企业的文化手册、公司歌曲、口号与标语等方面得到体现。

通过对比不同企业的"表象"与所表达的价值，人们往往会发现一个奇怪的现象：许多企业所表达的价值有着雷同之处，但在表象的层面却表现出极大的差异。仍以 A、B 两家公司为例，两家公司都致力于维持在业界的领袖地位（公司目标），都致力于为客户、员工、股东与社会创造更大的价值（公司使命）。但是，它们的员工在沟通方式、工作方式与处世原则等因素上却有着明显的差异，如 A 公司员工的随意，B 公司员工的庄重。

这些不一致告诉我们，在"表象"与"所表达的价值"背后，还存在着更深层次的思维和感知。如果试图真正认识一个企业的文化，就必须要破译这些更深层次的东西。

## 第三层　基本隐性假设与价值

组织文化的核心或精华，是那些早已在人们头脑中生根的、不被意识到的假设、价值、信仰和规范，由于它们大部分处于一种无意识的层次，所以很难被直接观察到。然而，正是由于它们的存在，我们才得以理解每一个具体的组织事件为什么会以特定的形式发生。这些基本隐性假设存在于人们的自然属性、人际关系与活动、现实与事实之中。为了认识某企业更深层次的文化，必须要从历史的角度来考察它，搞清楚在企业发展的历史当中，那些使公司走向成功的创始人以及不同时期伟大的领导人的价值观、观念和心理假设都是什么。那些在企业发展的历史长河中经历了成功与失败的洗礼，并最终沉淀下来的观念性的东西，就会成为企业内部员工共同默认的假设。

如果深入分析就会发现，上述 A、B 两家公司的创始人有着截然不同的观念。A 公司的创始人认为，企业应有统一的文化，但也要尊重员工的人格。员工之间应该无界限地沟通，可以为了工作而争得面红耳赤，这样有利于形成更多的创新；而 B 公司的创始人及后来历任领导人则认为，对于大公司来说，只有步调一致才能提高运作的效率。统一而又严肃的服装，更有利于宣传公司在技术方面的权威形象。

在对上述三个层面分别进行研究的基础上，沙因又进一步提出：文化的精髓就是这些共同习得的价值观、观念和假设，它们随着企业继续获得成功而变成"共享的"和"理所当然的"。而且，文化是深层次的，如果你把它当作表面现象来对待，认为可以随意改变它，就注定要失败。

只有三个层面呈现出相对一致的状态，才真正建立了企业所表达出的价值观和文化。所以，尽管 A 公司与 B 公司在"所表达的价值"上有许多相似之处，且在表象与共同默认的假设上又有着极大的差别，但他们各自的文化在三个层面上又是相对一致的。而且，这三个层面又构成一个相对独立的文化系统，与公司的业务体系交相辉映。因此，两家公司都成为世界上最优秀的公司。

## DEC Is Dead, Long Live DEC

曾经的制造业巨头——美国的 DEC 公司（Digital Equipment Corporation）在上个世纪曾占据市场份额仅次于 IBM 公司，并走在引领微型电脑消费的最前沿，却因为尝试前所未有的新型企业文化（这种新型企业文化正是目前微软、IBM、惠普等公司普遍共有的一种企业文化）而走向衰亡，最终被康柏公司（Compaq Corporation）收购合并。

DEC 公司作为一个真实的时间跨度为 40 年的个案，为后来管理心理学家剖析企业文化以及组织变革中的问题，提供了很好的研究对象和检验理论的标准。沙因作为实战型企业咨询的探索者，对企业遭遇或采取变革中的问题做了深入的研究。

## 变革 Vs. 稳定：企业变革遭遇 "解冻期" 的策略

现实中常见到这样的例子：

具有同样背景和经历的两个领导者所领导的企业，在相同的社会环境中进行生存竞争，在经过了 5 年或 10 年以后，这两个企业的文化为什么会完全不同呢？某种文化要素在新环境中已经没有任何意义了，为什么还能存在呢？尤其是组织领导者包括组织成员已经认识到这种文化要素必须要改革，但是它却还是能够存在下去，原因何在呢？

在解释每个组织独特文化形成的过程之前，沙因首先强调："变化是永恒的！"

"变化"和"稳定"就像硬币的两面，是管理者必须时刻关注的两个过程。在稳定和变化的框架结构里面，沙因提到了学习的重要意义：学习是一个持续的过程，如果没有学习那么组织将无法存活。同时沙因认为，用于保持和稳定现有文化为动机的学习，不同于组织遭遇内外环境变化时用于促进改革的学习。

外界变幻莫测的市场环境和竞争状态使得企业的发展充斥着机遇和挑战，为了适应变化，企业需要新的思考方式和行为方式，而新的方式却很难产生或很难生存。因此，如何改变现有企业固有的运行模式来适应瞬息万变的市场，是企业界和管理心理学家共同关心的难题。

沙因对组织文化的研究，为我们认识自己文化的深层本质提供了新的视角，我们需要从根本上进行改变才能适应新的变化，而不仅仅是简单地改变战略、组织结构和管理系统。沙因承认，即便进行更为严谨深入的研究，也只能就组织文化的某些成分得出一些结论，而不可能理解组织文化的全部。如何了解和把握组织文化，沙因推荐了类似于心理医生对待心理病人的"临床的"方法。

沙因将"变化"归纳为三类：自发的变化，有计划和控制的变化，意料之外的变化和革新。其中，"自发的变化"是指，特定组织在适应变化的环境时的学习变化过程。在某种程度上可以称之为组织的学习能力。

当管理者发现自发变化带来的有利结果时，他们开始"有计划地控制变化"。当他们声称变革企业文化时，其实就意味着在现有的良好工作方式的基础上做出一些改变；而当新的工作方式会带来组织更大的收益时，这些改变将被保留下来，同时，组织一定是在两个稳定期之间经历"变化程序"。为了更好地理解变化的种类，我们首先必须有一个处于稳态的系统模型，这个系统可以是关于个体的，也可以是关于团队或者组织的，它往往包括很多子系统，可以帮助我们认识到当前组织内部正在发生怎样的变化，以及决定当前系统中的哪些部分应该做出什么变化。

沙因认为：任何有活力的组织都处在不同的变化阶段。组织系统中变化速率最慢的，称为系统的结构或者框架，通常，系统在子系统发生变化时会进行代偿性质的内部调节以维系已有的平衡状态，但一旦代偿的力量不足以与之平衡，那么系统将在另一个水平形成新的平衡状态。正因为组织时刻处在变化的过程中，对于组织者要能够敏锐地发现正要引起变化的力量，这个时期称之为"解冻期"。

## 企业文化只能渐进优化，不能推倒重来

在理解其组织文化以前，不可能改变一个大型组织。沙因使我们能够更深地了解，是什么造就了组织，也就为我们尝试"改造"和"改变"提供了坚实的基础。我们首先必须从文化回归到企业的本

质，来确定我们真正需要的东西。我们不应该认为要去改变企业文化，而是要意识到企业出现了问题，为了生存和增长，必须改进业务流程——即使我们在最初并不知道，现有文化是推动还是阻碍这种新的业务流程。

"企业文化"的最大智者沙因

## "未来的领导者"

沙因认为，文化和领导者是同一硬币的两面。当一个领导者创造了一个组织或群体，同时就创造了一种文化。

同样，在企业面临"解冻期"的转变过程中，管理者扮演的角色就好比"解冻者"。沙因给出了一个形象而又贴切的比喻——"解冻期"，可以这样理解：

对于每一个企业，都有成功有效的工作模式和运转体系，它们在给企业和员工带来收益的同时，就像天然的"冷冻机"，把整个企业的学习能力和变化的可能性降到了"零度"，达到的是很稳定的状态。而随着时间的推进，慢慢地，外部的环境变化和内部的因素迫使组织尝试一种新的模式，也就是改变原来的模式。因此要先将原来"冷冻机"的冷冻效果去除，给大家解冻，让大家恢复到正常有活力的状态以更快地适应和接受新的工作模式，也就是另一个更为高级的"冷冻机"，在这之间有一段时间整个组织是处于"解冻"状态的。这个时期在沙因看来异常关键！作为一个优秀的领导者，如何在这个时期把握和控制好组织的变化的方向和力度，以及如何与下属良好他沟通使之尽快适应，是一个很复杂的问题！

如何提供心理支持，提供给下属们最重要的信息，就是他们觉得在新的系统里有如何学习的自由，他们虽不能参与目标的制定，但是他们可以参与控制自己的学习。可给下属提供很多培训的项目，来帮助他们克服不安全感。

因此，沙因对未来成功的领导者必备的素质做了以下归纳：领导者必须具有非凡的洞察力，以看透世界和自己真实的面貌；具有强烈的动机，以承受学习和变革之痛；具有坚定的意志，以在学习和变革的环境中控制住自己和他人的焦虑；具备一系列新的技能，并有效授权。

## "职业锚"——优秀员工的职业基准理论

《纽约时报书评》资深评论员海伦·费希尔指出："一座大厦能够百年屹立不倒，并不是因为它的高层建得多么坚固，而恰恰是它的基底坚不可摧。事实上，我们总是关注企业中高级管理人员的素质，却忽视了基层员工的培训。这是非常可怕的事情，而伟大的旁观者沙因博士却清楚地看到了这些，并给出了宝贵的建议。我想，任何

沙因正在激情洋溢地演讲

一个有远见的领导者都知道如何去做。"

人是资本，是知识的载体；知识是企业无形的财富，所以人是企业无法估量的资本。通用汽车公司前大名鼎鼎的总经理艾尔弗雷德·斯隆曾说过："把我的资产拿

去吧——但请把我的公司的人留给我，五年后，我将使你拿去的一切失之复得。"由此可见人的重要性和不可替代性，同时也表明，对人员"调动"引发的企业危机的管理，其实就是对人的管理。

如何留住员工，防止员工流失，一直是企业界讨论的热点问题。老板们"又想马儿跑，还不愿马儿多吃草"的自利心理，以及单纯说教式的语气，不但没有有效提升员工的工作积极性，反而使员工产生逆反心理，越来越把员工的自身价值排除在企业的价值之外。

沙因在《员工精神——优秀员工的职业基准》一书中，把被广泛和高度认可的价值观针对员工所要做的，归结为优秀员工必备的职业基准——"职业锚"：

敬业：热爱本职工作，认同就职企业
责任：履行职位职能，不找任何借口
进取：自信乐观主动，挑战工作压力
合作：友爱团结互助，协作共同进步
忠诚：忠诚自己职业，维护企业利益
创新：敢于打破常规，习惯创造革新
高效：以业绩为向导，获取最大效益
服从：遵守组织纪律，坚决执行指令

沙因强调："在工作上，我们的优先选择和价值观不尽相同，但最终根本的方面还是一致的，那就是职业基准或者称作员工精神……"当一个人在工作上不得不做出选择时，他决不会放弃的，正是他认为必须要信守的职业基准。员工精神是每一个优秀员工必备的职业精神，也是最基本的职业道德准则。敬业、责任、进取、合作、忠诚、创新、效率和服从，具备这些精神的员工，在任何一个企业都会大受欢迎，也正是这些观念和价值观推动着美国经济的高速发展。

　　企业文化是内部的事情，相对来说是不可见的。但当已经发展出各自文化的组织相互之间发生收购、合并或各种类型的合作、合资时，文化问题便彰显出来。沙因认为："在所有有效的组织中处于根基的活动就是对话。"只有进行及时而有效的沟通，才能对组织的发展提出最有效的意见和方案，"文化没有最优，也没有最正确"。但是，如果在表象、所表达的价值和共同默认的假设三个层面之间存在较大的差异，那是绝对不正确的。

　　要想使企业文化真正落地，企业必须要对这三个层面分别进行梳理，并最终使它们统一起来，共同反映一个有意义的主题。而且，只有从根本上改变了员工共同默认的假设，并最终体现到员工的行动上来，才算真正创建了新的企业文化。但是，想要改变企业中最稳定的部分，这是非常困难的，但无疑也是非常有意义的一件事情。因为如果不这么做，任何企业文化的创建活动都难免纸上谈兵。

# 德赫斯：会念咒语的"长寿公司"的维护者

一听到他的名字，在企业的丛林中就会有无数双耳朵竖起来听。

——《哈佛商业评论》

有关阿里·德赫斯（Arie de Geus，1930 – ）的传奇一切要从一颗"贝壳"说起。1930 年出生于鹿特丹的德赫斯在大学攻读工商管理博士学位时以会计师身份加入一家炼油厂。1951 年毕业后他留在那里，这一留就是 38 年，直到他 1989 年退休。这颗"贝壳"就是荷兰皇家壳牌集团公司。公司的英文名称 Shell 有一个意思是"蚌壳",画有一幅"贝壳图":红色代表能源所造成的热烈氛围,而黄色底子则象征着能源所带来的普照光明。贝壳图的扇形呈现出太阳的光芒四射、喷礴而出的景象。公司的能源产品因此而平添了无穷无尽、穿透万物的意象,而在这一枚光鲜的 Shell 深处更有一颗闪亮的珍珠——我们的主角德赫斯。

# 理论、实践两不误

## "贝壳"里的企业战略家

德赫斯这颗管理心理学的珍珠,在历经岁月沧桑后智慧之光不减,越显高贵典雅。他担任壳牌集团战略规划小组的指挥官,对公司整体的发展做出了重要的意见,"投资组合分析"(即定向政策矩阵)和"情景规划"是他最有力的武器。"贝壳"里的珍珠可不只一颗,而是一串,与德赫斯同组的其他主要成员有施瓦兹(Peter Schwartz),瓦克(Pierre Wack)等。

始建于 1907 年的壳牌运输和贸易有限公司,与荷兰皇家石油公司合并成荷兰皇家壳牌集团公司。此后,该集团逐渐成为世界性的国际石油公司,业务遍及大约 130 个国家。由此促成了德赫斯曾在三个大陆上作为壳牌公司的经理而工作。在荷兰,土耳其,比利时和巴西,然后返回英国,1979 年成为非洲和南亚区域的协调员。多年来,他一直在试图为一些耐人寻味的问题寻找答案,其主要问题之一就是决策过程中组织的性质。传统观点认为,决策完全是决策者运用其积累的知识,而德赫斯认为,这从根本上讲是一个学习的过程,要"从外面进来"。他的《计划即学习》出版于 1988 年,从此组织学习的运动开始真正腾飞。

作为商业管理界极富创造力的一颗璀璨珍珠,德赫斯不同于传统管理学者,而是运用了心理学中的重要概念——学习。他赋予公司以

"人"的特性，同时为物化概念的"公司"真正注入了生命的活力。仅是他的著作《长寿公司》的书名，就能体会到他的思想的独特魅力。

## 商业战场上的访问学者

1989年离开壳牌公司的德赫斯并没有安逸退休，而是继续推行着他有关组织学习的思想。同年他在麻省理工学院主持成立了"组织学习研究中心"。从"贝壳"里磨炼诞生，在商海中迎风踏浪，德赫斯不只是思想者，更是一名实践者。某些公司已经生存了数百年，而在商业杀戮的战场上幸存者只在少数，如何才能让一个公司习惯于动荡不安的商业环境？这个公司如何才能"存活"更久？回答这些问题便成了这位当代管理大师的一个迫切愿望，而最终导致他在1997年出版了《长寿公司》，它是德赫斯最具盛名的一本书。他坚持认为，对企业而言，最持久的方式是将自己打造成"生活工作社区"，而不是纯粹的"经济机器"。我们从书中再一次看到了具有心理学气息的人文精神，打破了单纯管理学的严肃刻板，正如《金融时报》给予此书"管理顾问奖"时的评价那样，它是"本年度最有见地的创新管理书籍"。

在这数年间，他还成立了一个咨询小组，为世界银行做顾问。其审计长办公室设在加拿大，运输和通讯部则坐落在荷兰。他还加盟英国伦敦经济学院，并成为伦敦商学院的客座研究员。如今在"组织学习学会"和"信息全球商务网"的创立中，也可以见到他那忙碌的身影。

## 女王麾下的商业施咒者

德赫斯从1981年起担任荷兰和英国商会的共同主席，任期长达7年之久。1988年荷兰女王任命他为Orange Nassau干事。1997年，威斯敏斯特大学授予他名誉博士学位。

在过去的十多年中，德赫斯不仅是长寿公司模式的创造者，还以他在"学习型组织"概念发展中扮演的角色最为闻名。作为一位较晚才进入学术界的职业经理，他将自己的理论与实用主义思想结合在一起。得益于长期丰富的管理实战经验，德赫斯擅长从整体的角度论述公司及其环境。德赫斯为20世纪90年代的商业念了一道咒语：未来公司唯一可持续的优势，可能就是其"学习能力"。与其说他是管理界具有非凡才华的干将，不如说他高瞻远瞩地拥有了商业的"读心术"。

## 管理恰似"修身养性"

对企业的管理最终会落实到对人的管理，人的行为规律及其心理机制的研究在管理活动中早已不可忽视。德赫斯无疑是一位妙用心理学的管理大师，他系统地论述了组织是有机体、组织学习是管理的核心等当代管理思想。其中最有影响力的著作有《计划即学习》(1988)、《公司是什么》(1995)、《长寿公司》(1997)等。1997年，《商业周刊》将《长寿公司》一书评选为当年10本"商业类最佳图书"之一。

读着德赫斯的管理心理学著作，不觉让人静下心来，以另一种眼光和心境来看待它。需要耐心与毅力，在不断探索中有所领悟，管理恰似修身养性。

## 修身：学习绝非蠹虫啃书

学习是日常生活中最常用的概念之一，在心理学上它是指通过经验获得而导致行为模式变化的过程。它一般是用来描述个体行为的，如今在管理学中用来描述组织的行为，实际上是一种类比或借用。除了针对的是组织而非个体之外，组织学习与个体学习有类似的含义。

1988 年，《计划即学习》发表在《哈佛商业评论》上，该文首次提出了"学习型组织"的概念。德赫斯认为，"计划不是高层管理者制定出来的，而是管理者和员工通过群体学习，改变原有的思维模式，即改变对竞争者、市场、顾客等的固有看法，从而建立一种适应环境变化的学习能力的动态过程"。对比 10 年前阿吉里斯（Argyris）等人提出的"组织学习是发现错误、并通过重构组织正在使用的理论而加以改正的过程"，德赫斯的"组织学习"的概念被赋予了更深刻的现实意义和实用价值。

德赫斯认为，学习和汲取知识是管理活动的核心。他指出："未来公司唯一持久的竞争优势，也许就是具备比竞争对手学习得更快的能力。""当世界更加息息相关、复杂多变时，学习能力也要增强，才能适应变化了的局势。企业不能再只靠像福特、史隆或华生那样伟大的领导者一夫当关、运筹帷幄和指挥全局了。未来真正出色的企业，将是那些能够使各层级的人员全心投入、并有能力不断学习的组织。"

组织学习的来源出自于组织的外部。像生物有机体在环境中觅食一样，组织也从外部环境的变化中获取知识。如果只是基于昔日的经验来学习，就可能总是在"打最后一场战争"。德赫斯指出，在组织学习中管理者最容易犯的几点错误是：以固有的思考方式去看待新事物，造成对新问题的认识上的偏差，或是做出错误的判断；"以偏概全"，直接从少量的实例中概括出结论，以至弄假成真；以教导代替相互沟通，导致学习的无效率。他的调查表明，以"教导方式"所传授的知识最多只有 40% 被对方吸收。

针对组织学习的过程，德赫斯强调学习的群体行为，强调知识在组织内的传播与共享。"如果能够有效地共享，那么一个组织的知识总和将大大多于个体知识的总和。"有趣的例子使他的观点更具说服力：19 世纪末期，有两种常见的鸟喜欢吃敞口瓶里的牛奶。但在 1930 年左右，牛奶瓶上加上铝制封口，结果全英国的山雀都学会了啄开封口，继续享受美味的牛奶，而知更鸟却没有学会这种技能。研究发现，这是因为知更鸟没有社会系统，也缺乏群体活动的习惯，它们是一种领地意识很强的动物。与之形成强烈对比的是，山雀总是在进行群体活动，它们能够学习和分享群体内任何一只山雀的新发现。

我们知道，每个人都要寻找合适自己的学习方式，对每个组织而言比起个人的学习更为复杂，一来要应对外界的变化，二来要提升内在实力。要展现组织学习的活力，发挥群体行为的长处，岂能蠹虫啃书般地学习？

## 养性："长寿"不仅纸上谈兵

让我们再次聚焦曾孕育了德赫斯这颗珍珠的"贝壳"。1983 年英荷壳牌石油公司的一项调查发现，1970 年名列美国《财富》500 强的大企业，有三分之一已经销声匿迹，被兼并或分裂成不同的小企业。企业从诞生到衰亡的平均寿命为 40—50 年；在欧洲和日本的情况也不容乐观，公司的平均生命周期为 12.5 年，商业公司的消亡率更高。然而，长寿公司同样存在：在欧洲、北美和日本，寿命在 100 年以上的公司有 30 家，包括杜邦、葛兰素、柯达、三井、住友和西门子等，已知历史上最长久的瑞典斯托拉（Stora）公司已经存在了 700 多年。而且，这些公司在所处行业中具有重要的作用。原因何在？

《长寿公司》在诞生之际，就被评为"为所有领导者准备的书"。德赫斯在书中描述了长寿公司的人格化的特征，并指出了长寿公司的管理的重点。他认为，大部分公司的失败，是因为管理者过分致力于制造商品和提供服务，而没有意识到企业是活的有机体，需要在环境中"觅食"。为应对长期经营中环境的变化，企业必须改变自己，通过改变自身的小环境来适应大环境的变化。他同时指出，建立长寿公司并没有现成快速的法则，只有不断地学习，并将学习能力与周围环境融合起来，组织才能进化。这就要求企业必须转变为"学习型组织"。

德赫斯将公司分成两类：一类是"经济型公司"，这类公司始终以追求经济指标为宗旨，把获得投入资本的最高报酬率、最高销售额和最大市场占有率作为企业成功的最高标准，简言之，就是要为投资者（股东）创造更多的利润；另一类是"生命型公司"（又称学习型公司或河流型公司），这类公司以长远的发展和社会的高度满意为目标，赢利只不过是达到这个目标的手段。生命型公司是超越纯经济利益的生命组织，它是一个生命的有机体。它是为"生命的意义"而发展，而不仅仅是为"赚取利润"而存在，其生存的能力和发展的潜力伴随着肌体的健康成长而不断延续。

经济型公司最大化的是其利润，而生命型公司更关注自己的生存和发展能力。二者在诸如"企业是什么"和"企业为什么"等一系列核心问题上存在着根本的差异。不同之处具体表现在目标、成功标准、组织结构、学习方式、工作观念、员工与企业的关系等多个方面。

就像长寿的人不仅需要有健康的躯体，也需要有良好的心态一样，通过对30家具有100年以上历史的长寿公司的研究，德赫斯发现，它们都有一些"人格化"的特征在一代又一代地传递下去。例如，擅长学习和适应环境；强烈的认同感；从不轻易地用自己的资本去冒险；对近乎出格的活动采取宽容的态度。

为了将组织人格化，德赫斯把心理学原理巧妙地运用于管理的各个细节：管理者的"优先任务"自然不同于单纯的管理手段；重视员工胜于重视资产；给予员工形成新思想的空间；鼓励群体行为，在互动合作中不断创造出新知识；构建相互信任和关心，融为一体的人际社区。这些都是公司长寿的秘诀！

## 念一句咒语贴一道符

"学习型组织"概念的提出无疑是德赫斯对管理心理学的主要贡献之一。他开创性地指出未来公司唯一可持续的优势在于组织的学习的能力，这一论断已成为 20 世纪 90 年代的"商业咒语"。1990 年，彼得·圣吉出版《第五项修炼》，对如何建构学习型组织作了更加系统的论述。圣吉认为，德赫斯对《第五项修炼》一书提供了思想上的启示。

随着环境的变化，人要更好地适应生存环境就必须摒弃旧的生活方式，而对于面临新时代、新挑战的企业来说，将怎样寻找组织管理创新的方向？市场竞争的加剧，技术、需求变化的加快，致使企业生存与发展的关键要素，已经不再是单纯的成本与效率，而是能否拥有满足顾客需求的创新能力。德赫斯为我们提供了三个创新"锦囊"：能否先于竞争对手发现顾客的潜在需要；能否针对顾客的需要找到更有效的解决办法；能否更有效地提供顾客所需要的产品或服务。

将长寿公司比喻为活的有机体，这就为以往公司的"短命"做出了合理的解释，对现阶段病入膏肓的公司带来了生还的希望，还为未出生的未来新公司提供了长寿的秘方。德赫斯从对环境的敏感性、整体意识、保守的融资观念、宽容型管理四个维度构建了生命型公司的商业模式。这种公司模式已经被称作"20 世纪下半叶出现的最具创新性的商业模式"。这四个维度所蕴涵的危机管理、公司治理、创新管理和人本管理等新思想，都是针对竞争加剧、变化加快的不确定性环境发展起来的。

长寿公司模式可以用来指引和评价企业的可持续发展。如果某些企业不具备长寿公司的人格化特征，不论它暂时发展多快，从长远来看是不具备竞争力的；相反，那些具备长寿公司特征的企业，尽管目前远不怎么起眼，却可能具有良好的成长性。

# 借人之镜鉴吾行

若问德赫斯有哪些经典的管理成功案例，荷兰皇家壳牌集团公司就是最好的证明。单轮壳牌在中国发展业务，已超过一百多年。早在19世纪90年代初，壳牌运输贸易有限公司的始创人马科·森默和森姆·森默兄弟，便已开始把煤油输入中国，并在香港、上海、广州和厦门建立油库。细细地看壳牌的企业文化，处处可见德赫斯的影响。这枚"贝壳"始终绚丽不减。

对中国企业来说，企业的可持续发展也是一个很现实的挑战。正像德赫斯在《长寿公司》中指出的那样，企业管理者必须在建设"生命型公司"和"经济型公司"之间做出选择。长寿的"生命型公司"是为生存而管理，而"经济型公司"是为利润而管理。长寿公司的独特品质，对中国企业具有很强的借鉴意义。

在过去的30年改革开放历程中，人们也许会说"外来的和尚好念经"。大量的外资企业、西方品牌文化涌入中国。麦当劳、星巴克、可口可乐……让我们看到了广阔的世界，那么现在该让世界看看中国的样子了。我们也有自己的百年老店，但如何擦亮"中华老字号"的招牌，在新的市场竞争中占据一席之地，以此传承古老东方的文化与生气，还需要我们不断地摸索、探讨与尝试。

任何引进的东西最怕完全照搬照抄，造成消化不良、水土不服。当我们为德赫斯的长寿公司妙计而不亦乐乎的时候，还要保持头脑清醒，适时适地而用。德赫斯提出的"宽容型方式"表现为对员工创意的包容，哪怕是看似荒谬的点子。这对发挥员工的积极性，激活企业活力，具有很大的启迪作用。宽容型管理寻求的是一种平衡，不是指企业不要严格的规章制度，不要集中统一的管理体制，而是指这种制度与体制，以宽容为特征，积极鼓励和支持员工的创造性活动。

德赫斯的"咒语"能否在中国企业中施展魔力？这取决于我们如何欣赏西方的管理心理学的理论。我们绝不可叶公好龙，如果只求形似地一味追捧，到头来只剩一潭死水。有了适合自己国情的管理模式，德赫斯的咒语才能成为点睛之笔，伴随我们走得更久、更远。

# 圣吉:"学习型组织的教父"

在一个大的组织当中，会有
一些重要的团队是需要学习的；
同样在我们的社会中，我们也要
不断地学习。

——圣吉

纵观镶嵌于 20 世纪历史殿堂内熠熠夺目的管理心理学大师
们，彼得·圣吉（Peter M. Senge，1947 - ）的名字无疑具有巨
大的影响力。他被认为是"最近一百年内在商业策略上有巨大
影响的 24 位人物之一"、"世界高级管理领袖之一"、"全球前十
位管理领袖之一"，并被冠以"学习型组织的教父"、"新一代管
理大师"等头衔。在理论方面，他以独到的眼光和宏大的思维，
创造性地将系统动力学与组织学习、智力开发、创造财富以及认

知科学融会贯通，创建了世界性影响的"学习型组织"理论，他的代表作《第五项修炼》更是被称为"21世纪的管理圣经"；在实践当中，由他创建并亲自主持的、位于麻省理工学院斯隆管理学院的"组织学习中心"自成立以来一直被世界各大企业的高层管理人员奉为管理科学的圣地。更为令人惊叹的是，他试图融东方文化，尤其是中国传统文化之精髓于西方管理科学，致力于发展一幅全人类梦寐以求的组织蓝图——使得人们在其工作中领悟生命的意义，实现共同的愿景。那么，究竟是什么成就了这样一位天才的管理科学巨匠？通过本文，让我们一同走近彼得·圣吉。

# 天才的诞生

圣吉1947年出生于芝加哥，1970年于斯坦福大学完成航空与太空工程学士学位后，进入麻省理工学院读研究生，随即被弗利斯特（Jay Forrester）教授的"系统动力学整体动态搭配"的管理新观念所吸引，并很快获得社会系统模型塑造硕士学位。1978年他又在麻省理工学院著名的斯隆管理学院（College of Sloan Management，MIT）获得管理学博士学位。此后的十余年以来，他和戴明（Edwards Deming），阿吉里斯（Chris Argyris），沙因（Edgar Schein）与舍恩（Donald Schon）等大师级的前辈，以及一些有崇高理想的企业家，致力于将系统动力学与组织学习、创造原理、认知科学、群体深度对话、模拟演练游戏相融合，发展出一种"学习型组织"的蓝图。

1990年，圣吉在麻省理工学院斯隆管理学院正式创立了"组织学习中心"，对一些国际知名企业，如微软、福特、杜邦等，进行创建学习型组织的辅导、咨询和策划。同年，他的扛鼎之作——《第五项修炼——学习型组织的艺术与实践》出版。凭借其中所蕴含的管理科学新思维，这本书迅速获得了广泛的认可，圣吉也因此被尊为

"当代最杰出的新管理大师之一"。此后在该书的基础上，圣吉和他的同事又完成了一系列具有深远影响的著作，包括《第五项修炼——实践篇》（1994）、《第五项修炼——寓言篇》（1994）、《变革之舞：学习型组织持续发展面临的挑战》（1999）、《学习的学校：教育者、父母和关心教育人士的第五项修炼实用手册》（2000）、《领先于变革时代》（2001）和《修炼的轨迹》（2004）。

与其他西方管理心理学大师有所不同的是，圣吉十分崇敬中国传统文化，并相当重视与中国文化学者之间的交流。早在上世纪80年代，经他人介绍，圣吉就结识了一代国学宗师南怀瑾先生，并在他的指点下研修中国传统禅文化，并每日坚持静坐修道两小时，直至今日仍不辍。自2002年9月首次造访中国以来，其后多次来华进行文化学术交流，分别在复旦大学（2003.7）、北京大学（2003.11）发表演讲。此外，2005年11月，圣吉还在浙江大学同海外汉学界代表、哈佛大学杜维明教授就人类文明的发展前景进行了精彩对话。

近些年来，圣吉经常与商界、教育界、健康保健领域及政府部门的领导者合作，并在全球各地进行讲学，使其系统的理论观点成为更好地理解经济及机构变化的分析工具。圣吉现在的身份是麻省理工学院的资深高级讲师（senior lecturer），也是该学院"组织学习与变革"团队成员，以及"组织学习协会"（society for organizational learning, SOL）主席。

## 《第五项修炼》——"21世纪的管理圣经"

同大多管理心理学家一样，圣吉善于将他的理论与思想以学术性通俗著作的形式表达出来。截至2005年，圣吉在同事的协助之下，已经完成了十余部著作，几乎每一部都曾位于当年畅销书排行榜的前列，但毫无疑问，其中最具影响力的，仍属他的代表作——《第五项修炼——学习型组织的艺术与实践》（1990）。

该书一经问世，便迅速引起各界关注，连续三年荣登全美最畅销书榜榜首，并于 1992 年荣获世界企业学会（World Business Academy）最高荣誉的"开拓者奖"（Pathfinder Award）。随后几年里，该书所倡导的管理模式不仅带动了美国经济近十年的高速发展，同时在全世界范围内广泛流传，并掀起了一场全球性的创建学习型组织的管理革新浪潮。

《第五项修炼》所强调的是理论与实践相结合的一套新型的管理技术方法，是继"全面质量管理"（TQM）、"生产流程重组"、"团队战略"之后出现的又一管理新模式，被西方企业界誉为"21 世纪的企业管理圣经"。本书的核心是强调以系统思考代替机械思考和静止思考，并通过了解动态复杂性等问题，找出解决问题的高"杠杆解"。从方法论层次而言，本书涉及个人和组织心智模式的转变，并深入到哲学层面，强调以企业全员学习与创新精神为目标，在共同愿景下进行长期而终身的团队学习。从具体的知识层面来看，本书所涉及的学科十分广泛，大到系统动力学，小到模拟演练游戏，作者试图将其与组织学习、创造原理、认知科学、群体深度对话相融合，并力图发展出一种具有世界普适性的学习型组织的蓝图。就其主要内容而言，该书系统地阐述了"自我超越"、"改善心智模式"、"建立共同愿景"、"团队学习"、"系统思考"等五项管理技巧，并试图通过这些具体的修炼办法来提升人类组织整体运作的"群体智力"。本书顺应了信息化时代大潮，是知识经济的产物，完全符合我国创建学习型社会、学习型城市、学习型社区、学习型企业和学习型家庭的发展目标。

## "第三只眼"看管理——学习型组织的
## 理论与实践

有人曾说过，大凡出色的管理心理学家，往往具有某种跨学科的

优势，他们能够以
"第三只眼"看管理，
从而获得新的视角和
感悟，圣吉就是其中
一位。工科背景出身
的他从系统动力学的
视角出发，提出了整
体动态的管理新观念，
并致力于发展出一整
套"学习型组织"的

彼得·圣吉在演讲

操作方案。作为"学习型组织"的理论依据，他的代表作《第五项
修炼》便是对这一观念的极大推广，并力求通过一套行之有效的修
炼办法提供给组织，以提高组织的学习能力和竞争能力。

## 长寿型企业＝终身学习的企业

这里首先需要澄清一个事实，即"学习型组织"的提法最早见
于美国教育学家赫钦斯（Robert M. Hutchins）1968年出版的《学习
型社会》，而在管理学界，这一概念在理论上则是由阿吉里斯（Chris
Argyris）与沙因（Edgar Schein）于1978年合著的《组织学习》奠定
了基础，而圣吉的贡献则在于对"学习型组织"在实践中的形成和
运行给予了可操作的法则，并通过《第五项修炼》一书将这一观念
在全世界范围内进行推广。从这个意义上讲，我们平日中看到的将圣
吉称为"学习型组织概念之父"的说法并不准确。

而谈及对"学习型组织"这一概念深入研究的缘起，就不得不
提到一项著名的研究。1983年，英国壳牌（Shell）公司进行了一项
名为"全球500强企业的生命周期有多长"的调查，后来公布的结
果显示，这些非常成熟的公司平均寿命只有30到40年，还不到常人
寿命的一半；只有20家公司存活了200年以上，并且依然充满活力。

调查发现，上述 20 家长寿企业有一个共同特点，就是学习力旺盛。而那些短命的公司则不能与时俱进，在世界环境、技术、社会等发生变化以后，依然按照老办法运作，因此尽管他们在资金、技术、人才等各种资源方面应有尽有，看似风光十足，实则不堪一击。

正是这项调查催生了圣吉后来对"学习型组织"的深入研究。圣吉认为，未来真正出色的企业将是能使企业各阶层人员全心投入，并有能力不断学习的企业，也就是"学习型组织"企业。其唯一持久的优势即为有能力比你的竞争对手学习得更快更好，只有营造了学习型组织的工作氛围和企业文化，企业才具有长盛不衰的生命力和竞争力。

## 何谓"学习型组织"

圣吉承认，"'学习型组织'并不是一样东西"，它没有一个严格而确切的定义。从本质上而言，"学习型组织"并没有一个固定的结构模式和运作流程。确切地说，它只是提供了一种管理心理学思想，通过强化组织学习的动力来营造整体的创造氛围，形成良性的组织心态。圣吉认为，任何一个人对学习型组织的理解和描述，都是在有限的时间与空间中找到的或套用的近似图式。"学习型组织"本身的愿景就是成为能不断"创造未来"的组织，这是一个相对清晰的动态过程。

尽管对于"学习型组织"依然缺乏明晰的定义，但这并不妨碍圣吉对于如何训练一个企业成为学习型组织作深入思考。关于如何学习，圣吉的观点非常明确，那就是进行"五项修炼"，即用系统思考打开思维之窗；以不断的自我超越为动力；改善人们的心智模式；达成共同愿景；进行团体学习。

- **修炼——组织学习的关键**

在对"修炼"一词进行解读之前，让我们首先了解一下"组织学习"这一新概念。组织学习是一个过程，包括验证、反思及其行动，也就是"学习循环"。这里的"学习"，包括"单环学习"和"双环学习"。前者注重行动，后者倾向于反思。学习型组织的学习是能产生创造力的学习，因此，学习型组织更为关注"双环学习"，或者说是在"单环学习"之上的"双环学习"。对于"组织学习"与"学习型组织"之间的关系，形象一点说，可以把"学习型组织"看成是一种美好的景象，而组织学习则是使这个景象得以实现的桥梁。

"修炼"一词是对"discipline"的汉译，这个翻译堪称神来之笔。通过这一词汇，人们很容易把学习型组织的训练同中国文化中的修炼联系起来，同时也与圣吉对中国传统文化的浓厚兴趣相吻合。圣吉认为，所有的修炼都关系到心灵上的转换。这种转换主要表现为由局部转向整体，由把人看做被动的反应者转向看做改变现实的主动者，由只对现状反应转向创造未来。这种转化，靠的就是修炼。他对学习型组织内涵的解释采用了"metannoia"一词，这个词强调的是，心灵的根本转变是"超验的"或体悟的。

"修炼"的基本方式是学习，只有学习才是个人、组织与环境互动的"不二法门"。在圣吉的思想里，关于"学习"的观念有二：一方面，学习是为了保证组织的生存，使组织具备不断改进的能力；另一方面，学习型组织能够真正实现个人和工作的完全融合，使人们在工作中实现生命的意义。这样，个人和组织在学习中合二为一，共赢互惠，实现共同的价值。而修炼的方向则是消除各种不确定性，为实现并创造价值做出相应的调整和创新。在这方面，他宣称："90年代最成功的企业将是'学习型组织'"，"未来惟一持久的优势，是有能力比你的竞争对手学习得更快"。然而，到底学习什么，圣吉却未给出一个明确的指向。借用一些哲学家的术语，圣吉所说的学习，是"能指"而不是"所指"；用圣吉自己的话说，就是"学习的核心是提升学习能力"。这样，学习本身就变成了修炼。

圣吉倡导的修炼，用一句话来概括，就是要建立真正的学习型组织，实现组织学习，进而产生创新力。实际上，由组织的生命发展周期来看，组织学习就是组织创新的过程。从组织孕育到成长再到成熟直到衰退，必须对组织进行不断创新，才能使进入衰退期的组织蜕变，进入下一个发展周期，否则便会消亡。而知识、技术、制度的创新，正是推进组织学习的重要条件。

- **系统动力学——组织修炼的基石**

从前文所介绍的教育背景可以看出，圣吉在进入研究生阶段后学术思想上出现了一次重要的转折，那就是他被导师弗利斯特所提出的"系统动力学"（Systematic Dynamics）的观点所深深吸引。正是这样一个特殊的经历，导致了圣吉对现有管理理论的重新思考，并建构起一套新的系统动态管理观念。

所谓"系统动力学"，就是对整体运作的本质的一种思维方式，把结构的方法、功能的方法和历史的方法融为一个整体，其目的在于提升人类组织的"群体智力"。从发展历程上讲，该学科是在总结运筹学的基础上，为适应现代社会系统的管理需要而发展起来的。就研究内容而言，它并非依据抽象的假设，而是以现实世界的存在为前提，不追求"最佳解"，而是从整体出发寻求改善系统行为的机会和途径。从技巧上说，它不是依据数学逻辑的推演而获得答案，而是依据对系统的实际观测信息建立动态的仿真模型，并通过计算机试验来获得对系统未来行为的描述。简单而言，"系统动力学是研究社会系统动态行为的计算机仿真方法"，它与混沌理论（Chaos Theory）和复杂性科学（Science of Complexity）所探讨的内容相同。

在圣吉的理论体系中，着重强调了系统动力学的整体观、复杂观与动态观，而对具体的系统模型结构则予以大大简化（在圣吉的著作中，所谓模型，往往是一个非常简单的环状反馈示意图），取而代之的是直觉、感悟和意象等一些常识性概念。这样，他把艰深的系统动力学转变为人人易懂的系统性思考，并在企业组织中实践和推广。在实践当中，圣吉依据上述理论构想，创建了一个简化并压缩了的系统动力模拟系统——"组织学习实验室"，他称之为"微世界"（mi-cro-world）。在这里，进行"修炼"的经理可以尝试各种可能的构想、策略所导致的情景变化，以及其中可能出现的各种搭配。圣吉将这种实验室视为组织创造与学习的演练场。在这种实验室中，可以把长期的演变发展过程加以"压缩"观察，进而寻求解决之道，也可以用于与人有关的许多变数研究。其最终目的，正如圣吉自己所比喻的那样，类似于孩子游戏，通过跷跷板学习杠杆原理，通过荡秋千学习钟摆原理，通过"过家家"掌握社会系统。

- **五大修炼法**

在系统动力学的基础之上，圣吉进一步提出了组织学习的五项修炼。

√ 系统思考（Systems Thinking）——五项修炼的核心

这是一种学会整体思维的基本方式。圣吉试图用这种方式，在管理迷宫中引导出一条新路，让人们由只看片断转变为整体观察，从对感知现状的被动反应转变为构建未来的主动创造，从迷失于复杂细节转变为掌握动态的整体均衡。管理最终的走向是找到高杠杆点，产生以小搏大的组织力量。

圣吉认为，自从管理学诞生以来，就哲学层次而言，一直没有摆脱西方传统的、局部的、功利主义的思考方式，从而限制了管理实践的整体创新。企业往往关注于细节和局部，为利润率和市场份额伤神费力，这种"只见树木，不见森林"的非系统思考方式，常常导致的是以下一些问题：（1）今日的问题来自昨日的解决方案，（2）"补偿性回馈"的经验，（3）显而易见的方案往往无效，（4）舍本逐末——采用的对策可能比现有的问题更糟糕，（5）欲速则不达——对快速的追求往往导致系统崩溃，（6）因果在时间上并不紧密相连，（7）将问题归因于别人。所以，圣吉在《第五项修炼》中，开宗明义就从"系统思考"出发，颠覆旧有的机械、片断、静止的思考方式，将企业看做一个有机的整体，以有机思考代替机械思考，以整体思考代替片断思考，以动态思考代替静止思考。这样，圣吉强调的就不再是"头痛医头，脚痛医脚"，而是直逼根本，通过全局性的一套修炼办法来提升企业的"群体智力"

✓ 自我超越（Personal Mastery）

自我超越作为一项修炼，包含两项活动：一是不断厘清什么是最重要的；二是弄清楚现实是什么样的。不断厘清并加深个人的真正愿望，集中精神，培养耐心，并客观地观察现实，以自己想实现的最大愿望为起点，寻找创造性张力和情绪性张力之间的相互关联，促进个人的创造性张力的发挥，并不断帮助实现内心深处最渴求的愿望。企业作为组织，自我超越必须同时采用"反求诸己"和"关照他者"两种并行方式。组织不仅要进行持续的自省与反思，更要关照客户的现实需求，探究客户的潜在需求，以客户需求来最终检验组织价值。

✓ 改善心智模式（Improving Mental Models）

"心智模式"概念来自于英国心理学家克雷克（Kenneth J. W. Craik），是指人们心目中认识和思考外部世界的前提。圣吉引用了《列子》一书中怀疑邻居"偷斧子"的故事，来说明心智模式对认识事物的影响。它不仅影响我们如何了解这个世界，还直接催生我们在采取行动时的许多假设、成见，乃至图像和印象。把镜子转向自己，是心智模式修炼的起点，同时也是一种有效地表达自己想法并以开放的心灵容纳别人想法之路径。通过反思，消除原有心智模式的系统性缺陷。

✓ 建立共同愿景（Building Shared Vision）

"共同愿景"是把大家的个人目标融会贯通为组织的共同目标，是把组织个体的愿景有机转化为组织整体的共同愿景。共同的愿景能够帮助组织激发培养成员主动而真诚地奉献和投入，而这种愿景不是建立在组织领导的主导之上。共同愿景不是由董事会或者经理下达的，而是由组织成员的个人愿景汇集的。只有形成共同愿景，组织才能从根本上实现团队协调。所以，组织要建立共同愿景，必须鼓励个人愿景，没有个人愿景存在，共同愿景就是无源之水，无本之木。

✓ 团队学习（Team Learning）

动力系统论中最为通俗的观点，就是一加一大于二。组织的力量大于个体力量之和。圣吉明确指出，虽然组织学习涉及个人的学习能力，但基本上它是一项集体的修炼，是发展组织成员整体搭配与实现共同目标能力的过程。

"团队学习"不是说组织的成员坐在一起学习。这种学习是表面的，不能达到学习的目的。团队学习的修炼从"深度对话"（Deep Dialogue）开始，指在群体中让真实想法自由交流，以发现远较个人深入的见解。学习的基本单位是团队而非个人，由此才能真正进行动态的复杂性分析。另外，组织成员要彼此切实建立工作伙伴观念，才能共同深入思考问题，从而进行深度对话。

以上五项修炼不能割裂开来。系统思考是支撑上述四项修炼的平台，这四项修炼又丰富着系统思考的内涵，使其具有实践性。

● **创造（Creating）——圣吉眼中的"第六项修炼"**

圣吉认为，如果将自我超越、改善心智模式、建立共同愿景、团队学习、系统思考等五项修炼汇聚起来，使学习型组织演变成一项创新。如果一个人的首要角色是修复问题，而不是创造崭新的、有意义的事物，那么他就会变成一只无头的苍蝇，失去了目的。实际上，"创造"（Creating）不是一种我们恍然踏进的神秘状态，而是一项我们可以理解和掌握的"修炼"。

# 难以割舍的"中国情结"

2006年，趋势科技董事长张明正先生在接受《远见杂志》的访问时曾说："我曾当面问圣吉，为什么学理工出身，后来成为组织学与管理学大师的他，会去拜禅学大师南怀瑾为师，又对中国的佛道倍加推崇？"圣吉在他的新作《修炼的轨迹》（2004）的首页中这样回答说："在我们寻求为何在这个领域开拓新知时，有幸遇到中华文化界涵养极高的大师们，并承蒙他们指点。与南怀瑾大师的会谈尤为关键。他帮助我们明白，我们探索领域的共同基础……我们也期待能有更深度的跨文化对话，继续与你们共同学习。"

一位引领西方管理学界，甚至引领西方文化前行的导师，竟能够如此钟情于中国古老的文化与智慧，这对于整个人类文化界而言，无疑是难能可贵的。

## 修禅的西方管理心理大师

早在圣吉于斯坦福念本科之时，他就开始接触到神秘的东方文化——禅修。只不过那时他只是一个好奇的初学者，在加州一所由日本禅宗大师铃木大卓开办的禅修中心学习静坐。此后他还陆续参加过一些其他的修习活动，如印度禅定大师 Swami Muktanada 的课程。

而圣吉真正系统地接触中国传统文化是从上世纪 80 年代中期开始的，而引领他走上这条道路的，正是一代国学宗师南怀瑾先生。那时，南先生"只缘避迹出乡邦"，离开台湾旅美侨居 3 年。其间经人介绍，圣吉结识了南先生，由此而爱上东方文化。他的工作伙伴、中山大学杨硕英教授曾经回忆道："我 1991 年寄了一些南怀瑾先生佛道两家著作的英译本给圣吉，他非常用功，在世界各地演讲时均随身携带阅读。"他又拜师南先生研修中国传统禅文化，并每天坚持早晚各一小时的静坐修道，终年不断。此外，在南先生的指点下，圣吉又开始研读《管子》及《大学》。

中国文化带给圣吉的影响从他的著作中体现得淋漓尽致。在《第五项修炼》中，圣吉不仅多次引用孔子、老子甚至列子等人的典故借以表述自己的思考（当然，这种引用并不专业，只是借古代哲人之口传递他自己的观念），更重要的是，该书所提倡的核心观念"学习型组织"也蕴含着中国文化的影子。对此他曾经说过："中国文化里有浓厚的学习热情。我相信一个一生都在学习的人内心一定充满了感激之情。我也相信在中国文化中对'关系'有很强的倾向性。人们对相互关系的重要性有深刻的认识，而且他们认为在工作中产生的生产力与快乐同等重要。这都是中国文化中的优势。"

## 大师在中国

圣吉喜爱中国文化，而中国工商业界、学术界也同样钟情于他本人及其理论。当 1994 年他的代表作《第五项修炼——学习型组织的艺术与实践》诞生以来，其迅速坐上了管理学界的畅销书的头把交椅。仅上海三联书店一个版本，就已经重印 47 次，发行量达到惊人的 64.5 万册。而他的管理新观念"学习型组织"则更是在几年之内红遍大江南北。不少企

**彼得·圣吉在浙大**

业、公司更是以其作为自身发展的座右铭，将其视作克服发展瓶颈的良方：在山东，莱芜炼钢厂建立了第一家学习型炼钢厂；在安徽，合肥江淮汽车制造有限公司成为第一个学习型汽车制造企业；在江苏，江苏油田形成了中国第一个学习型油田，南京凤凰台饭店成为中国第一个学习型饭店；在上海，同济大学缔造了中国第一个学习型学院；在浙江，杭州华东医药集团成为中国第一个学习型医药集团……

学术界对圣吉的热情丝毫不落下风。2002 年 9 月 26—28 日，首届学习型组织国际论坛在北京举行，圣吉首次访华。2003 年 7 月和 11 月，他又两次访问中国，在复旦大学和北京大学发表演讲，并会见上海市政府官员，探讨如何在上海建造学习型城市。2003 年 11 月 21 日，台积电董事长张忠谋就"再造学习型"的议题与圣吉展开对话。圣吉最近来华是在 2005 年 11 月参加在浙江大学与新儒学名师杜维明关于人类文明发展前景的对话。在某种意义上，圣吉在中国比在

美国还要风光。

　　然而圣吉本人就像一位充满中国智慧的学者一样，对于个人取得的辉煌表现得十分低调。他曾表示："我不想在中国推广我的理论。我个人对我的理论是否能在中国流行并不感兴趣，我认为重要的是做，而不是说。"淡泊名利的他只是关心"学习型组织"是否能适用于中国文化背景下生存的企业。事实也的确如圣吉的态度那样并不乐观，在实践推广中"水土不服"的问题逐渐显现出来。有学者分析，这正是中西两种文化核心观念间冲突的体现。中国人重视群体，是以不同程度地否定个体价值为前提的，然而，学习型组织的修炼，关键在于准确把握系统的反馈和变量结构。共同愿景的形成，必须以容纳和整合个人愿景为起点。创建学习型组织，在最基本的环节其实需要相当程度的"个人主义"。然而这在高度集权化背景下的中国文化中若欲实现则十分困难。几千年以来，孕育于中国文化中的群体社会意识秉承了这样的观念，即凡事以家族利益和社会利益为出发点，而个人的核心价值却被摒弃，这一点，恐怕正是中国建立学习型组织的障碍所在。因此，学习型组织倘若真要扎根于中国的"土壤"，尚有待时日。此外，在处理创新、组织学习与学习型组织之间的关系这一方面，中国的企业也还有很长的路要走。

　　不知大家是否注意到了这样一个细节，在介绍圣吉现在的职务时，所用的词是"高级讲师"（Senior Lecturer）而非"教授"（Professor）。这表明，在叫真的美国学术界，纵使是堪称"当代最杰出的新管理大师之一"的圣吉的理论，也并不为主流学者所完全认可。其中来自罗伯特·路易斯·弗诺德（Robert Louis Flood）的《反思第五项修炼》就是质疑阵营中最好的代表。但不论如何，这位重实践于理论、重反思于开创、集西方管理理论于大成、开东西整合思潮之先河的管理心理学界奇才，将继续描绘自己心中的宏伟蓝图，向着建立一种世界性学习型组织的目标而不断前行！

# 参考文献

1. 刘永芳主编:《管理心理学》,清华大学出版社 2008 年版。

2. 孙耀祖主编:《西方管理学名著提要》,江西人民出版社 1992 年版。

3. 桑玉成、何国锋编:《管理思想史》,上海教育出版社 2003 年版。

4. 郭咸纲:《西方管理学说史》,中国经济出版社 2003 年版。

5. 李方华、李庆杨、步建东:《管理思想史》,东北大学出版社 2003 年版。

6. 孙国强:《一般管理的先驱:亨利·法约尔》,河北大学出版社 2005 年版。

7. Morgen Witzel, A short history of efficiency, *Business Strategy Review*, 2002, volume 13 Issue 4, pp. 38 – 47.

8. [美] 哈林顿·埃默森:《效率的十二项原则》,梓浪、莫丽芸译,北京邮电大学出版社 2005 年版。

9. 方振邦主编:《管理思想百年脉络:影响世界管理进程的百名大师》,中国人民大学出版社 2007 年版。

10. [美] 沃尔特·D. 斯科特:《效率——提高工作绩效的 12 种途径》,孙宏志译,中国发展出版社 2004 年版。

11. 佚名:《广告心理学和人事管理的先驱:斯科特》,《财经界·管理学家》2006 年 10 月。

12. [美] 斯隆:《我在通用汽车的岁月——斯隆自传》,刘昕译，京华出版社 2004 年版。

13. ［美］艾林·弗里曼：《里程碑：伟大的斯隆，经典的管理》，高嘉勇译，人民邮电出版社 2006 年版。

14. 刘铁：《重读麦格雷戈的告诫——评麦格雷戈《企业的人性面》，《董事文化》2008 年第 6 期。

15. 张守纪：《求解人性未知数的麦格雷戈》，《管理史话》1998年第 8 期。

16. ［美］布卢姆斯伯出版公司编著：《他们改变了管理》，宋利芳译，中信出版社 2005 年版。

17. 蔡雪冰：《有没有天生不变的人的特性——评麦格雷戈的 X - Y 理论》，《福建商业高等专科学报》2000 年第 4 期。

18. Leslie Kish. In Memoriam：Rensis Likert，1903 - 1981. *The American Statistician*，vol. 36，No. 2（May，1982），pp. 124 - 125.

19. 郤友会：《强化理论的大师：斯金纳》，《管理学家》2008 年第 5 期。

20. 夏拥军：《基于波特—劳勒综合激励模型落实高校辅导员队伍建设规定的思考》，《高等农业教育》2008 年第 4 期。

21. 杜娟、顾幼瑾：《皮格马利翁效应与员工感知价值的提升》，《云南大学学报》第 1 期第 19 卷。

22. Lyman W. Porter et al.，Alternative Approaches to the Employee-Organization Relationship：Does Investment in Employees Pay Off? *Academy of Management Journal*，1997，vol. 40，No. 05.

23. 周欣、李霞、卢健、栗强：《世界古典管理学家管理法则全书》，中国社会出版社 1999 年版。

24. 李长武：《近代西方管理思想史》，吉林大学出版社 1991年版。

25. ［美］林德尔·厄威克：《管理备要》，孙耀君等译，中国社会科学出版社 1994 年版。

26. ［美］雷恩：《管理思想的演变》，李柱流、肖聿译，中国社会科学出版社 2004 年版。

27. 钟暗华：《论闵斯特伯格对心理学的贡献》，《赣南师范学院学报》2005 年第 5 期。

28. 唐薇：《麦尔斯－碧瑞斯人格类型量表 MBTI 的理论及应用的初步研究》，华东师范大学 2003 届硕士学位论文。

29. 唐军：《人力资源管理者的 MBTI 类型研究》，《人口与经济》2002 年 10 月。

30. 过广宇、唐薇：《麦氏人格模型与大五人格模型的比较》，《心理科学》2003 年第 26 卷第 3 期。

31. 苗丹民、皇甫恩：《MBTI 人格类型与 MBTI 人格量表》，载高尚仁、欧阳仑主编《个性与教育》，陕西师范大学出版社 1997 年版。

32. ［美］赫根汉：《心理学史导论（第四版）》，郭本禹等译，华东师范大学出版社 2004 年版。

33. 侯玉莲：《行为科学的奠基人——乔治·埃尔顿·梅奥》，河北大学出版社 2005 年版。

34. 宿春礼：《世界上最伟大的思想书》，黑龙江科学技术出版社 2008 年版。

35. 熊哲宏主编：《西方心理学大师的故事》，广西师范大学出版社 2006 年版。

36. 申荷永：《充满张力的生活空间——勒温的动力心理学》，湖北教育出版社 1999 年版。

37. David G. Winter, David C. McClelland (1917 – 1998), *American Psychologist*, May 2000.

38. 杜文英：《麦克利兰的"成就激励"理论与医院人员管理》，《临床心身疾病杂志》2004 年第 10 卷第 2 期。

39. 李占舟：《麦克利兰 VS 斯金纳：如何激励才更有效?》，《商业管理》2005 年第 5 期。

40. 王国峰、吕宏强、杨君位：《胜任特征模型在人才选拔中的应用》，《合作经济与科技》2008 年第 6 期。

41. 杨毅宏：《情商决定命运》，学林出版社 2006 年版。

42. ［美］西伦·派克：《管理思想家 50 强——当今世界 50 位顶尖管理思想家》，余彬译，上海三联书店 2006 年版。

43. ［美］丹尼尔·戈尔曼：《EQII——工作 EQ》，耿文秀、查波译，上海科学技术出版社 2001 年版。

44. 吴庆麟、胡谊：《教育心理学——献给老师的书》，华东师范大学出版社 2003 年版。

45. 张文昌、于维英：《东西方管理思想史》，清华大学出版社 2007 年版。

46. 朱月龙编著：《自从有了心理学》，海潮出版社 2006 年版。

47. 荆其诚、杨玉芳：《一位获诺贝尔奖的博学大师——贺伯特·A. 西蒙院士》，《科技导报》2001 年第 5 期。

48. ［美］戴维·迈尔斯：《社会心理学（第八版）》，张智勇、乐国安、侯玉波等译，人民邮电出版社 2006 年版。

49. ［美］费斯汀格：《认知失调理论》，郑全全译，浙江教育出版社 1999 年版。

50. ［美］诺德伯·郝尔：《心理学名人传》，林宝山译，心理学出版社 1983 年版。

51. 北京大学心理学系编著：《当代西方心理学评述》，辽宁人民出版社 1991 年版。

52. 周晓虹：《现代社会心理学史》，中国人民大学出版社 1993 年版。

53. 刘恩久：《社会心理学简史》，江苏教育出版社 1988 年版。

54. 许新赞：《班杜拉的自我效能与学生的全面发展》，《教学研究》2004 年第 3 期。

55. 李沫：《社会认知心理学框架下的中层管理者激励研究》，《商场现代化》2006 年 2 月（下旬刊），总第 459 期。

56. 成晓光：《班杜拉的社会学习理论中的认知因素》，《辽宁师范大学学报（社会科学版）》2003 年第 26 卷第 6 期。

57. 张剑、郭德俊：《自我效能感与人力资源管理》，《首都师范大学学报（社会科学版）》2002 年第 5 期（总第 148 期）。

58. 申艳娥、刘以榕：《班杜拉自我效能理论及其对学习策略教学的启示》，《厦门教育学院学报》2002 年第 4 卷第 1 期。

59. Erica Goode, A conversation with Daniel Kahneman, *The New York Times*, Nov 5, 2002.

60. ［美］斯科特·普劳斯：《决策与判断》，施俊琦、王星译，人民邮电出版社 2005 年版。

61. 奚恺元：《别做正常的傻瓜》，机械工业出版社 2006 年版。

62. 郭秀艳：《实验心理学》，人民教育出版社 2004 年版。

63. Sara Kuhn, *An Overview and Discussion of Fred E. Fiedler's Contingency Model of Leadership Effectiveness*. The University of British Columbia, SLAIS, LIBR 504, Instructor Lisa K. Hussey, January 29th, 2007.

64. 朱永新主编：《管理心理学》，高等教育出版社 2002 年版。

65. 张克昕：《现代管理心理学理论与应用》，航空工业出版社 1998 年版。

66. Andrew J. Dubrin：《领导力（第四版）》，王垒译，中国市场出版社 2004 年版。

67. Hersey, P., *The Situational Leader*. Escondido, CA：Center for Leadership Studies. 1984.

68. ［美］布兰查德、约翰逊：《一分钟经理人》，周晶译，南海出版社 2004 年版。

69. ［美］肯·布兰查德、艾伦·伦道夫、彼得·格雷齐尔：

## 参考文献

《一分钟经理人团队版：提高团队绩效的三步骤》，张红译，东方出版社 2008 年版。

70. 刘汴生：《管理学》，科学出版社 2007 年版。

71. 谢萍：《激励：从观念到应用》，《法制与社会》2007 年第 12 期。

72. 夏芳、王雅林、郑坚：《论中国企业科技创新人才的激励机制》，《哈尔滨商业大学学报》2006 年第 3 期。

73. ［美］彼得·德鲁克：《卓有成效的管理者》，许是祥译，机械工业出版社 2005 年版。

74. 赵立营、高岩冰：《"BCG 三四规则矩阵"的使用价值》，《企业活力（Enterprise Vitality）》2007 年第 11 期。

75. 布鲁斯·亨德森：《"三四律"要么成为局部市场的领先者，要么趁早变现退出，千万别三心二意》，王方剑译，《中国企业家》2001 年第 1 期。

76. 布鲁斯·亨德森：《创业者的白金思维法》，乔辉译，《科技创业月刊》2002 年第 4 期。

77. Bruce D. Henderson, *Life Cycle of the Industry Leader*. The Boston Consulting Group, 1972, pp. 1 – 2.

78. ［美］明茨伯格、阿尔斯特兰德、兰佩尔：《战略历程（修订版）》，王丹、高玉环、史剑新译，机械工业出版社 2006 年版。

79. ［英］格伦迪：《大师论战略》，王磊、原磊译，华夏出版社 2005 年版。

80. ［美］弗雷德·R. 大卫：《战略管理》，李青译，清华大学出版社 2008 年版。

81. 黄丹、余颖：《战略管理》，清华大学出版社 2005 年版。

82. 张明玉、张文松：《企业战略理论与实践》，科学出版社 2005 年版。

83. 张东生、李艳双：《企业战略管理》，机械工业出版社 2005

年版。

84. 项保华、罗青军：《安德鲁斯战略思想及其扩展》，《科研管理》2002 年第 6 期。

85. 包文凯：《安德鲁斯框架中的战略管理思想演进分析》，《管理与决策》2005 年第 3 期。

86. 〔美〕亨利·明茨伯格：《管理工作的本质》，方海萍等译，中国人民大学出版社 2007 年版。

87. 〔美〕亨利·明茨伯格：《管理者，而非 MBA》，杨斌译，机械工业出版社 2005 年版。

88. 〔美〕迈克尔·哈默、詹姆斯·钱皮：《企业再造——改革公司企业革命的宣言书》，王珊珊译，上海译文出版社 1998 年版。

89. 〔美〕迈克尔·哈默：《超越再造工程——以流程为中心的组织如何改变着我们的生活》，沈志彦译，上海译文出版社 1998 年版。

90. 〔美〕迈克尔·哈默：《企业行动纲领》，赵学凯等译，中信出版社 2002 年版。

91. Edgar H. Schein, （1993）. On Dialogue, Culture, and Organizational Learning, *Organizational Dynamics*, vol. 22, Summe, 27 – 39.

92. Edgar H. Schein & Peter S. DeLisi, （2003）. DEC Is Dead, Long Live DEC: The Lasting Legacy of Digital Equipment Corporation Published by Berrett-Koehler Publishers, September 30, 317 – 318.

93. James Campbell & Joanne H. Gavin, （2000）. *The next frontier: Edgar Schein on organizational therapy*. The Academy of Management Executive, Feb 14, 31 – 49.

94. 〔美〕阿里·德赫斯：《长寿公司》，刘昊、王晓霞译，经济日报出版社 1998 年版。

95. 〔美〕彼得·圣吉：《第五项修炼——学习型组织的艺术与实践》，郭进隆译，上海：三联书店 1994 年版。

96. 南怀瑾讲述：《南怀瑾与彼得·圣吉——关于禅、生命和认知的对话》，上海人民出版社 2007 年版。

97. 熊哲宏主编：《心理学大师的失误启示录》，中国社会科学出版社 2008 年版。

# 跋

## 向哲学家和文学家
## 了解人的心理

我在《如何成为心理咨询师——来自咨询与治疗大师的启示》
（2009）的"跋"——"不懂'心理' （Mind）的'心理学
家'"——中，简短而切中要害地论证了一下：为什么在中国有太多
的不懂心理的"心理学家"！

但愿国内的"心理学家"最好不要看到我写的东西，他们肯定
会不高兴！可我没有别的办法，事实就是这样。天地良心，如果从理
论的动机上讲，我只是想让我的读者知道，并不是只有心理学家，才
享有关于"心理"的话语权。尽管什么样的人拥有话语权奢谈"心
理"，说起来还是一个"后现代"的问题。但我不想在这里把事情搞
得那么复杂。

近些年我游走在搞心理学的人的圈里圈外，才发现有些人相当的
妄自尊大，好像只有他们这些号称"心理学家"的人，才配懂得
"心理"。出于对我的读者的义务和责任，我必须在这里纠正一下这
个天大的误区。说其"天大"，并非耸人听闻：正是由于盲目自大，
忽视了哲学家和文学家对心理研究的贡献，特别是长期缺乏跨文化门
类（至少是哲学、文学和心理学）之间的沟通，从而导致中国的心
理学如此落后，以至整个 20 世纪没有出现一个大师级的人物（参见
我主编的《心理学大师的失误启示录》[2008] 中的"跋"）。

我坚信，无论在哪个意义上，哲学家比心理学家更懂得人的心
理。要论证这一点并不难，只要瞥一眼心理学史便可知晓。大家知

道，心理学原本是从哲学中"脱胎"而来的——史上有所谓冯特"之前"、"之后"的说法，但你要切记，心理学作为一门"科学"从哲学中独立出来之后，并没有、也不可能完全斩断它与哲学"母体"相联结的那根"脐带"——就像婴儿从母体出生之后不可能了断与其母亲的依恋关系一样；而且，"冯特之前"的哲学家（柏拉图、笛卡尔、康德、布伦塔诺等）奠定了"冯特之后"所有心理学研究的基本框架。也就是说，今天的心理学家对"How Mind Work"的回答，或关于心理学的对象与目标、理论假设、研究方法、概念框架等，都是由哲学家确定的。

当然，我们的"心理学家"不愿相信这是真的。那我就举一个当下时髦的例子：所谓"心理的模块性"（Modularity of Mind）。随着认知神经科学（包括神经成像技术）、神经心理学、行为遗传学、进化心理学等新学科的发展，人们大多开始相信（心理）"模块"这个东西了（参见我主编的《你不知晓的 20 世纪最杰出心理学家》"主编序言"）。但从心理学史角度看，这几乎不是什么"新的"东西。关于"Mind"的运作是模块化的，这最早是由笛卡尔发现并由康德加以系统论证的。笛卡尔在他的名著《形而上学的沉思》中，提出了这样一个令他困惑的问题：他站在楼上的窗前，看到街上来来往往行走的人，禁不住要问自己——根据他的"普遍怀疑"的原则，我怎么知道他们是"人"，而不是"幽灵"（Ghost）或"凭发条活动的假人"呢？显然，这里涉及 Mind 中的两个认知功能问题：一是"知觉"，一是"判断力"（思维）。最终，笛卡尔对这个问题的解答是：这是靠判断力，而不仅仅是知觉的力量。

到了康德的时候，解决笛卡尔问题的思路更加清晰。他把人的心理看作由两大模块——"感性"（相当于现行《普通心理学》中所说的"感性认识"）和"知性"（相当于所谓"理性认识"）——所构成，而且这两大认知系统的"模块性"（即功能独立性、领域特殊性和可分离性）体现在：（1）"任何一种都不能优先于另一种"，二者同等重要——"知性"如果没有感性的话，就是空洞的；而"感性"如果没有知性的话，就是盲目的。（2）功能不能互换或替代："知性"不能起到感性的作用；"感性"也不能起到知性（思维）的作用。（3）感性不能"上升"到知性，而知性也不能"还原"到感性。这样，在康德那里，感性和知性就是活脱脱的两大模块。因此，康德的感性与知性学说，就是历史上最早的心理模块性学说。我断言，如果不是康德为我们奠定了这样一个基本框架，今天的心理学家连做梦都想不到要研究什么"模块"！

至于今天发展心理学所热门的所谓儿童"心理理论"（theory of mind），则完全是由哲学家所引发的一个研究领域。换言之，如果不是哲学家事先确定了"心理理论"究竟为何物或其概念框架的话，心理学家就不会提出在儿童那里还有一个所谓"心理理论"的发展问题。这不能不归功于 20 世纪初的哲学家赖尔（Gilbert Ryle）和维特根斯坦。赖尔在《心理的概念》（the Concept of Mind）中最早确定了关于"心理"的概念的日常用法，即"常识心理学"（Folk Psychology）的基本概念框架。在常识心理学中，至少有三个核心概念："愿望"（desire）、"意图"（intention）和"信念"（belief）。也就是说，常识心理学是我们成人大脑中一套天赋的心理概念系统，它把人（自己和他人）当作是有愿望、意图和信念的，并在此基础上推测和解释他人的行为。半个世纪之后，到了 20 世纪下半叶，特别是 80 年代以来，发展心理学家才领悟到哲学家这一研究的意义，把它几乎原封不动地搬到儿童发展研究中来，才出现了所谓"儿童心理理论"发展这样一个专门的研究领域。

国内的"心理学家"似乎害怕自己介入哲学的领域。但根据我对"20 世纪 100 位最著名心理学家"的考察，且不说排名前 3 位的斯金纳、皮亚杰和弗洛伊德是大名鼎鼎的哲学家，我还可以放肆地说，其中至少有一半完全可以被冠以"哲学家"的头衔。你也许会说，斯金纳不算哲学家，因为他反对"理论"。但你别忘了，当斯金纳在阐述他的一般方法论即"描述性行为主义"的时候，你能否认他是在谈哲学吗？例如他说："我从来不靠建立一种假设来研究问题。从来不推演定理，或给予它们以实验的检验。""从逻辑学家而不是经验科学家那里得到暗示的心理学教科书，认为思维必定包括假设、推理、实验检验和证明等阶段……但这并不是大多数科学家实际上的研究方法。""行为是有规律的，并且是被决定的。"事实上，当斯金纳强调他的描述性行为主义，是一种不带理论结构而进行研究的严格的经验体系，在性质上是"非理论的"——只"描述"行为，不"解释"行为；使用归纳的、机械主义的、决定论的研究方法，拒绝承认心理事件在人类行为中起任何因果作用的时候，这不是彻头彻尾的哲学，那又是什么？

　　我敢说，国内心理学界几乎没有人读文学经典，文学家对"心理"研究的贡献从来就没有被他们当回事。也许"心理学家"会说，文学家确实擅长心理的描写和刻画，像"意识流"、"象征主义"寓意或比拟等手法，但那多半只是他们天才式的洞察、臆测或揣摩，人的"心理"绝不会是像文学家所描述的那样。但我可以用实例告诫那些持这种偏见的人：斯金纳曾是"文学青年"（早先发表过三篇短篇小说），他的《沃尔登第二》（1948）是标准的小说畅销书；皮亚杰是"青年诗人"，他19岁写散文诗《观念的使命》。此外，按照皮亚杰的两个大弟子格鲁伯和弗内歇在《皮亚杰精华》（1995）中提供的背景材料，"至少还有两首十四行诗。它们一起表达了他的情感天地。'premiere neige'是低沉的，它描述了冰雪覆盖的山谷，以及耸立在山谷之上也在诗人之上的山峰。第二首短诗'Je voudrais'是激昂的，它是一首爱之诗。年轻的诗人凭努力得到了自己的爱，引导她安全地到达更高境界。他们将'高高飞翔在人类地平线之上'，他们将彼此相爱，忘记了他们所由来的那个世界"。

　　至于弗洛伊德，则是地地道道的文学家，没有人敢对此有什么疑义。当今美国著名文学批评家布鲁姆（Harold Bloom），甚至在他的

《西方正典》（1994）中惊爆出令"心理学家"汗颜的冷语："弗洛伊德实质上就是散文化了的莎士比亚，因为弗洛伊德对于人类心理的洞察是源于他对莎剧并非完全无意识的研读"；莎士比亚"是他的隐秘权威，是他不愿承认的父亲"。如果真的如此，那你还能说文学对心理学没有什么意义吗？

　　在入选"20世纪100位最著名心理学家"中，文学对心理研究的意义本来就属于他们之中许多人的研究领域。荣格不仅对乔伊斯的《尤利西斯》有精到独特的研究（见他的著名论文《〈尤利西斯〉：一段独白》，而且还建立了他的"分析心理学"的文学理论（以他的《论分析心理学与诗歌的关系》、《心理学与文学》、《日神精神与酒神精神》等为代表）；默瑞对"潜意识"的探索正是从阅读麦尔维尔的《白鲸》开始的。他的著名论文《以魔鬼的名义》，将这整篇小说的人物及情节，解释为"超我"、"本我"和"自我"之间激烈的矛盾与冲突。他不仅写过麦尔维尔的传记，而且毕生都是麦尔维尔的忠实读者和书迷。马斯洛在大学期间对文学作品的研究引发了他强烈的美感意识，为他日后的需要层次理论中的"审美需要"提供了最早的素材；不确定条件下的判断与决策研究大师特沃斯基一生热爱犹太文学；以编制《16种性格类型测试量表》的伊莎贝尔·麦尔斯，同时也是个出色的推理小说作家，于1929年出版了一部获奖作品《谋杀尚未到来》（Murder yet to come），其后又写了《给我死亡》（Give me death），对人性的刻画都十分出色。

　　心理学大师如此关注文学，我想道理很简单：文学与心理学有着历史悠久的亲缘关系。如果按高尔基所说的"文学是人学"话，那么心理学正是在探索"人的天性"这一层面上与文学完全相通。在心理学史上，文学与心理学历来相互影响、相互促进（略知一点奥维德、莎士比亚、狄德罗、卢梭、歌德等人的贡献就可以了）。我坚信，文学大师是天生的心理学家；文学经典是不朽的心理学名著。像莎士比亚（《悲、喜剧集》）、塞万提斯（《堂吉诃德》）、歌德（《浮士德》、乔伊斯（《尤利西斯》）、普鲁斯特（《追寻逝去的时光》）、纳博科夫（《洛丽塔》）等，他们的作品本身就堪称心理学的"百科全书"，他们对人的心理的性质、心理状态、心理过程、心理机制的探讨和刻画，其深度和广度乃是一般心理学家难以达到的。我们的"心理学家"为什么就不能向文学家学习学习呢？

其实，我说的这些，其良苦用心不过是在于：对于我的读者来说，我希望他们尽快走出今日"心理学家"的狭隘的盲区，从哲学、文学与心理学相融通的大视野中，去探究"人自身的宇宙"（Mind）之谜。到了那时，"21 世纪 100 位最著名心理学家"中，中国人就一定会榜上有名！

这套《走近西方心理学大师丛书》（共 5 本），历经三年的努力最终完成，我不由得深深地舒了一口气！说心里话，只有我自己知道，这套书花了我太多的时间和精力。我只有或常常是干完了每天的"正事"，才硬挤出那么一点儿时间去做它。从"学术界"评价的观点看，这完全是得不偿失，甚至还对我的"学术形象"造成了不好的影响。但我做了就是做了。无怨无悔！这是我此刻最心安理得的心态。我做这件事，至少有两个为一般人所体验不到的意义：一是为中国大众普及了高品位的心理学知识；二是培养了我的本科生。关于前者，我曾在以前的"跋"中表达过；而后者，则更加彰显出我这项工作的独特价值：把华东师范大学心理系"国家理科基地"的本科生推向全国，让国内所有心理学系的师生都知道：我们这里的本科生是全国最棒的！

就我自己的学术生涯而言，主编这套书也是值得回味的：我成功地尝试了我叫做"原创学术性通俗读物"的特色书。我敢断言，我这样的书在当下心理学读物的市场上根本没有过。据我所知，我国院士所写的科普读物已经获得过"国家科技进步奖"（再想想当今理论物理学泰斗霍金专为青少年写的东西）。这给人以极大的启迪：科普读物也可以是原创性的。我这套书不是一般性科普读物。所谓"一般性科普读物",是指科学上已经有人发现或发明了某种东西（如爱因斯坦的"相对论"），然后有人用通俗易懂的方表述出来。在这个意义上，可以说是"非原创"。而"原创"，简单地说，就是此前绝无仅有。我自信，关于心理学大师的爱情与爱情心理学，关于心理学大师的失误——理论上和方法上的失误以及对后世的消极影响——及其启示，关于 20 世纪下半叶中国人并不熟悉的最著名心理学家，关于心理咨询大师的成长道路对国人的启示，关于管理心理学大师的人格魅力与创新思想，这类重大创新主题的书在国内还是第一次。而这，也正是"学术性"所要求的东西。至于"通俗"，就是文字要美，要有文学色彩，要有极强的可读性和感染力。我相信，这套书将以"原创"、"学术性"和"通俗"三位一体的崭新形象跻身于国内长销书之林。

华东师范大学心理系"国家理科基地" 2006 级应用心理学专业的大部分同学，出色地完成了本书初稿的写作任务。他们怀着对管理心理学大师们的无限崇敬之情，好奇地解读着管理世界的阳光下一本本"暖暖的书"——这是蕴涵丰富、内容精彩之"书"，亦是有血有肉、情感充沛之"书"。我禁不住欣喜地预料，他们对大师们的管理思想风暴的此番体验和感悟，为他们选择适合自己的管理人生之路，或成长为 21 世纪的管理心理学大师，铺下了一块厚厚的基石。

以下是各位作者的姓名（以本书目录为序）：

法约尔（张蓬蓬）、埃默森（陈雯）、斯科特（徐赟）、斯隆（张慧宇）、麦格雷戈（王龙时）、利克特（金若薇）、斯金纳（孙源）、波特（刘玲）、甘特（段婧）、闵斯特伯格（何文）、布里格斯和麦尔斯（沈敏）、梅奥（庄园）、勒温（仲轶璐）、麦克莱兰德（诸莲花）、戈尔曼（谭冬雪）、西蒙（徐茜）、贾尼斯（李琳波）、费斯汀格（乌阿茹娜）、班杜拉（潘歆）、卡尼曼（王弘毅）、菲德勒（郑弘非）、赫塞（杨艳明）、布兰查德（杨鑫宇）、弗鲁姆（洪亮）、德鲁克（徐川圣佳）、亨德森（王依丹）、安德鲁斯（王晓

婷）、明茨伯格（姜萌萌）、哈默（马慧）、沙因（姜雅菁）、德赫斯
（赵媛媛）、圣吉（胡杨）。

书中的行文表述文责自负，体现的是每一个作者的研究成果，并
不直接代表主编的观点。在写作过程中，作者们也参考了国内管理
学、管理心理学界一些有关的研究成果。我在此谨向有关成果的作者
表示衷心的感谢！我们试图在书中全面总结一下人类 20 世纪管理心
理学的发展脉络和重大成就，这在国内诚属首次，难免有这样那样的
不足或欠妥之处。我真诚地期待读者和管理界、管理心理学界同仁不
吝赐教、指正；对于我的学生作者们尚难避免的某些稚嫩，我也希望
得到读者的热心呵护和不吝宽容。

本书得以出版，首先我要诚挚地感谢河南大学心理系教授、《心
理研究》编辑部主任李永鑫博士的大力支持。为了帮我更好地确定
管理心理学大师的人选，他特意为我拟定了一个包括 67 位管理心理
学家在内的小传。这样，就使本书入选的大师更具权威性和科学性。

诺姆四达人力资源测评咨询公司总经理、中组部领导干部考试与
测评中心特聘专家、上海市心理学会副会长、上海人力资源管理专业
委员会理事长苏永华博士，从本书的创意构思，到资料收集和篇章结
构，他都提出了极富建设性的意见。特别是以他多年人力资源测评咨
询的丰富经验，为我解析中国现今管理中存在的种种弊端和缺陷提供
了重要的理论参考和实践依据。

我的硕士生马文玲以她精湛的编辑技巧、雷厉风行的工作节奏，
漂亮而近乎完美地完成了本书助理主编的任务。我的同事刘永芳教授
就贾尼斯的 "groupthink" 一词的译法提出了中肯的建议。这里一并
致谢！

特别的谢意要给陈蓓雯。她是这套丛书的自始至终的热情支持
者。她在比利时鲁汶大学攻读心理学硕士学位已近三年，目前正作为
该大学的 International Student 在美国交流。看到我这个得意的本科
生——还有我教过的正在国外求学的多个本科生——正在走向心理学

家的成长之路上，我这个老师真是宽慰大焉！

最后的感谢致予中国社会科学出版社的领导和陈彪编审。谢谢他们为中国的心理学知识的普及和传播所做出的不懈努力！

熊哲宏<br>2009 年 4 月 28 日